빅데이터 시대에 **10대**가 꼭 알아야 할

삼국지 3

➤ **분구필합**

온고지신 시리즈

빅데이터 시대에 10대가 꼭 알아야 할
삼국지 3 분구필합 완결

초판 인쇄일	2025년 2월 17일
초판 발행일	2025년 3월 5일

지은이	양승욱
펴낸이	김순일
펴낸곳	주니어미래
신고번호	제2024-000016호
주소	경기도 고양시 덕양구 삼송로 222, 현대헤리엇 업무시설동(101동) 301호
전화	02-715-4507
팩스	02-713-4805
이메일	mirae715@hanmail.net
홈페이지	www.miraepub.co.kr
블로그	blog.naver.com/miraepub

ISBN 978-89-7299-581-4 (44140)
ISBN 978-89-7299-565-4(세트)

주니어미래는 미래문화사의 청소년 브랜드입니다.

빅데이터 시대에 10대가 꼭 알아야 할
삼국지 3

양승욱 지음 ——⟶ 분구필합

일러두기

＊인물명과 지역명은 한국어의 한자 발음을 따라 썼습니다.

＊사자성어 등의 한자어는 책의 뒤쪽, 미주에 뜻풀이가 있습니다.

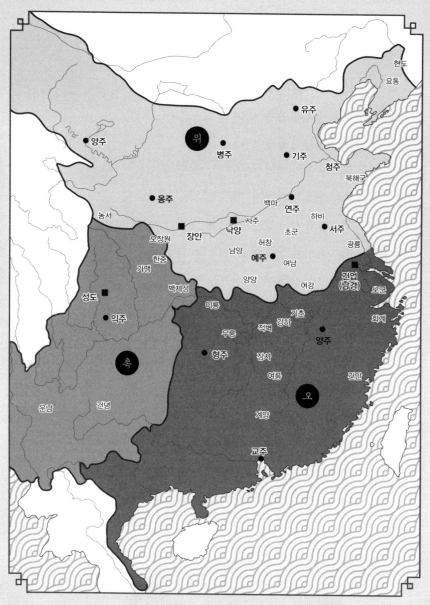

현도

요동

유주

위

병주

기주

청주

북해국

옹주

농서

백마

연주

하비

서주

사주

낙양

초군

광릉

오장원

장안

남양

허창

예주

여남

건업
(남경)

가맹

한중

백제성

양양

여강

오군

성도

이릉

기춘

회계

익주

무릉

적벽

강하

양주

촉

형주

장사

여릉

건안

운남

건녕

계양

오

교주

삼국시대의 주 이름과 주요 지명(262년)

차례

70

주유의 계책

노숙은 유비를 찾아가 남군, 형주, 양양을 부당하게 차지한 것을 따졌다. 그러자 공명이 대답했다.

"그대도 잘 아시지 않소? 형주 땅은 원래 유황숙의 종친인 유표의 땅이었소. 그 땅을 되찾아 유표의 아들 유기에게 준 것이니 결과적으로 원래 주인이 돌려받은 것이오. 그것을 어찌 잘못되었다고 하시오?"

이때 유기가 부축을 받으며 나타나자 노숙은 더는 할 말이 없었다. 다만 유기가 세상을 떠나면 그때는 형주 땅을 돌려받기로 약속받고, 주유도 군사를 돌이켰다.

형주를 차지한 유비는 뒤이어 형주의 주변 지역들을 차례차례 점령해 나갔다. 조운이 계양을 공격하여 점령했고, 장비는 무릉을 공격하여 점령했다. 그리고 관우가 장사를 공격하러 나섰는데, 장사에는 나이가 많지만 용맹하기 그지없는 명장 황충이 있었다.

황충은 천하의 명장 관우와 수십 합을 싸웠다. 그러나 그는 전혀 지치지 않았고 관우와 막상막하의 대결을 펼쳤다. 관우는 일부러 못 이기는 척 달아나는데 뒤쫓던 황충의 말이 갑자기 중심을 잃고 쓰러져 버렸다. 그 바람에 황충은 말에서 떨어졌고, 관우는 황충을 죽일 절호의 기회를 잡았다. 그러나 관우는 정정당당하게 대결하기를 원해서 황충을 살려 주었다.

이튿날 장사의 태수인 한현은 황충에게 활을 쏘아 관우를 잡으라고 명했다. 두 장수가 다시 맞붙었을 때 황충은 달아나는 척하다가 몸을 돌이켜 관우를 향해 활을 여러 번 쏘았다. 하지만 화살을 올리지 않은 빈 활이었고, 마지막에 쏜 화살도 관우의 투구 끈을 맞췄을 뿐이었다. 전날 관우가 자신을 살려 준 데 대한 보답이었다.

이에 화가 난 한현은 휘하 장수 위연에게 황충을 잡아 죽이라고 명했다. 하지만 위연은 오히려 한현을 죽이고 관우에게 항복했다. 이로써 유비는 황충과 위연이라는 뛰어난 장수 두 사람을 얻게 되었다.

한편 손권은 합비 공격에 실패하고 아끼던 장수 태사자를 잃고 말았다. 때마침 유기가 병으로 세상을 떠나자 주유는 노숙을 유비에게 보내 형주를 돌려 달라고 요구했다. 이에 유비는 대답을 못 하고 우물쭈물했다. 그러자 옆에 있던 공명이 나섰다.

"자경(노숙)은 어찌하여 억지를 부리시오? 유황숙은 황제의 숙부시고 형주의 주인이었던 유표 장군의 동생이시오. 이제 조카까지 세상을 떠났으니, 숙부인 유황숙이 형님인 유표 장군의 땅을 물려받는 것은 당연하지 않소? 자꾸 적벽대전의 승리를 들먹이는데 그 승리가 누구 덕인지 잘 생각해 보시오."

공명이 청산유수처럼 변론하자 노숙은 그만 입을 다물 수밖에 없었다. 그렇다고 노숙의 입장에서는 이대로 돌아가 주유나 손권에게 그대로 보고할 수도 없는 일이었다. 노숙의 처지를 모를 리 없는 공명이 제안했다.

"자경의 입장이 곤란하니, 이후 우리에게 적당한 영토가 생기면 그때 형주를 돌려주겠다는 증서를 써 드리겠소."

"어느 땅을 말씀하십니까?"

"자경도 잘 알다시피 서촉의 유장은 어리석고 나약하오. 조만간 우리가 서촉을 차지하게 될 것이니, 그때 형주를 돌려주겠소. 그 약속을 증서로 지금 써 드리지요."

노숙은 공명의 제안이 미덥지 않았다. 하지만 그에게는 달리 방법이 없었다. 결국, 노숙은 공명이 써 준 증서만 받아 들고 돌아와야 했다. 주유는 그 증서를 읽고 노발대발했다.

"그대는 또 공명의 꾀에 속아 넘어가고 말았소. 유비가 어느 세월에 서촉을 얻을 것이며, 얻는다고 형주를 순순히 돌려주겠습니까?"

며칠 후 유비의 아내인 감부인이 세상을 떠났다는 소식이 주유의 귀에 들려왔다. 이에 주유는 손권의 누이를 유비와 결혼시키자는 계략을 세워 노숙과 의논했다.

"내가 주공에게 편지를 써서 주공의 누이동생과 유비를 결혼시키
자고 하겠소. 유비가 장가를 들러 동오로 오면 그때 사로잡아 형주
와 맞바꿉시다."

노숙이 주유의 계책을 전하자 손권은 선뜻 허락했다. 손권은 즉시
여범을 보내 혼담을 건넸고, 공명은 주유의 계책이라는 것을 알면서
도 유비에게 받아들이도록 권했다. 그리고 조운에게 유비를 호위하
도록 한 후 주머니 세 개를 주었다.

"이 주머니 속에 각각의 상황에 대처할 계책이 준비되어 있소. 위
험한 일이 생기면 열어 보도록 하시오."

조운은 유비를 호위하여 강동에 도착한 후 공명이 준 첫 번째 주
머니를 열어 보았다.

교국로를 찾아가 유황숙과 손권의 누이가 결혼하게 된 사실을 알
리고, 사람을 풀어 소문을 내도록 하시오.

교국로는 당시 최고의 미녀로 소문난 이교(대교와 소교)의 아버지
였다. 이교 중 대교는 손책의 부인이었으며, 소교는 주유의 부인이
었다.

조운은 공명의 계책대로 교국로를 찾아가 인사를 올렸다. 그리고
부하들을 시켜 시장에 나가 유비가 장가들러 온 사실을 널리 퍼뜨리
게 했다.

교국로는 오국태(손권의 이모이자 의붓어머니)를 찾아가 조카딸이 유비와 혼인하게 된 것을 축하했다. 그런데 이 사실을 몰랐던 오국태는 어리둥절했다. 오국태는 교국로에게 차를 대접한 후 돌려보내고 즉시 손권을 불러 야단쳤다.

"너는 어찌하여 이 어미도 모르게 여동생을 유비와 결혼시키려고 하는 것이냐?"

손권은 깜짝 놀랐다. 이 일은 자신의 측근들 몇 명만 아는 비밀 계획이었기 때문이다.

"어머니께서 이 소식을 누구에게 들으셨습니까?"

"세상 사람이 모두 아는 사실을 누구에게 들었는지가 무엇이 중요하단 말이냐?"

오국태가 역정을 내자 손권은 어쩔 수 없이 실토하고 말았다.

"고정하십시오. 이 일은 주유가 형주를 빼앗기 위해 꾸민 계략입니다."

"시끄럽다. 강동 81주의 대도독이란 자가 낸 계책이 겨우 미인계라더냐? 그것도 네 여동생을 이용해서 말이냐. 만약 유비가 목숨을 잃으면 그와 혼례를 올리기로 소문난 네 여동생은 어찌 되겠느냐? 시집도 못 가고 평생 홀로 살게 될 텐데 그래도 좋단 말이냐?"

손권은 하는 수 없이 감로사로 유비를 부른 후 오국태에게 직접 면담하게 했다. 그제야 오국태는 서운했던 마음을 풀고, 유비가 자신의 마음에 들지 않으면 주유의 계책대로 해도 좋다고 허락했다. 그러나 막상 유비를 마주한 오국태는 그의 비범한 자태를 보고 매우 흡족해했다. 그녀는 주저 없이 유비를 사위로 선택했고, 손권은 하는 수 없이 여동생을 유비에게 시집보내야만 했다.

길일을 통해 손부인과 혼례를 치른 유비는 첫날밤 깜짝 놀랐다. 신부의 방에 칼과 창이 가득하고 시녀들조차 무기를 지니고 있었기 때문이다. 손부인은 어려서부터 기개가 남달라 마치 씩씩한 장수와 같았다. 유비가 두려워하자 손부인은 웃으며 시녀들을 시켜 무기를 치우게 했다.

유비와 손부인의 금슬은 매우 좋았고, 유비는 달콤한 사랑에 빠져 시간 가는 줄을 모르고 지냈다. 유비가 형주로 돌아갈 생각을 하지 않자, 조운은 공명에게 받은 주머니 가운데 두 번째 주머니를 열어 볼 때라고 판단했다. 주머니를 열어 본 조운은 회심의 미소를 지으며 즉시 유비를 찾아갔다.

"지금 당장 돌아가셔야 합니다. 조조가 대군을 이끌고 형주로 쳐들어온다는 소식입니다."

청천벽력 같은 소식에 유비는 제사를 지낸다는 핑계를 대고 급히 손부인과 함께 형주로 떠났다. 손권은 다음 날에야 그 사실을 알고 벼루를 집어 던지며 화를 냈다. 그는 진무와 반장에게 정예병을 주어 유비 일행을 붙잡아 오게 했다. 정보가 실패할 것을 염려하자, 손권은 장흠과 주태에게 자신의 보검을 주며 유비는 물론 자신의 여동생도 베어 오라고 명했다.

유비는 손권이 보낸 추격병은 물론 주유가 보낸 정봉과 서성까지 형주로 돌아가는 길목을 지키고 있어 곧 붙잡힐 위기에 빠졌다. 유비는 조운을 불러 탄식하며 물었다.

"적들이 앞에서는 길을 막고, 뒤에서는 맹렬하게 추격해 오고 있으니 이 일을 어찌하면 좋겠는가?"

"주공께서는 너무 염려 마십시오. 동오로 올 때 군사께서 이런 일이 있을 줄 아시고 세 가지 계책을 비단 주머니에 넣어 제게 주셨습니다. 그동안 두 가지 계책을 사용했고 이제 하나가 남았습니다. 이것은 가장 위급할 때 열어 보라고 하셨으니 분명 좋은 계책이 담겨 있을 것입니다."

조운은 공명이 준 마지막 주머니를 열어 보더니 유비에게 그 계책을 건네주었다. 계책을 읽어 본 유비는 갑자기 손부인을 돌아보며 울기 시작했다. 손부인은 영문도 모른 채 당황하여 물었다.

"갑자기 왜 이러십니까?"

유비는 깊은 탄식과 함께 지금까지 벌어진 일들을 모두 설명한 후 말했다.

"당신의 오빠와 주유가 군사를 보내 나를 죽이려고 하고 있소. 이제 앞으로 나아갈 수도 없고 뒤로 물러갈 곳도 없게 되어 버렸소. 아무래도 우리의 인연은 여기까지인 것 같소."

유비에게 자신을 시집보낸 것이 손권과 주유의 계책이었음을 알게 된 손부인은 분함을 감추지 못했다.

"오라버니가 저를 혈육으로 여기지 않는 이상 제가 무슨 마음으로 동오에 미련을 갖겠습니까? 제가 이 위급함을 해결하겠으니 부군께서는 염려하지 마십시오."

손부인은 몸소 앞장서 가서 서성과 정봉을 향해 큰 소리로 꾸짖었다.

"그대들은 무슨 일로 나를 가로막는 것인가?"

장봉과 서성은 급히 말에서 내려 무기를 내려놓고 손부인 앞에 엎드렸다.

"저희들은 주 도독의 명을 받들어 이곳에서 유비를 기다리고 있었을 뿐입니다."

손부인은 더욱 큰 소리로 계속 꾸짖었다.

"현덕은 한나라 황숙이시며 내 남편이다. 나는 어머니와 오라버니의 허락을 받고 형주로 가는 길이다. 주유가 무슨 일로 너희에게 길을 막게 한 것이냐? 혹시 우리 부부가 지닌 제물에 탐이라도 난 것이더냐?"

서슬 퍼런 손부인의 호령에 당황하여 말문을 열지 못하다가 떨리는 목소리로 변명했다.

"고정하십시오. 저희는…… 주 도독의 영을 받들었을 뿐입니다."

서성과 정봉이 그래도 물러서지 않자 손부인은 더욱 매섭게 꾸짖었다.

"이놈들! 주유의 명만 무섭고 내 말은 우스운 것이냐? 주유가 제 명을 어겼다고 너희를 죽일 수 있다면 나는 주유를 죽일 수 있다는 것을 모르냐?"

손부인은 주유까지 싸잡아 꾸짖은 다음 시종에게 분부했다.

"무엇들 하느냐? 어서 수레를 몰아라."

손부인이 앞장서 수레를 끌고 가자 서성과 정봉은 감히 막아서지 못하고 길을 터 주었다. 유비 일행이 떠난 지 얼마 후 이번엔 손권이 보낸 진무와 반장이 도착했다. 그들은 서성과 정봉에게 손권의 명을 받고 유비를 추격해 왔다고 말했다. 그러자 정봉은 조금 전 있었던 일을 들려주었다. 그러자 진무와 반장이 발을 구르며 말했다.

　"그렇다고 그냥 보내면 어쩐단 말이오. 지금이라도 늦지 않았으니 함께 가서 그들을 사로잡읍시다."

　네 장수는 군사를 합쳐 다시 추격에 나섰다. 그러나 막상 손부인을 따라잡고 나서는 똑같은 상황을 마주했다.

　"내가 어머니께 이미 유황숙과 함께 형주로 가라는 허락을 받았다. 그런데 너희가 감히 나를 뒤쫓다니 이게 무슨 짓이냐? 설마 나를 죽이기라도 하겠다는 말이냐?"

　손부인이 꾸짖자 진무와 반장 역시 할 말을 잊고 서로 얼굴만 바라보았다. 그들은 속으로 생각했다.

　'국태께 허락받고 가는 길이라면 우리가 어찌 막을 수 있겠는가? 주공께서는 효심이 깊으시니 어머니의 말씀을 끝내 거역하지 못할 것이다. 지금 경솔히 손부인을 거역하다가 국태께서 화라도 내시는 날에는 우리의 목숨을 장담할 수 없다. 차라리 그냥 보내 드리는 것이 나으리라.'

　네 장수는 생각이 여기에 미치자 누가 먼저랄 것도 없이 손을 모으고 절하며 말했다.

　"잘 알겠습니다. 저희는 이만 물러가겠습니다."

네 장수가 말 머리를 돌리자 손부인은 수레를 재촉하여 길을 떠났다. 얼마 후, 네 장수가 앞으로 어떻게 해야 할지 의논하고 있을 때 이번엔 장흠과 주태가 나타났다. 장흠과 주태는 네 장수로부터 유비를 사로잡지 못한 사정을 들었다. 그러자 장흠이 손권의 보검을 보여 주며 말했다.

"주공께서 이런 일이 있을 줄 아시고 내게 보검을 주시며, 먼저 누이부터 베고 유현덕을 베라 하셨소. 만약 이 명을 어기면 우리의 목도 벤다고 하셨소. 그러니 주공의 명을 거역할 수 없소. 서 장군과 정 장군은 서둘러 도독께 알려 빠른 배로 강을 따라 유비를 뒤쫓도록 해 주시오. 우리 넷은 계속 그 뒤를 쫓겠소."

한편 유비와 손부인은 조운의 호위를 받으며 유랑포라는 한 어촌에 도착했다. 그들은 강을 건너기 위해 서둘러 배를 찾았으나 보이는 건 무성한 갈대숲과 물결뿐 배 그림자조차 보이지 않았다. 유비는 길게 한숨을 내쉬며 탄식했다.

"강을 건너가야 하는데 배가 없으니 이 일을 어찌한단 말인가?"

이때 갑자기 산기슭 부근에 먼지가 일며 북소리와 함성이 요란하게 울려왔다. 유비가 놀라서 언덕 위에 올라 살피니 한 떼의 군사들이 달려오고 있었다.

"말과 사람이 모두 지쳐 있는데 앞은 강이고 뒤에는 적군이 쫓아오니 진퇴양난이구나."

유비가 근심하고 있을 때, 갑자기 강가에 끝없이 펼쳐진 갈대 사이로 20여 척의 배가 빠른 속도로 다가왔다. 그 배들은 공명이 이끌고 온 것이었다. 유비 일행이 모두 배에 오르자 배는 강가로 미끄러지듯이 나아갔다. 이때 장흠 등 네 장수가 군사를 이끌고 강가에 이르렀다. 공명은 그들을 향해 손을 흔들며 껄껄 웃었다.

"너희는 돌아가서 주유에게 전해라. 앞으로는 유치하게 미인계 따위를 쓰지 말라고 말이다!"

이에 네 장수가 일제히 명령을 내려 활을 쏘게 하자 화살이 배를 향해 빗발쳤다. 그러나 화살은 배에 이르지 못했다. 네 장수는 멀어져 가는 배만 멍하니 쳐다보았다.

유비 일행은 동오군의 추격을 벗어나 위기를 모면하는 듯했다. 그러나 이번엔 주유가 전투선을 이끌고 유비를 추격해 왔다.

"유비가 저 앞에 가고 있다. 모두 힘을 다해 저들을 뒤쫓아 사로잡아라!"

공명은 주유의 전투선이 나타나자 군사들에게 명하여 북쪽 강 언덕에 배를 정박하게 했다. 그곳에는 공명이 미리 준비해 둔 말들이 묶여 있었다. 군사들이 일제히 말에 오르자 유비는 말이 끄는 수레에 손부인을 태웠다. 그는 수레까지 준비해 둔 공명의 치밀함에 내심 크게 감탄했다.

유비 일행이 떠난 후 곧바로 주유도 배를 정박하고 언덕에 올랐다. 그러나 동오의 군사들은 모두 수군이어서 몇몇 장수를 제외하고 말이 없었다. 주유와 황개, 한당, 서성, 정봉이 말을 타고 앞서 달리자 군사들은 뛰어서 그 뒤를 쫓았다. 그렇게 한참을 추격하던 주유는 마침내 유비 일행을 따라잡았다.

"유비가 저 앞에 가고 있다. 군사들은 힘을 다해 저들을 뒤쫓아 사로잡아라!"

주유는 달리는 말에 채찍을 가해 더욱 속도를 내서 유비의 뒤를 쫓았다. 황개와 한당 등 네 장수도 뒤질세라 그 뒤를 따랐고, 말을 타지 않은 군사들은 달음박질하며 멀찍이 그 뒤를 따랐다.

한참을 그렇게 쫓고 쫓기는 추격전이 벌어질 때였다. 갑자기 북소리가 크게 울리더니 계곡에서 한 떼의 기마병이 나타났다. 주유가 놀라 앞서 달려오는 장수를 보니 관우였다. 당황한 주유는 황급히 말 머리를 돌려 달아나는데 어느새 관우가 바짝 뒤쫓고 있었다. 주유는 말에 채찍질을 가하며 앞만 보고 달리는데 황충과 위연이 각각 좌우에서 군사를 이끌고 동오군을 덮쳤다. 유비군의 매복 공격을 당한 동오군은 제대로 싸워 보지도 못하고 전사자가 속출한 채 강가로 달아났다.

주유가 패잔병을 수습하여 황급히 배에 오르는데 어느새 공명이 군사를 이끌고 강변에 나타났다. 그들은 목청을 돋우어 큰 소리로 주유를 놀려 댔다.

"주유의 묘한 계책 덕분에 천하가 평안한 줄 알았는데, 웬걸 손부인을 바치고 군사만 잃었네."

주유는 발끈했다. 공명이 자신의 계책을 망친 데다 놀림까지 당하자 절로 분통이 터졌다.

"내가 다시 언덕으로 올라가서 저놈들과 사생결단을 내겠다."

주유가 외치며 다시 강가로 달려가려고 하자 곁에 있던 황개와 한당이 나서서 급히 말렸다. 그러자 주유는 울분을 감추지 못하고 탄식했다.

"내 계책이 모두 허사가 되었으니 내 어찌 주공의 얼굴을 뵙는단 말이냐!"

공명의 계책에 당한 주유는 스스로가 용납되지 않아 분통을 터뜨렸다. 결국, 주유는 다시 한번 피를 토하며 기절하고 말았다.

이에 당황한 황개와 한당 등 동오의 장수들은 의식을 잃은 주유를 배에 눕히고 급히 배를 몰아 달아나기에 바빴다. 관우와 장수들이 주유를 뒤쫓으려 하자 공명은 만류했다.

유비가 손부인을 데리고 돌아오자 형주성의 백성들은 기뻐하며 두 사람의 결혼을 축하했다. 유비는 공을 세운 장수들에게 상을 내리고 잔치를 베풀어 군사들을 위로했다.

한편 주유는 아픈 몸을 이끌고 시상으로 돌아갔다. 장흠과 주태는 남서 땅으로 가서 손권에게 그동안 있었던 일을 자세하게 보고했다. 손권은 분을 참지 못하고 정보를 도독으로 삼아 형주를 치려고 했다. 그러자 장소가 나서서 만류했다.

"조조는 지금 적벽에서 패배한 치욕을 씻고자 호시탐탐 기회를 엿보고 있습니다. 지금까지는 유현덕과 동오가 서로 동맹을 맺고 있어서 군사를 일으키지 못했지만, 우리가 만약 형주를 쳐서 유현덕과 맺은 동맹을 깬다면 조조는 쾌재를 부를 것입니다. 우리가 유현덕과 전쟁을 할 때 그 틈을 노려 조조가 쳐들어오면 무슨 수로 막아 내겠습니까?"

그러자 모사 고옹이 한 가지 계책을 내놓았다.

"사람을 허도로 보내 황제께 아뢰어 유현덕을 형주목으로 추천하십시오. 그러면 조조는 동오와 유현덕의 동맹이 굳건한 것으로 여겨 감히 공격하지 못할 것이며, 유비 또한 우리에게 고맙게 여길 것입니다. 그런 후 기회를 보아 조조와 유현덕을 이간시켜 서로 다투게 만드십시오. 우리가 그 틈에 공격한다면 형주를 쉽게 손에 넣을 수 있습니다."

"그럼 누구에게 그 일을 맡기면 좋겠소?"

"화흠을 추천합니다. 조조도 평소 그를 흠모하고 있으니 이 일의 적임자입니다."

손권은 고옹의 말에 무릎을 치며 기뻐했다. 손권은 즉시 유비를 추천하는 표문을 화흠에게 주어 허도로 보냈다. 허도에 도착한 화흠은 조조가 업군으로 갔다는 소식을 듣고 다시 업군으로 향했다.

이 무렵 조조는 동작대의 완공을 기념하는 축하 잔치를 벌였다. 동작대는 장하가에 세워졌는데 그 왼편은 옥룡대, 오른편은 금봉대라고 불렀다. 이 두 누각은 그 높이가 마치 산봉우리를 방불케 했고, 화려하기가 그지없었다. 조조는 흥을 돋우기 위해 장수들을 편을 가른 후 활쏘기 대회를 열어 상을 주고, 모사들에게 시를 짓게 하여 각자 솜씨를 자랑하게 했다. 흥이 한껏 오른 조조는 동작대를 세운 기뽐을 노래하기 위해 붓과 먹을 가져오게 했다. 조조가 붓에 먹을 듬뿍 묻혀 종이에 글을 써 내려 가는데 수하 한 사람이 와서 알렸다.

"동오에서 화흠을 보내 유비를 형주목에 임명해 달라는 표문을 올렸습니다. 또한, 손권은 자신의 여동생을 유비에게 시집보냈으며, 형주의 아홉 개 군 대부분이 유비의 손에 넘어갔다고 합니다."

조조는 그 말을 듣자 깜짝 놀라서 붓을 떨어뜨렸다. 곁에서 보고 있던 정욱이 물었다.

"승상께서는 돌과 화살이 빗발치는 전투 중에도 놀라신 적이 없었습니다. 그런데 유비가 형주를 차지했다는 소식을 듣고 놀라시니 어찌 된 일입니까?"

"유비는 사람 중에 용과 같은 인물이오. 다만 지금까지 물을 만나지 못해 명성을 떨치지 못했을 뿐이오. 이제 용이 형주라는 바다를 얻은 것이니 내가 어찌 놀라지 않겠소?"

조조가 정색을 하고 말하자 정욱이 다시 물었다.

"그렇다면 승상께서는 화흠이 온 뜻을 알고 계십니까?"

"그건 알 수 없소."

"손권은 원래 유비를 손톱에 박힌 가시처럼 여기고 있었습니다. 그래서 유비를 공격하려고 했지만, 그 틈에 승상께서 동오를 칠까 두려워했습니다. 그래서 형주목에 추천하여 유비를 달래 놓고, 승상께서 동오를 노리지 못하게 하려는 수작입니다."

정욱의 말에 공감한 조조는 고개를 끄덕였다. 조조가 그들을 다투게 할 좋은 방법이 없냐고 묻자 정욱이 대답했다.

"손권이 가장 신뢰하는 장수는 주유입니다. 그리고 동오의 신하 중 가장 충신은 정보입니다. 황제께 아뢰어 주유를 남군 태수로, 정보를 강하 태수로 임명하게 하십시오. 지금 남군과 강하는 유비의 땅이니 자연스럽게 그들은 유비와 싸울 수밖에 없습니다. 그다음 화흠에게도 높은 벼슬을 내려 허도에 머무르게 해서 이곳 사정을 손권에게 알리지 못하게 하십시오."

"그대의 생각이 내 생각과 다르지 않소."

조조는 정욱의 의견을 받아들여 화흠에게 상을 내려 그를 위로한 후 잔치를 끝내고 허도로 돌아갔다.

허도로 돌아온 조조는 황제에게 청하여 유비를 형주목에 임명하고 주유를 남군 태수, 정보는 강하 태수로 임명했다. 또한, 화흠을 대리시경(지금의 대법원장)으로 삼고, 허도에 머무르게 했다.

뜻하지 않게 태수에 임명된 주유는 언젠가 유비에게 당한 치욕을 씻으리라 벼르던 터여서 오히려 잘된 일로 여겼다. 남군에 부임한 주유는 유비에게 복수하고 싶은 마음이 더욱 간절해져 손권에게 편지를 보냈다. 노숙을 보내 유비에게 형주를 돌려 달라고 요구하라는 내용이었다. 이에 손권은 노숙을 형주를 보냈다.

한편 그 무렵 유비는 공명과 함께 밤낮으로 군사를 조련하며 병력을 기르고 있었다. 그 소식을 들은 많은 인재가 형주로 모여들었다. 유비가 세력을 키우는 데 전념할 때 노숙이 찾아왔다.

유비와 공명은 노숙을 상대할 계책을 세운 후 노숙을 맞아들였다.

유비가 자리를 권하자 노숙은 사양하며 대뜸 말부터 꺼냈다.

"유황숙은 이제 동오의 사위가 되셨으니 형제 간의 정을 생각해서라도 이제 형주를 돌려주십시오."

노숙이 정색하며 형주 반환을 요구하자 유비는 얼굴을 소매로 가린 채 울기 시작했다. 갑작스러운 상황에 깜짝 놀란 노숙이 물었다.

"황숙께서는 갑자기 왜 우십니까?"

노숙의 질문에 유비는 대답하지 않고, 더욱 목소리를 높여 서럽게 울기만 했다. 그러자 노숙은 당황해서 어쩔 줄을 몰랐다. 이때 공명이 병풍 뒤에서 걸어 나오며 조용히 말했다.

"미안하오. 내가 의도치 않게 두 분의 이야기를 모두 듣고 말았소. 자경은 우리 주공께서 저토록 슬피 우시는 까닭을 모르시오?"

"내가 어떻게 알 수 있겠소?"

그러자 공명이 노숙에게 핀잔을 주듯 말했다.

"어찌 그 까닭을 모르는 척하시오? 원래 우리 주공께서 형주를 빌리실 때, 서천을 취하면 형주를 돌려주기로 하지 않았소? 자경도 알다시피 익주의 유장은 바로 주공의 동생뻘이며 다 같은 한나라 황실의 종친이오. 그러니 주공께서 익주를 공격하면 세상 사람들이 동생의 땅을 빼앗는다고 얼마나 욕하겠소? 그렇다고 이대로 형주를 돌려주면 우리 주공께서는 갈 곳이 없지 않소? 동생의 땅인 익주를 빼앗을 수도 없고, 처가인 동오에 형주를 돌려주지 않을 수도 없고 그러니 주공께서 애가 타서 우시는 거요."

공명의 말이 끝나자 유비는 더욱 서럽게 울며 주먹으로 자기 가슴을 쳤다. 이렇게 되자 노숙은 마음이 약해져 더는 유비에게 형주를 돌려 달라고 요구하지 못했다. 노숙은 아무런 소득 없이 무거운 마음으로 발걸음을 돌렸다.

노숙은 돌아가는 길에 남군에 들러 먼저 주유를 만났다. 노숙으로부터 형주에서 있었던 일을 전해 들은 주유는 발을 구르며 노숙에게 핀잔을 주었다.

"자경은 제갈량의 꾀에 또 넘어간 것이오. 유비는 이전에 유표와 형님 동생 하면서도 항상 형주를 삼키려고 했소. 하물며 유장 따위에게 무슨 인정을 베풀겠소. 유장과 형제니 하는 것도 따지고 보면 모두 핑계일 뿐이오. 이대로 미루기만 하면 나중에 자경께서 큰 화를 입지 않을지 걱정이오."

주유의 말에 공감한 노숙은 공명에게 당한 것을 생각하자 얼굴이 뜨거워졌다.

"그럼 어쩌면 좋겠소?"

노숙이 걱정스럽게 묻자 주유가 대답했다.

"자경은 수고스럽지만 한 번 더 형주를 다녀오시오. 유비에게 가서 만약 형제 간의 의리 때문에 익주의 유장을 공격하기 곤란하다면 우리가 그 땅을 빼앗아 결혼 선물로 주겠다고 하시오. 대신 우리가 익주를 넘겨주면 즉시 형주를 돌려 달라고 하시오."

"하지만 서천 땅은 지세가 험하고 거리가 멀어 빼앗기가 쉽지 않소. 그 계책은 성공하기 힘들 것 같소."

노숙이 걱정스럽게 말을 받자 주유는 답답하다는 듯 손바닥으로 자신의 가슴을 쳤다.

"자경은 참으로 고지식하오. 내가 정말로 서천을 빼앗아 유비에게 줄 것 같소? 우리 군사가 서천을 치기 위해서는 반드시 형주를 지나야만 하오. 서천을 치겠다는 명분을 내세워 형주로 가면 유비는 분명 우리에게 인사를 하려고 나올 것이오. 그 틈에 유비를 죽이고 형주를 빼앗자는 것이 내 계획이오."

공명의 꾀에 넘어가 손권의 얼굴을 볼 면목이 없었던 노숙은 기쁜 마음으로 다시 형주로 향했다. 유비를 만난 노숙이 말했다.

"우리 주공께서는 황숙이 친척 동생인 유장의 땅을 차마 빼앗을 수 없다는 말을 들으시고 그 덕을 칭송하셨습니다. 그리고 여러 장수와 의논한 끝에 황숙 대신 서천을 빼앗아 결혼 선물로 황숙께 드리기로 하셨습니다. 다만 우리 군사들이 이곳을 지날 때 얼마간의 곡식과 경비를 지원해 주시기를 부탁하셨습니다."

유비는 노숙의 말을 듣고 흔쾌히 승낙했다. 옆에 있던 공명도 거들었다.

"동오군이 이곳을 지나갈 때면 배웅을 나가 정성을 다해 모시도록 하겠습니다."

노숙은 의외로 일이 뜻대로 풀려 나가자 내심 크게 기뻐했다. 그는 술자리가 끝나자 지체하지 않고 주유에게로 향했다. 노숙이 떠난 후 유비가 공명에게 물었다.

"서천을 빼앗아 나에게 선물로 주겠다니 저들의 속셈이 무엇이오?"

유비의 질문을 받자 공명은 웃으며 대답했다.

"주유가 드디어 죽을 때가 가까워진 모양입니다. 제 꾀에 제가 넘어가게 되었으니 어찌 살기를 바랄 수가 있겠습니까?"

공명은 노숙의 이야기를 듣고 이미 주유의 계책을 간파하고 있었다. 공명은 유비에게 주유의 계책을 설명했는데 놀랍게도 주유가 노숙에게 일러 준 계책과 정확하게 일치했다.

"주공께서는 염려하지 마십시오. 제가 주유의 계책을 무너뜨릴 준비를 하겠습니다."

공명은 즉시 조운을 불러 계책을 일러 준 후 당부했다.

"그대는 내가 시키는 대로만 하시오. 다음 일은 내가 알아서 하겠소."

유비는 그제야 공명의 계책을 알아차리고 크게 기뻐했다.

한편 노숙이 돌아와서 유비와 나누었던 이야기를 전하자 주유는 호탕하게 웃으며 기뻐했다.

"이번에야말로 제갈량도 내 계책에 넘어갔구나."

주유는 노숙을 보내 이 일을 손권에게 알리게 하고 전쟁 준비에 박차를 가하였다.

마침내 주유는 익주를 공격하겠다고 선포한 후 군사를 일으켰다.

주유는 공명을 속였다고 안심하며 대군을 이끌고 형주에 도착했다. 그러나 곧 자신의 계책이 실패했다는 사실을 깨닫게 되었다. 공명의 약속과 달리 자신을 영접하는 사람은 하나도 보이지 않고 성 위에서 한 장수가 나타나더니 큰 소리로 외쳤다.

"공명 군사께서 주 도독의 계책을 이미 간파하시고 벌써 우리 주공과 함께 몸을 피하셨소. 싸울 생각이 있거든 나와 겨뤄 봅시다."

주유는 자신의 계획이 탄로 났음을 깨닫고 즉시 말 머리를 돌려 후퇴하려고 했다. 그런데 관우와 장비, 황충, 위연 등 유비의 장수들이 군사를 이끌고 사방에서 기습해 왔다.

주유는 얼마나 놀랐는지 그 충격으로 말 위에서 그만 기절하고 말았다. 장수들이 급히 주유를 구원하여 하구로 돌아오자 공명이 편지를 보내왔다.

익주를 치러 간 사이에 조조가 동오를 공격할 수 있으니 이만 철군하는 것이 좋겠소.

공명의 야유 섞인 충고를 받자 주유는 크게 낙담했고, 그날 밤 피를 토하고 까무러치기를 여러 차례 했다. 자신의 운명이 다했음을 깨달은 주유는 부하 장수들을 모아 놓고 손권에게 충성을 다할 것을 당부했다.

"아아, 하늘은 이 주유를 내고 어찌 또 공명을 냈단 말인가?"

주유는 깊이 탄식한 후 곧 숨을 거두었다. 이때 그의 나이 서른여섯이었다.

손권은 주유가 죽자 슬퍼하며 그의 유해를 파구로 옮긴 후 노숙을 대도독으로 삼았다. 그날 밤, 하늘의 별자리를 살피던 공명은 별 하나가 길게 고리를 끌며 떨어지는 것을 보고 혼잣말로 중얼거렸다.

"주유가 마침내 죽었구나."

71

와룡과 봉추

공명은 주유가 죽었다는 연락을 받고 문상길에 올랐다. 공명이 강동에 도착하자 주유의 부하 장수들은 하나같이 공명을 죽여야 한다고 분노했다. 하지만 장례식에 참석한 손님을 죽일 수 없어, 장례가 끝나면 기회를 보아 공명을 해치기로 계획했다.

공명은 주위의 눈초리가 심상치 않다는 것을 깨달았다. 하지만 내색하지 않고 향을 피운 뒤 구슬프게 울며 통곡했다.

"아아 슬프도다. 주유여! 그대는 지금 어디에 있는가? 어찌 이토록 허망하게 세상을 떠났다는 말인가? 그대에게 술 한 잔을 올리니 영혼이라도 있거든 이 술을 들고 가시게. 이 제갈량은 재주가 없어 그대의 계교를 빌렸고, 동오를 도와 조조를 물리친 것도 모두 그대의 뛰어난 지략이 아니었던가? 이제 그대는 떠나고 없으니 앞으로 이 제갈량은 누구와 더불어 천하를 의논한단 말인가?"

공명은 조문을 모두 읽고 난 뒤 바닥에 엎드려 구슬프게 통곡했다. 이에 주유의 부하 장수들은 모두 눈물을 흘리며 공명을 죽이려던 마음을 버렸다. 공명이 문상을 끝내자 노숙은 잔치를 열어 후하게 대접했다.

공명이 위기 상황을 반전시킨 후 노숙과 작별하고 강가로 가서 배에 오르려고 할 때였다. 갑자기 등 뒤에서 누군가 공명의 옷깃을 잡아당기며 껄껄 웃었다.

"주유의 화를 돋우어 죽게 만들어 놓고 이제는 조문한답시고 여기까지 와서 배짱 좋게 그런 연극을 하다니, 설마 나까지 속을 줄 아느냐?"

공명이 깜짝 놀라서 뒤돌아보니 봉추 선생 방통이었다. 공명의 놀란 얼굴에 어느새 미소가 번졌다.

"봉추가 아닌가? 강동에 있다는 소문은 들었는데 이렇게 만나다니 정말 반갑네."

공명은 방통을 배로 청하여 지난 이야기를 나누며 회포를 풀었다. 공명은 떠나기 전 추천서를 써서 방통에게 주었다.

"내가 보기에 손권은 자네를 중요한 자리에 쓰지 않을 것이네. 형주로 와서 나와 함께 유황숙을 섬기는 게 어떻겠나? 만약 형주에 오게 되면 이 추천서를 아무에게나 보여 주게. 그러면 자네를 유황숙에게 안내할 것이네."

공명은 다시 만날 것을 기약하며 방통과 헤어진 후 형주로 돌아갔다.

손권은 노숙을 주유 대신 도독으로 삼았지만, 기회가 있을 때마다 입버릇처럼 말했다.

"주유가 세상을 떠난 뒤 나는 손발을 잃은 것과 다름없다. 앞으로 어떻게 이 나라를 이끌어 가야 할지 참으로 고민이구나."

하루는 노숙이 손권에게 나아가 말했다.

"저는 원래 재주가 없는데 주유가 제 능력을 과대평가하여 저를 도독으로 추천하였습니다. 바라건대, 유능한 인재를 추천하여 주공을 돕게 하고 싶습니다. 그는 천문에 통달하고 지리에 밝으며, 계책과 병법에 뛰어납니다. 그래서 주유도 그에게 조언을 구했고, 공명 또한 그의 지혜에 감탄한 바 있습니다. 지금 그 사람이 우리 나라에 있는 데 왜 그를 쓰지 않으십니까?"

손권이 노숙의 말에 기뻐하며 물었다.

"그 사람의 이름이 무엇이오?"

"이름은 방통, 호는 봉추이며 사람들은 그를 봉추 선생이라고 부릅니다."

"나도 그 이름은 들은 지 오래요. 양양의 방덕이 와룡으로 불리던 제갈량에 견주어 그를 봉추라고 불렀다지요? 그가 우리 강남에 있다니 즉시 초청하시오. 내가 만나 보겠소."

노숙은 곧 방통을 불렀다. 이에 방통이 손권에게 가서 인사하자 손권이 그의 외모를 찬찬히 살폈다. 눈썹은 짙고 들창코에 피부는 까무잡잡했으며, 턱에는 수염이 볼품없이 덥수룩하게 자라 있었다.

'이렇게 못생긴 사내가 그토록 재주가 뛰어나다니 믿을 수 없군.'

방통의 기묘한 생김새에 불쾌감을 느낀 손권은 눈썹을 찌푸렸다.

"그대가 평생 갈고닦은 학문은 무엇이오?"

손권이 퉁명스럽게 질문을 던졌다.

"아무것에도 얽매이지 않고, 상황에 따라 변화에 적응하며 배웠을 뿐입니다."

"그대의 학문과 재주를 주유와 비교하면 어떻소?"

손권은 주유를 가장 신뢰하고 좋아했다. 그래서 주유를 들먹이며 방통에게 비아냥거렸다.

"제가 배운 것은 주유와 다르니 비교하기 곤란합니다."

손권은 방통의 대답이 마음에 들지 않았다.

"그대는 일단 돌아가 쉬시오. 필요하면 그때 부르도록 하겠소."

이에 방통은 주저 없이 물러난 후 길게 숨을 내쉬며 탄식했다. 방통이 물러가자 노숙은 안타까워하며 손권에게 물었다.

"주공께서는 어찌하여 그를 쓰지 않으십니까?"

손권이 언짢은 표정을 지으며 말했다.

"그는 미친 사람이오. 그런 사람을 써서 무슨 이득을 얻겠소."

"적벽에서 우리가 조조군을 몰살한 것은 방통이 조조에게 연환계를 쓰도록 권했기 때문입니다. 당시 가장 큰 공을 세운 것이 바로 방통이었는데, 그 사실을 벌써 잊으셨습니까?"

"그때는 조조가 스스로 배를 붙잡아 맨 것이니 그가 잘못된 선택을 한 것이지 꼭 방통이 공로를 세웠다고는 할 수 없소. 어찌 되었건 나는 그를 등용하고 싶은 생각이 없소."

노숙은 손권을 계속 설득하려고 했으나, 손권은 손을 내저었다. 그러자 노숙은 방통을 찾아가 위로한 후 추천서를 써 주며 형주의 유비를 찾아가라고 권했다.

방통은 그 길로 유비를 만나기 위해 형주로 갔다. 방통이 유비와 만났을 때 마침 공명은 자리에 없었다. 방통은 유비를 시험하기 위해 공명과 노숙이 써 준 추천서를 보여 주지 않았다. 유비가 물었다.

"무슨 일로 나를 찾아오셨소?"

"소문에 듣자 하니 유황숙께서 널리 어진 선비를 구하신다기에 먼 길을 찾아왔습니다."

방통의 기대와 달리 유비 역시 손권처럼 방통의 괴상한 외모를 보고 실망해서 뇌양현이라는 작은 고을의 현령에 임명했다. 그런데 현령이 된 방통은 업무는 멀리하고 매일 술만 마시며 시간을 보냈다. 이에 백성들의 불만이 커지자 그 소문은 유비의 귀에도 들어갔다.

"이런 괘씸한 자가 있나?"

유비는 화가 나서 장비를 보내 진상을 파악하게 했다. 장비가 뇌양현에 도착했을 때 방통은 평소처럼 술에 취해 있었다. 그 모습을 보자 화가 난 장비는 방통을 꾸짖었다.

"현령 된 자가 어찌하여 처리할 업무는 제쳐 두고 매일 술타령만 하느냐?"

"이런 작은 고을에 처리할 업무가 얼마나 된다고 그러시오? 장군은 잠깐만 앉아 계시오. 내 곧 모든 일을 처리하겠소."

방통은 장비가 보는 자리에서 그동안 밀린 업무를 모두 처리하는데 채 반나절이 걸리지 않았다. 그 모습을 지켜본 장비는 감탄하여 벌린 입을 다물지 못했다. 일을 마친 방통은 붓을 던지며 말했다.

"잘 보셨소? 조조와 손권조차 우습게 여기는 나에게 이런 작은 고을의 일을 맡겨 놓으니 할 일이 없어서 술을 마셨던 것뿐이오."

장비는 얼른 자리에서 일어나 예를 갖추어 방통에게 사죄했다.

"선생의 탁월한 재주를 몰라봐서 죄송합니다. 당장 돌아가 형님께 말씀 드리겠습니다."

그제야 방통은 웃으며 노숙이 써 준 추천서를 장비에게 보여 주었다.

"선생은 어째서 지난번 형님을 뵈었을 때 이 추천서를 보여 주지 않으셨습니까?"

"그러면 남의 추천서를 의지하여 찾아온 사람으로 여길 것 같아 그랬소."

장비는 방통과 작별한 후 서둘러 형주로 돌아가 유비에게 뇌양현에서 있었던 일을 자세히 설명했다. 노숙의 추천서를 읽은 유비는 탄식하며 자신의 경솔함을 뉘우쳤다. 이때 마침 외출했던 공명이 돌아왔다. 공명은 유비로부터 그동안 있었던 일을 모두 듣고 말했다.

"방통의 학문은 저보다 열 배는 넓고 깊습니다. 제가 지난번 동오에서 그에게 추천서를 써 주었는데 주공께서는 그것을 보지 못하셨습니까?"

"군사의 추천장은 못 보았고, 방금 전 장비가 가져온 노숙의 추천장만 보았소."

공명은 자신의 추천서를 보여 주지 않은 방통의 마음을 헤아린 듯 고개를 끄덕였다.

"큰 인물을 큰 인물로서 대접하지 않으니 술이나 마시고 업무를 처리하지 않았을 것입니다."

"내가 큰 결례를 범했소. 하마터면 큰 인재를 잃을 뻔했소."

유비는 즉시 장비에게 방통을 데리고 오게 했다. 방통이 도착하자 유비는 자신의 무례를 사과하고 그를 부군사 중랑장으로 임명했다.

유비는 형주의 주인이 된 후 황충과 위연 두 장수를 얻고 나서 이 제 봉추까지 얻었다. 당시 선비들은 와룡과 봉추 두 사람 가운데 하나만 얻어도 천하를 얻을 수 있다고 했다. 그런데 와룡 제갈량과 봉추 방통을 모두 얻은 것이다. 유비는 그야말로 호랑이가 날개를 단 격이 되었다. 유비는 서서히 천하를 향해 눈을 돌리기 시작했다.

한편, 조조는 손권과 유비가 다시 연합하는 것을 걱정했다. 그래서 남쪽을 공격하려고 했는데, 문제는 그 틈을 노려 서량 태수 마등이 공격해 온다면 조조로서는 낭패라는 것이었다. 마등은 일찍이 조조를 없애기 위해 유비와 피로 동맹을 맺은 사이였다. 생각이 여기에 미치자 조조는 먼저 마등부터 제거하기로 마음먹었다. 순욱이 조조의 마음을 읽고 계책을 냈다.

"황제에게 청하여 마등에게 남정장군의 자리를 하사한 후 허도로 불러들여 제거하십시오. 그 후 유비와 손권을 치십시오."

조조는 순욱의 계책대로 실행했다. 황제의 조서를 내려 마등을 허도로 불렀다. 마등은 큰아들 마초를 서량에 남겨 영지를 지키게 하고, 다른 두 아들 마철과 마휴 그리고 조카 마대를 데리고 허도로 향했다. 마등이 허도 근처에 도착하자 조조는 문하시랑 황규에게 분부했다.

"이번에 마등이 남방을 정벌하러 가게 되었다. 그에게 가서 '서량이 멀어서 군량을 가져오기 어려워 많은 군사를 이끌고 가는 것은 힘들다. 그래서 내가 대군을 내어 도와주기로 했다. 그러니 내일 성안에 들어와 황제를 뵙고 인사를 드린 후 돌아갈 때 군량과 마초를 가져가라'고 전해라."

황규가 마등에게 찾아가 조조의 말을 전하자 마등은 술을 내어 대접했다. 두 사람은 술잔을 기울이며 세상 돌아가는 이야기를 나누었다. 술이 취한 황규는 탄식하며 말했다.

"저의 아버지 황완은 이각, 곽사의 난 때 돌아가셨습니다. 그 일로 저는 지금까지 한을 품고 살아왔습니다. 그런데 이각과 곽사보다 더한 역적을 만날 줄 어찌 생각이나 했겠습니까?"

황규의 말에 마등은 놀라 술기운이 확 달아났다.

"이각과 곽사보다 더한 역적이라니, 그가 누굽니까?"

"귀공은 몰라서 그런 질문을 하십니까? 지금 이 나라에 역적이 조조 말고 누가 또 있습니까?"

마등은 조조가 황규를 보내 자신의 속마음을 떠보려는 것은 아닌지 불안했다.

"어허, 큰일 날 소리 하지 마시오."

그러자 황규가 목소리를 높여 꾸짖듯이 말했다.

"그대는 지난날 황제께서 비밀 조서를 내려 조조를 없애려고 한 사실을 잊었소?"

마등은 그제야 황규의 말이 진심인 것을 알았다. 마등이 자신의 생각도 같다고 털어놓자 황규가 충고했다.

"조조가 내일 황제를 뵙고 인사 드리라고 한 것은 함정이 분명합니다. 그러니 성안으로 들어가지 말고 성 아래서 군사들과 머무르시오. 그러다가 조조가 성 밖으로 나와 군사를 사열할 때 기회를 봐서 그를 죽이시오. 그러면 나라의 근심이 사라지게 됩니다."

두 사람은 조조를 죽일 계획을 세운 뒤 작별했다. 황규는 마등과 세운 계획이 뇌리에 머물러 집에 돌아와서도 쉽게 흥분이 가시지 않았다. 그러다가 술김에 그만 자신의 첩인 이춘향에게 마등과 세운 계획을 털어놓고 말았다. 그런데 이춘향은 황규의 처남인 묘택과 몰래 사랑을 나누고 있었다. 이춘향은 황규가 한 말을 묘택에게 전부 이야기했다. 그러자 묘택은 이 일이 황규를 없앨 좋은 기회라고 여겨 밤길을 달려가 조조에게 고해바쳤다. 조조는 놀라서 허저, 서황, 조홍 등을 불러 대책을 세웠다. 그러고 나서 황규의 집안 식구들을 모두 잡아들였다.

다음 날, 마등은 황규와 세운 계획대로 군사를 이끌고 성으로 향했다. 그런데 성 아래 이미 한 떼의 붉은 기가 늘어서 있고, 그 한가운데 승상의 기가 높이 펄럭이고 있었다. 마등은 조조가 친히 사열하러 온 것으로 여겨 말을 몰아 앞으로 나아갔다. 그 순간 붉은 기가 좌우로 갈라지면서 화살이 빗발치듯이 날아들었다. 동시에 한 장수가 달려오는데 보니 조홍이었다.

마등이 놀라 황급히 말을 돌리려는데, 좌우에서 함성이 울려 퍼지면서 왼쪽에서 허저, 오른쪽에서 하후연, 뒤에서는 어느새 서황이 달려와 마등의 군사들을 공격했다. 마등은 그제야 일이 잘못된 것을 깨닫고 필사적으로 조조군을 맞아 싸웠다. 하지만 중과부적이었다. 셋째 아들 마철은 화살에 맞아 목숨을 잃었고, 둘째 아들 마휴는 아버지 마등과 함께 사로잡혔다. 조조는 군사를 시켜 황규와 마등 부자를 함께 끌고 오도록 했다. 황규가 조조를 보자 소리쳤다.

"내게 무슨 죄가 있다고 이러십니까?"

황규는 묘택이 밀고한 것을 모르고 시치미를 뗀 것이다. 그러자 조조는 묘택을 불러 황규 앞에서 밀고한 내용을 설명하게 했다. 이에 황규도 더는 버티지 못했다. 옆에서 듣고 있던 마등이 황규를 크게 꾸짖었다.

"이 어리석은 선비야. 네놈이 역적을 없애려는 내 계획을 망쳤구나."

조조는 황규와 마등 부자를 모두 끌어내 목을 베게 했다. 마등은 목이 떨어지는 순간까지 조조를 소리쳐 꾸짖었다.

한편, 황규를 밀고하여 공을 세운 묘택은 조조에게 머리를 조아리며 부탁했다.

"저는 어떤 보상도 바라지 않습니다. 다만 춘향을 아내로 삼게 해 주신다면 그것으로 만족합니다."

그러자 조조는 싸늘한 표정을 지으며 말했다.

"너는 여자에게 눈이 멀어 누나의 남편을 죽게 하고, 그 집안의 사람들까지 모두 죽게 한 놈이다. 너처럼 의리 없는 자를 살려 두어 무엇에 쓰겠느냐?"

조조는 군사들에게 묘택과 이춘향, 황규의 집안 남녀 모두를 거리로 끌어내어 처형하라고 명했다.

한편, 뒤에서 군사를 이끌고 대기 중이던 마등의 조카 마대는 마등과 마휴, 마철이 모두 죽음을 당했다는 소식을 들었다. 마대는 즉시 서량으로 달려가 그 사실을 마초에게 알렸다.

"형님, 숙부님과 동생들이 모두 조조군의 공격을 받고 목숨을 잃었습니다."

"뭐라고?"

마초는 충격적인 소식을 듣고 통곡하다가 그만 기절하여 쓰러졌다. 모든 장수가 손을 써 부축하여 일으키자 정신이 돌아온 마초는 이를 부드득 갈았다.

"조조, 이놈! 내 무슨 일이 있어도 이 원수는 반드시 갚고야 말겠다."

한편, 마등을 죽여 화근을 없앤 조조는 손권을 쳐서 적벽에서 당한 치욕을 갚고자 했다. 조조는 30만 대군을 일으켜 강동을 향해 진군했다. 그 소식을 들은 손권은 노숙을 시켜 유비에게 도움을 요청하게 했다. 노숙은 즉시 편지를 써서 유비에게 보냈다. 유비는 노숙의 편지를 받자마자 공명에게 보여 주었다.

조조가 30만 대군을 이끌고 강동을 공격해 오고 있습니다. 선생께서는 다시 한번 조조를 막을 수 있게 도와주십시오.

공명은 노숙이 보낸 편지를 읽고 즉시 답장을 썼다.

조조는 강동에 도착하기 전 우리에게 패하여 도망칠 것이니, 자경은 조금도 걱정하지 말고 편히 계십시오.

그러자 유비가 걱정스러운 표정으로 말했다.
"우리의 군사력으로 조조의 30만 대군을 막기에 역부족인데, 어찌 노숙에게 그런 편지를 보내시오?"
공명이 빙그레 웃으며 말했다.
"걱정 마십시오. 조조는 서량 태수 마등을 제거한 후 후환을 없앴다고 여겨 강동과 형주를 빼앗기 위해 남하하고 있습니다. 하지만 조조가 놓친 게 있습니다. 마등에게 마초라는 아들이 있는데 그는 아버지인 마등보다 훨씬 뛰어난 장수입니다. 지금 마초는 조조를 향한 복수심에 불타고 있습니다. 황숙께서는 마등과 혈맹을 맺은 동지이니 마초에게 편지를 보내 허도를 치게 하십시오. 조조가 그 사실을 알게 되면 어쩔 수 없이 군사를 돌리게 될 것입니다. 그래서 노숙에게 안심하라고 편지를 보낸 것입니다."

"군사는 참으로 뛰어난 안목과 식견을 지니셨소."

유비는 감탄하며 즉시 마초에게 편지를 썼다.

이 유비는 일찍이 돌아가신 장군의 부친과 함께 황제 폐하의 명령을 받들어 역적 조조를 죽이기로 맹세했었소. 그런데 이번에 장군의 부친께서 조조에게 해를 입었다니 이 유비는 슬픔을 가눌 수 없소. 이제 장군은 조조와 더불어 같은 하늘 아래 살 수 없는 원수가 되었소. 만약 장군께서 서량의 군사를 이끌고 조조의 오른쪽을 친다면 이 유비도 형주, 양양의 군사를 모두 일으켜 조조의 앞을 치겠소이다. 그렇게 해서 역적 조조를 사로잡아 그 일당을 뿌리 뽑으면 장군은 원수를 갚게 되고 한나라 황실도 일으킬 수 있소. 협력을 기대하며 답을 기다리겠소.

72

마초의 용맹

한편, 조조에게 복수하기 위해 군사를 조련하느라 여념이 없던 마초는 유비의 편지를 읽자 즉시 답장을 썼다. 유비의 제안을 받아들이겠다는 내용이었다. 그가 허도로 진격할 준비를 서두를 때 진서장군 한수가 찾아왔다. 한수는 마초의 아버지 마등과 오랜 친구 사이였다. 한수는 품속에서 한 통의 편지를 꺼내 마초에게 보여 주었다. 그것은 조조가 한수에게 보낸 편지였다.

그대가 마초를 포박하여 허도로 보내면 서량 태수로 임명하겠다.

편지를 읽은 마초는 이를 갈며 분노했다. 마초는 한수와 의논하여 조조가 없는 허도를 치기로 하고 20만 대군을 일으켰다. 당시 변방이었던 서량은 병사들이 억세고 강했다. 마초가 이끄는 서량군은 한수와 연합하여 허도로 진격했다. 그들은 열흘이 채 안 되어 장안성을 점령했다. 장안성을 지키던 종요는 동관으로 달아났다.

종요는 동관의 성문을 굳게 닫고 지키며 조조에게 전령을 보내 소식을 전했다. 장안성이 서량군의 손에 점령당했다는 보고에 조조는 크게 당황했다. 그는 동오를 치려던 계획을 중단하고 먼저 동관부터 지켜야만 했다. 조조는 급히 조홍과 서황을 불러 명령을 내렸다.

"너희는 군사 1만 명을 거느리고 가서 종요를 대신하여 동관을 지켜라. 만약 열흘 안에 동관을 잃는다면 너희부터 먼저 목을 벨 것이다. 하지만 열흘만 견디면 너희에게 책임을 묻지 않겠다."

조홍과 서황이 군사를 이끌고 동관을 향해 떠난 후 조인이 걱정스러운 표정으로 조조에게 말했다.

"조홍이 성미가 급해서 일을 그르치는 것은 아닐지 걱정됩니다."

조조가 고개를 끄덕이며 말했다.

"너와 나는 군량과 마초를 먼저 보낸 후 곧 그들을 뒤따라 가도록 하자."

한편, 조홍과 서황은 동관에 도착한 후 종요를 대신하여 성을 굳게 지키며 나가 싸우지 않았다. 마초는 여러 차례 동관을 공격했다. 그러나 조홍과 서황이 관문을 굳게 닫아걸고 방어만 하자 맥없이 물러서야만 했다. 하루는 마초가 성 아래서 조조의 할아버지와 아버지 그리고 조조에 이르기까지 3대에 걸친 조조 집안에 대해 입에 담지 못할 상스러운 욕설을 퍼부어 댔다. 이에 조홍은 울화가 치밀어 성 밖으로 나가 마초와 싸우려고 했는데 서황이 급히 말렸다.

"승상의 군대가 도착할 때까지 동관을 사수하며 기다리는 것이 좋겠습니다."

서황이 말리자 조홍은 조조의 명령이 생각나서 화를 억눌렀다. 그러나 마초의 욕설은 다음 날도 그다음 날도 계속되었다. 그때마다 조홍은 관문을 박차고 쫓아 나가려고 했고, 서황은 그런 조홍을 말리느라 진땀을 뺐다. 그렇게 시간은 흘러 9일째 되는 날이었다.

조홍이 성곽 위에서 내려다보니 서량군은 절반 이상이 말을 버린 채 성 아래 풀밭에 누워 매우 피곤한 듯 쉬고 있었다. 성안의 군사들은 안중에도 없다는 태도였다. 그 모습을 본 조홍은 자존심이 상해 불쾌했다. 그러나 한편으로 생각하니 적을 공격할 좋은 기회이기도 했다.

조홍은 곧 3천 명의 군사를 이끌고 성 밖으로 달려 나갔다. 그러자 마초의 부하들은 말과 무기를 버리고 달아났다. 조홍은 달아나는 서량군을 뒤쫓았다.

이때 서황은 창고에서 군사들의 식량과 말의 먹이인 풀 더미를 점검하고 있었다. 그런데 한 군사가 헐레벌떡 뛰어와서 보고했다.

"조 장군께서 군사들을 이끌고 성 밖으로 나가셨습니다."

서황은 크게 놀라 군사들을 이끌고 급히 조홍을 뒤쫓으며 소리쳤다.

"조 장군은 속히 말을 돌려 돌아오시오!"

그러나 서황의 목소리는 등 뒤에서 터져 나온 함성에 곧 파묻혔다. 서황이 돌아보니 마대가 군사를 거느리고 공격해 오고 있었다. 조홍은 그제야 자신이 적의 계략에 당했다는 것을 깨닫고 서황과 함께 달아나기 시작했다. 그러자 난데없이 북소리가 울리며 산 위에서 군사들이 두 갈래로 쏟아져 내려왔다. 앞장선 장수를 보니 왼쪽은 마초요, 오른쪽은 방덕이었다.

등뒤에서 마대가 쫓아오고, 좌우에서 마초와 방덕이 공격해 오자 조홍과 서황군은 앞으로 나아갈 수도, 뒤로 물러설 수도 없는 상황이 되었다. 서황이 조홍에게 소리쳤다.

"조 장군은 뒤를 맡으시오. 나는 앞을 맡아 포위망을 뚫어 보겠소."

서량의 군사들과 조홍의 군사들 간에 한바탕 어지러운 싸움이 벌어졌다. 그러나 조홍의 군사는 그 수가 워낙 적었고, 매복한 군사들의 기습을 당해 내지 못했다. 조홍은 군사의 절반을 잃고서야 겨우 포위망을 뚫고 동관으로 달아날 수 있었다. 그러나 서량군이 여세를 몰아 바짝 뒤쫓아오자 조홍과 서황은 관문을 닫을 겨를도 없었다. 이에 그들은 동관마저 버리고 달아났다.

조홍과 서황은 방덕에게 쫓기던 중 때마침 동관을 향해 달려오던 조인의 군대를 만났다. 뒤쫓던 방덕은 그제야 말 머리를 돌렸다. 동관을 점령한 마초는 방덕을 맞아들여 굳게 지켰다.

조홍과 서황은 조조에게 가서 동관을 잃게 된 과정을 보고했다. 이에 조조는 자신의 명령을 어긴 조홍을 처형하라고 명했다. 그러자 휘하 장수들이 모두 나서서 간곡하게 부탁했다.

"다음 전투에서 공을 세우게 하신다면 그 죄를 면할 수도 있을 것입니다. 목을 베라는 명령만은 부디 거두어 주십시오."

그러자 조조는 마지못해 자신의 명령을 거두어들였다. 조조의 군대가 동관에 도착하자 마초는 큰 소리로 외쳤다.

"이놈, 조조야. 내가 오늘 반드시 아버지와 형제들의 복수를 하고, 네놈의 살을 씹어 먹고야 말겠다!"

마초가 관문을 열고 무서운 기세로 달려 나오자 조조는 급히 우금을 시켜 맞서 싸우게 했다. 우금은 마초를 맞아 10여 합을 겨루었으나, 당해 내지 못하고 물러났다. 이에 장합과 이통이 달려 나가 마초에게 대항했다. 하지만 그들 역시 마초에게 패하여 달아났다.

마초의 서량군은 이때를 놓치지 않고 총공세를 펼쳤다. 먼 길을 달려오며 지친 조조군은 막강한 서량군의 공격에 맥없이 무너졌다. 조조군은 일방적으로 밀리다가 이내 싸우기를 포기하고 도망치기 시작했다. 마초가 조조를 뒤쫓자 조조는 급히 군사들 틈으로 몸을 숨겼다. 바로 그때 마초의 군사들이 외쳐 대기 시작했다.

"붉은 전포를 입은 놈이 조조다. 조조를 사로잡아라!"

조조는 자신의 붉은 옷이 적의 표적이 되자 황급히 벗어 던졌다. 그러자 마초의 군사들이 다시 외쳤다.

"수염이 긴 놈이 조조다. 조조를 사로잡아라!"

다급해진 조조는 저도 모르게 칼을 빼어 수염을 싹둑 잘랐다. 그 모습을 본 마초의 부하들이 다시 큰 소리로 외쳤다.

"저기 수염이 짧은 놈이 조조다. 조조를 사로잡아라!"

조조는 급한 김에 깃발을 찢어 얼굴을 가리고 죽을힘을 다해 도망치기 시작했다. 그러나 쉽게 포기할 마초가 아니었다. 조조와 마초의 쫓고 쫓기는 숨 막히는 추격전이 이어졌다. 마침내 거리를 좁힌 마초는 창을 들어 조조를 향해 힘껏 던졌다. 창은 바람을 가르며 날아가 조조를 스쳐 그 옆의 나무에 가서 박혔다. 마초가 창을 뽑는 사이 뒤따르던 조홍과 하후돈이 마초를 막아섰다. 그 덕분에 조조는 간신히 목숨을 구할 수 있었다. 진중에 돌아와 호흡을 가다듬은 조조가 휘하의 장수들에게 당부했다.

"지금까지 수많은 전투를 치르며 패한 적이 여러 번 있지만, 오늘처럼 생명의 위협을 느껴 본 적도 드물다. 마초는 과연 소문처럼 대단한 장수다. 앞으로 마초와 마주치면 함부로 맞서지 말라."

마초에게 혼이 난 조조는 성문을 굳게 닫고 서량군의 도발에 일절 대응하지 않았다. 그러자 조조 휘하의 장수 중 몇몇은 속으로 조조를 겁쟁이라고 비웃었다. 하지만 조조에게는 그들도 모르는 계획이 있었다. 그것은 한수와 마초 사이를 이간질하여 자중지란[1]을 일으키자는 계책이었다.

며칠 후 조조는 전령을 보내 한수에게 대화를 요청했다. 조조가 무장하지 않은 채 홀로 성 밖으로 나오자 한수도 갑옷을 벗고 무기를 버려둔 채 조조를 만났다. 한수는 뭔가 중요한 이야기를 듣게 될 것으로 기대했으나, 조조는 쓸데없는 이야기만 잔뜩 늘어놓았다. 이때 한수가 조조를 만난다는 소식을 듣고 달려온 마초는 두 사람이 웃으며 이야기하는 모습을 보고 의심을 품었다.

마초가 지켜보는 것을 안 조조는 의미심장한 미소를 짓더니 한수와 헤어져 성안으로 돌아갔다. 그러자 마초가 의심스러운 표정을 지으며 한수에게 다가와 물었다.

"조조와 무슨 말씀을 그리 즐겁게 나누셨습니까?"

"별 이야기 아니었네. 쓸데없는 신변 잡담만 늘어놓고 갔네."

한수는 사실대로 말했지만, 마초는 그 말을 믿지 않았다. 마초는 의심을 한 채 한수에게 인사한 후 자신의 막사로 돌아갔다.

한편, 성안으로 돌아온 조조가 가후를 불러 물었다.

"공이 보기에 내 계책이 어땠소? 앞으로 마초와 한수가 서로 의심하게 될 것 같소?"

"승상의 계책은 참으로 깊고 묘합니다. 하지만 두 사람을 갈라놓기에 아직은 부족합니다. 제게 좋은 계책이 있으니 한번 사용해 보십시오."

"그게 어떤 계책이오?"

조조가 눈빛을 빛내며 기대에 찬 표정으로 물었다. 가후가 목소리를 낮추며 조심스럽게 말했다.

"마초는 용맹스럽지만, 지혜가 없어서 사리 분별이 부족합니다. 승상께서는 한 번 더 한수에게 글을 써서 보내십시오. 단 글을 쓰시되 중간중간 글자를 흐리게 해서 알아보기 어렵게 하고, 중요한 대목은 먹으로 지워 버리십시오. 그 글을 봉해서 한수에게 보내고 그일이 마초 귀에 흘러 들어가게 하십시오. 그러면 분명 마초가 한수에게 그 글을 보여 달라고 할 것입니다. 마초는 단순해서 분명 그 글을 읽고 한수를 의심하게 될 것입니다."

조조는 가후의 조언에 무릎을 치며 크게 감탄했다.

"실로 오묘한 계책이오. 그 생각이 바로 나의 뜻이었소."

조조는 즉시 글을 써서 밀봉한 다음 많은 군사를 동원하여 행렬을 이루게 하고 그 글을 한수에게 전하게 했다. 마초에게 알리려는 의도였다. 과연 조조의 의도대로 마초의 부하가 그 소식을 전했다. 마초는 더럭 의심이 들어 곧바로 한수에게 달려갔다.

"조조가 숙부에게 글을 보냈다고 하니 제게도 좀 보여 주십시오."

마침 한수도 조조의 글을 보고 그 뜻을 헤아리느라 골몰해 있던 중이었다. 마초가 요구하자 한수는 생각 없이 조조가 보낸 글을 보여 주었다. 마초는 그 글을 읽자마자 의심을 품고 한수에게 따지듯이 물었다.

"중간중간 글이 흐려져 알아볼 수 없고, 또 중요한 대목은 지우셨군요? 이렇게 하신 이유가 무엇입니까?"

"나도 모르네. 조조가 그렇게 보낸 것을 내가 어찌 알겠는가?"

마초는 한수의 말을 믿을 수 없다는 듯 다시 물었다.

"조조가 설마 이런 편지를 보냈을 리가 있겠습니까? 혹시 제가 알아서는 안 될 내용을 숙부께서 지운 것은 아닙니까?"

"그게 무슨 소리인가? 내가 왜 그렇게 하겠는가? 설마 나를 믿지 못하는 것인가?"

한수가 어이가 없어 웃으며 반문했다.

"숙부님은 눈앞에 증거가 있는데도 잡아떼십니까? 저와 함께 역적 조조를 쳐부수기로 하신 분이 어찌하여 딴마음을 품으십니까?"

마초가 의심을 풀기는커녕 자신을 몰아붙이자 한수는 화가 났다. 하지만 한수는 애써 감정을 억누르며 말했다.

"네가 그렇게 의심을 품고 있으니 내 진심을 보여 주겠다. 내일 조조의 진영 앞으로 가서 조조를 불러낼 테니 너는 미리 그 주변에 숨어 있다가 조조를 찔러 죽이도록 해라."

"그렇게만 해 주신다면 숙부님의 진심을 믿겠습니다."

마초는 한수와 약속한 후 자신의 막사로 돌아갔다.

다음 날, 한수는 휘하의 후선과 이감 등 다섯 장수를 거느리고 성 앞으로 가서 조조에게 만남을 청했다. 이미 상황을 예측했던 조조는 회심의 미소를 지었다. 필시 마초의 의심을 풀어 주기 위해 자신을 꾀어내려는 것을 짐작하고, 다음 계책을 진행할 좋은 기회로 여겼다. 조조는 조홍을 불러 지시했다.

"기병 수십 기를 거느리고 가서 나 대신 한수를 만나라."

그러고 나서 이번엔 귀엣말로 뭔가 지시를 내렸다. 한수가 조조를 기다리는데 성문이 열리더니 조홍이 기병을 거느리고 나타났다. 조홍은 한수에게 달려와서 고개를 숙여 인사한 후 큰 소리로 말했다.

"어젯밤 승상께서 장군께 부탁 드린 일은 잘 진행되고 있습니까? 부디 계획이 어긋나지 않도록 하십시오."

한수가 영문을 몰라 어리둥절하자 조홍은 그대로 말 머리를 돌려 돌아갔다. 매복해 있던 마초는 조홍의 말을 듣자 두 눈에 불똥이 튀었다. 어젯밤에도 조조와 한수가 밀담을 주고받았다고 생각하자 한수의 배신을 확신했다. 마초는 창을 치켜들고 말을 박차며 한수에게 달려갔다.

"그동안 나를 잘도 속였겠다. 배신자의 최후가 어떤지 보여 주마!"

마초의 갑작스러운 공격에 놀란 한수는 설명할 기회도 없이 일단 몸부터 피해야 했다. 한수의 다섯 장수는 급히 마초의 공격을 막아섰다. 한수는 마초의 의심을 풀기 위해 자초지종을 설명했으나 마초는 의심을 거두지 않았다.

마초가 자신의 영채로 돌아간 후 한수는 후선, 이감, 양흥, 마완, 양추 등 휘하 장수들과 이 일을 의논했다. 장수들은 입을 모아 차라리 조조에게 항복할 것을 권했다.

"마초는 자기 용맹만 믿고 속으로 주공을 무시해 왔습니다. 설령 그와 힘을 합쳐 조조와 싸워 승리해도 그 공을 모두 자기의 몫으로 돌리고 말 것입니다. 그러니 우리가 그에게 무엇을 기대할 수 있습니까? 더구나 주공을 배신자로 믿고 있으니 반드시 주공의 목숨을 해치려 들 것입니다."

그러나 한수는 고개를 가로저었다.

"그렇게 할 수는 없네. 나는 마초의 아비 마등과 의형제를 맺은 사이인데, 어찌 마초를 버리고 조조와 손잡을 수 있겠는가?"

그러자 다섯 장수 중 양추가 목소리를 높였다.

"그러나 이대로 앉아 마초의 칼에 목숨을 잃을 수는 없습니다."

한수도 그 말에 할 말을 잊었다. 마초의 성격을 누구보다 잘 아는 한수였다. 마초에게 배신자로 낙인을 찍힌 이상 언제 마초가 다시 창을 겨눌지 알 수 없었다. 지금 한수에게는 조조보다 마초가 더 위험한 존재였다. 결국, 한수는 부하들의 의견을 받아들이기로 했다. 한수와 마초가 서로 적이 되면서 가후의 계책은 멋지게 성공했다.

한수는 밀서를 써서 휘하 장수 양추를 조조에게 보냈다. 조조는 한수가 항복하자 크게 기뻐했다. 조조는 즉시 한수를 서량후, 양추를 서량 태수로 임명한 뒤 다른 장수 네 명에게도 높은 직책을 주었다. 조조는 밀서를 가져온 양추와 더불어 마초를 칠 계획을 세웠다.

양추는 한수에게 돌아가 조조의 뜻을 전했다. 한수는 조조가 선뜻 항복을 받아 주고 벼슬까지 높여 주자 크게 기뻐했다. 한수는 휘하 장수 다섯 명과 함께 마초를 없앨 계획을 세웠다. 그러나 이 사실은 마초가 풀어 놓은 첩자를 통해 마초의 귀에 들어갔다. 마초는 이를 갈며 소리쳤다.

"내가 진작 한수 그놈을 없애 버렸어야 했는데……."

마초는 휘하 장수 방덕에게 군사를 이끌고 뒤따르게 한 뒤, 자신은 날랜 군사 여섯을 거느리고 먼저 한수의 막사로 달려갔다. 마초는 군사들의 눈을 피해 몰래 한수의 막사로 다가가 살며시 귀를 기울였다. 막사 안에서 한수와 장수들의 목소리가 또렷이 들려왔다. 그들은 한창 마초를 죽일 방법을 의논하고 있었다. 화가 난 마초의 두 눈에 불똥이 튀었다. 그는 칼을 뽑아 들고 막사 안으로 뛰어들었다.

"이 배신자들아. 네놈들에게 죽임을 당할 이 마초가 아니다!"

갑작스럽게 마초가 나타나자 한수와 다섯 장수는 깜짝 놀랐다. 그들이 당황해서 어찌할 줄 모를 때 마초의 칼날이 한수를 향해 날아들었다. 한수는 황급히 몸을 피했지만, 어느새 왼쪽 팔이 잘리고 말았다. 그제야 정신이 든 장수들은 모두 칼을 뽑아 들고 마초와 맞섰다. 좁은 공간에서 여럿을 동시에 상대하게 된 마초는 막사 밖으로 뛰쳐나왔다. 다섯 장수도 그 뒤를 쫓아 마초를 포위했다. 그러나 마초는 위축되지 않고 다섯 장수와 싸워 그중 마완과 양홍 두 장수를 베었다. 그러자 나머지 세 장수는 싸울 용기를 잃고 흩어져 달아났다. 마초는 그들을 버려둔 채 막사 안으로 뛰어들어 한수를 찾았다. 그러나 이미 한수는 모습을 감춘 뒤였다.

마초가 한수의 막사를 나왔을 때 막사 뒤에서 불길이 치솟았다. 그 불길은 한수가 조조에게 보내는 공격 신호였다. 그 사실을 모른 채 마초는 계속 한수를 찾아다녔다. 이때 한수의 진영에서 무장한 군사들이 쏟아져 나왔다. 마초는 한수를 찾는 것을 포기하고 급히 말 위에 올랐다. 때마침 방덕과 마대가 군사를 이끌고 달려왔다.

한수의 군사들과 방덕과 마대가 이끄는 서량군이 한바탕 어우러져 전투를 치렀다. 마초는 서량군을 이끌고 한수의 군사들을 닥치는 대로 마구 베었다. 한수의 군사들은 서량군의 공세에 점점 밀리기 시작했다. 이때 요란스러운 함성과 함께 조조군의 총공세가 펼쳐졌다.

조조군의 선봉에 선 장수는 허저, 서황, 하후연, 조홍이었다. 마초의 군사들은 조조군의 무차별 공격을 받고 한수의 군사들에게도 협공을 당하자 급격하게 무너지기 시작했다. 마초가 힘겹게 조조군의 포위망을 뚫고 나왔을 때 그를 따르는 군사는 겨우 백여 명에 불과했다.

마초는 자신의 경솔함을 뉘우치며 한중으로 도망쳤다. 그러나 마초는 전쟁에서 크게 패했음에도 불구하고 개인적인 명성은 더욱 높아졌다. 조조는 이때까지 수많은 전투를 치렀다. 그 가운데 가장 치욕적인 전투는 적벽대전과 화용도에서 관우를 만났을 때였다. 그러나 조조가 옷을 벗어 던지게 하고 수염까지 자르게 하는 수모를 안긴 장수는 마초가 유일했다. 패장임에도 마초의 무예와 용맹이 크게 빛나게 된 이유다.

73

장송의 선택

조조가 마초를 물리치고 허도로 개선하자 한중의 지배자 장로는 초조해졌다. 당시 한중은 허도에서 멀리 떨어진 변방으로 산세가 험하기로 소문난 산악 지대였다. 이러한 지리적 여건 때문에 중앙의 힘이 미치지 못하는 곳이었다. 장수는 휘하의 수하들을 불러 의논했다.

"서량의 마등이 죽임을 당하고, 그의 아들 마초까지 조조에게 크게 패했다. 조조의 다음 목표는 분명 우리 한중 지역이 될 텐데 이를 어쩌면 좋겠는가?"

장로가 고민하자 공조 염포가 말했다.

"우리 한중 지역은 지세가 험준한 천연의 요새이며, 십만이 넘는 백성이 있고, 그 백성이 먹고 남을 만큼 양식도 충분합니다. 또한,

조조에게 패한 마초의 부하 중 우리에게 투항한 자만도 수만 명이나 됩니다. 그러니 이 기회에 익주 목사 유장이 다스리는 서촉을 빼앗아 왕이 되십시오."

장로는 조조와 맞서려던 계획을 포기하고, 그 대신 유장이 다스리는 익주를 점령하여 기반을 삼기로 했다. 이 일은 한중에 파견된 첩자를 통해 유장에게 보고되었다. 유장은 일찍이 장로의 어머니와 동생을 죽인 일이 있었다. 그 일로 한중의 장로와 익주의 유장은 원수가 되었다. 유장은 장로가 익주를 공격한다는 보고를 받자, 조조에게 도움을 요청하기로 했다. 그는 별가 장송에게 황금과 비단 등 조조에게 바칠 귀한 선물을 주어 허도로 보냈다. 이때 장송은 아무도 모르게 서촉 지도를 챙겨 갔다. 이 일은 첩자에 의해 즉시 형주에 보고되었다. 공명은 곧 첩자를 허도로 보내 소식을 알아 오게 했다.

장송이 허도에 도착하여 조조에게 인사하자, 조조가 장송에게 질문을 던졌다.

"유장은 지난 몇 년 동안 공물을 바치지 않았다. 그 이유가 무엇이냐?"

장송이 답했다.

"익주에서 허도로 오는 길은 무척 험합니다. 거기에다 도적까지 출몰하여 매우 위험합니다. 이 점을 헤아려 주십시오."

조조가 꾸짖으며 말했다.

"내가 이미 중원을 평정했다. 도적이 날뛴다는 소리는 믿을 수 없다. 내 귀에는 핑계로밖에 들리지 않는다.”

장송도 물러서지 않았다.

“남쪽에는 손권이 있고, 북쪽에는 장로가 있으며, 서쪽에는 유비가 있습니다. 사실이 이런데 어찌 중원을 평정했다고 할 수 있겠습니까?”

장송이 말을 마치자 조조는 불쾌하여 자리를 박차고 일어섰다. 장송의 말이 매우 불손하게 느껴진 것이다. 그러자 좌우의 신하들이 장송을 꾸짖었다.

“그대는 심부름을 온 주제에 어찌하여 이렇게 무례하단 말인가? 그대가 서촉의 사자가 아니었다면 이미 목이 달아났을 것이다. 승상께서 벌을 내리지 않으신 것을 다행으로 알고 속히 돌아가라.”

장송이 그 말을 듣고 웃었다.

“우리 서촉에는 아첨하는 사람이 없다.”

장송이 말을 마치자 누군가 큰 소리로 꾸짖었다.

“묻겠다! 그럼 우리 중원에는 아첨하는 자가 있다는 말이냐?”

장송이 보니, 태위 양표의 아들 양수였다. 그는 학문에 조예가 깊고 말솜씨도 뛰어났다. 장송은 양수가 재주가 많은 사람임을 알아보고 승부 근성이 발동했다. 양수 역시 자신의 재주를 믿고 천하 선비들을 무시하던 참이어서 두 사람은 자리를 서원으로 옮겨 마주 앉았다.

두 사람은 서로 대화를 주고받으며 기 싸움을 벌였다. 양수가 조조에게 밤낮으로 배우는 것이 많다고 자랑하자 장송이 빙그레 웃었다.

"조 승상은 학문으로는 공자와 맹자의 도에 밝지 못하고, 병법으로는 손무(손자병법의 저자)와 오기(오자병법의 저자)의 지혜에 이르지 못한다고 알고 있소. 그분이 오늘날 승상의 지위에 오른 것은 오로지 무력으로 패권만 노린 결과가 아니오? 그런 분에게 그대처럼 뛰어난 인재가 뭔가를 배우셨다니 참으로 신기한 일이오."

장송이 은근히 말로써 비꼬자 양수는 기분이 상했으나 내색하지 않고 말했다.

"그대처럼 시골구석에 처박혀 지내는 사람이 우리 승상의 큰 재주를 어찌 알겠소? 내 이 기회에 그대의 좁은 식견을 넓혀 주겠소."

양수는 책 한 권을 가져다가 장송에게 보여 주었다. 장송이 보니 표지에 맹덕신서라고 적혀 있었다. 맹덕은 조조의 자를 말하며, 맹덕신서는 조조가 새로 지은 책이었다. 양수가 조조의 재주를 칭송하자 장송은 묵묵히 그 책을 펼쳐 읽었다. 그러고 나서 갑자기 폭소를 터뜨렸다.

"이게 어떻게 새로 지은 책이오? 우리 서촉에서는 삼척동자도 다 외우는 내용이오. 이것은 전국 시대 때 누군가 지은 책을 베껴 쓰고는 조 승상이 자기가 쓴 책이라고 그대를 속인 것이오."

장송이 맹덕신서를 평가 절하하자 양수는 화가 치밀어 올랐다.

"지금 나를 농락하시오? 이 책은 승상께서 아직 세상에 발표하지도 않았는데 어찌 서촉의 아이들이 외운단 말이오?"

"그대가 내 말을 믿지 못하니 증명해 보이겠소."

장송은 즉시 맹덕신서의 내용을 외우기 시작했는데, 양수가 살펴보니 한 자도 틀리지 않았다. 장송은 원래 뛰어난 기억력의 소유자였다. 양수는 놀람과 동시에 감탄사가 절로 나왔다.

"그대는 한 번 본 것을 어찌 그렇게 잘 외우시오. 참으로 대단하시오."

양수는 장송의 재주에 감탄하며, 떠나려는 장송을 말리며 숙소로 안내했다.

"이곳에서 쉬고 계시오. 승상께 그대를 만나시도록 부탁 드리겠소."

"고맙소. 내 그대의 호의를 잊지 않겠소."

양수는 장송과 인사를 나눈 후 승상부로 향했다.

양수는 조조를 만나 장송과 나눈 이야기를 모두 전했다. 조조는 장송이 맹덕신서가 표절이라고 주장했다는 이야기를 듣자 기분이 상했다.

"내가 쓴 병법서의 내용이 옛사람의 생각과 우연히 겹쳤나 보다. 그렇다고 표절 운운하다니 불쾌하구나."

조조는 즉시 부하를 시켜 맹덕신서를 불태우게 했다. 양수가 장송을 다시 불러 조정의 위엄을 보여 주기를 청하자 조조는 허락했다.

"내일 서쪽 교련장으로 그자를 데려오도록 해라. 내가 친히 군사를 지휘하여 막강한 조정의 위용을 과시하겠다. 그 후 너는 그자가 익주로 돌아가서 '승상이 곧 강남을 정복하고 서촉을 칠 것'이라고 알리게 해라."

다음 날, 조조가 군대를 사열하고 있을 때, 양수가 장송을 데려왔다. 조조는 장송에게 자신이 지휘하는 군대의 위용을 뽐내며 자랑했다.

"우리 군사는 어떤 적도 두려워하지 않으며, 강력한 전투력을 자랑한다. 너희 서천에도 저렇게 용맹스러운 군사들이 있느냐?"

그러자 장송은 무심하게 대꾸했다.

"우리 촉 땅에는 강력한 군대와 살상용 무기가 필요 없습니다. 무력이 아닌 인의로 백성을 다스리기 때문입니다."

장송의 말에 조조의 두 눈썹이 꿈틀거렸다. 그는 화를 억눌렀으나 목소리는 조금 거칠어졌다.

"나는 말로만 백성을 위한다는 자들의 위선을 경멸한다. 난세에 백성을 지키는 것은 말이 아닌 힘이다. 우리 군대는 싸워서 패배한 적이 없고, 공격하여 점령하지 못한 곳이 없다. 나에게 순종하면 살고, 거역하면 죽는다는 것을 너는 아느냐?"

조조의 다소 위협적인 말투에도 장송은 전혀 주눅이 들지 않았다. 그는 오히려 조조의 비위를 긁었다. 장송은 조조가 전장에 나가 패배했던 치욕적인 사건들만 들춰내서 비꼬았다.

"승상이 전장에 나서면 전투마다 승리하고, 공격 목표로 삼은 곳은 반드시 점령한다는 사실을 저도 잘 압니다. 지난날 복양 땅에서 여포를 치던 때, 완성에서 장수와 싸우던 날, 적벽에서 주유와 대결했던 일, 화용도에서 관운장과 마주쳤던 일, 그리고 동관에서 수염을 자르고 도포를 벗어 버린 일이 모두 천하무적의 용맹이었습니다."

조조는 장송이 계속 자신을 조롱하자 크게 노했다. 마침내 조조는 참지 못하고 장송에게 곤장을 쳐서 내쫓아 버렸다. 장송은 서촉으로 돌아가면서 생각했다.

'나는 원래 조조의 사람됨을 시험한 후 그에게 서촉 땅을 바칠 생각이었다. 그래서 서촉 41주의 지도까지 몰래 챙겨 왔다. 그런데 입바른 소리 좀 했다고 조조가 이렇게 나올 줄이야.'

조조에게 실망한 장송은 형주의 유비를 찾아갔다. 유장에게 큰소리치고 왔는데 빈손으로 돌아갈 수 없었기 때문이다. 공명은 허도에 보낸 첩자를 통해 장송이 조조에게 쫓겨나 형주로 오고 있다는 보고를 받았다.

장송이 형주성 부근에 도착하자 공명은 조운을 보내 극진히 대접하게 했다. 조운은 숙소로 안내한 후 술과 안주를 대접하고 호위까지 섰다. 다음 날 아침엔 관우가 마중 나와 호위를 자처하고, 성 밖 십 리쯤 이르자 이번엔 유비와 공명, 방통이 마중을 나와 환영했다.

"선생의 명성은 익히 들어 잘 알고 있습니다. 형주에 머무르시면서 부디 저에게 많은 가르침을 내려 주십시오."

장송은 유비의 환대에 감격하면서도 한편으로 경계의 끈을 놓지 않았다.

'내가 이곳에 오는 걸 어떻게 알고 이토록 환영한단 말인가? 허도에서부터 나를 계속 감시했다는 말인가? 설마 내 목적을 눈치챈 것인가?'

유비는 사흘 동안 잔치를 베풀며 장송을 극진히 대접했다. 장송은 그동안 유비가 서촉 땅에 욕심을 내는지 넌지시 마음을 떠보았다. 그러나 유비는 서촉이나 천하 대세에는 전혀 관심이 없고 오로지 장송을 대접하는 데 마음을 쏟았다. 시간이 갈수록 장송은 유비에게 마음이 끌렸다.

'사람들이 유비의 인품을 칭찬하더니 모두 사실이구나.'

장송은 마침내 자신의 속내를 유비에게 털어놓았다.

"지금 한중의 장로가 서촉 땅을 노리고 있습니다. 저는 조조에게 도움을 청하러 갔다가 매질을 당하고 쫓겨났습니다. 그러나 황숙께서는 진심으로 저를 이토록 환대하시니 감격할 따름입니다. 부디 서촉에 오셔서 장로를 막아 주십시오."

"유장과 나는 둘 다 황실의 친척이오. 유장이 위험한데 내 어찌 돕기를 주저하겠소. 기꺼이 가리다."

다음 날, 장송이 작별 인사를 하자 유비는 송별연을 베풀어 주었다. 술잔이 몇 차례 오고 간 뒤 장송이 조심스럽게 말을 꺼냈다.

"형주는 지리적으로 조조와 손권의 영토 중간에 위치해서 황숙께서 머무시기에 적당하지 않습니다. 반면 서촉은 곡식과 물자가 풍부하고, 백성들은 인자한 주군을 찾고 있습니다. 황숙께서 서촉을 차지하시면 능히 대업을 이루실 수 있습니다."

"어제도 밝혔듯이 유장은 나와 같은 황실의 친척이오. 어찌 친척의 땅을 빼앗을 수 있겠소?"

유비가 정색하며 손사래를 쳤다. 그러나 장송은 물러서지 않고 다시 한 번 간곡하게 권했다.

"유장은 성품이 유약하여 백성을 다스리기에 부족하고, 충신과 간신을 구분할 줄 모르며, 날마다 주색잡기에 빠져 지냅니다. 더구나 한중의 장로가 침략할 기회를 엿본 지 오래입니다. 이대로 가면 서촉 땅은 조만간 장로의 손에 넘어가게 됩니다. 황숙께서 서촉을 차지하시고 다시 한중의 장로를 쳐부수면 대업을 이루실 수 있습니다."

유비는 곤혹스러운 표정을 지으며 침묵을 지켰다. 이에 곁에 있던 공명이 미소를 머금으며 말했다.

"장 선생의 말씀은 고맙소. 하지만 서촉은 지형이 험하고 길이 복잡하오. 그러니 차지하고 싶은 마음이 있다고 해도 어디 말처럼 쉽겠소?"

사실 공명은 장송이 유장을 배신할 생각이라는 것을 이미 파악하고 있었다. 그래서 계획적으로 모든 상황을 꾸몄지만, 장송은 그 사실을 전혀 눈치채지 못했다.

공명이 말을 마치자 장송은 기다렸다는 듯이 품속에서 지도를 꺼냈다.

"이것은 서촉 41주의 상세한 지도입니다. 이것만 있으면 서촉을 차지하는 데 아무런 문제가 없습니다."

지도를 받아 든 공명은 크게 기뻐하며 장송과 두 손을 맞잡고 후일을 기약했다.

서촉으로 돌아온 장송은 맨 먼저 자신과 뜻을 함께하는 법정과 맹달을 불러 유비를 주군으로 모실 계획을 세웠다. 그리고 나서 유장을 찾아가 조조를 깎아내리고 유비는 추켜세우며 말했다.

"제가 조조를 만나 보니 장로와 같은 부류입니다. 우리를 도와줄 인물은 형주의 유황숙밖에 없습니다. 그분은 인품이 훌륭하고 백성의 신망도 두터워 한 황실을 중흥시킬 적임자입니다. 더구나 주공과 같은 황실의 종친이시니 속히 도움을 요청하십시오."

유장은 기뻐하며 법정을 유비에게 보내 도움을 요청하게 하고, 맹달에게 군사를 이끌고 유비를 영접하게 했다. 그러자 주부 황권과 종사 왕루가 만류하고 나섰다.

"유비를 부르셔서는 안 됩니다. 이는 늑대를 막으려고 호랑이를 불러들이는 것과 같습니다. 유비는 이미 천하에 명성을 떨친 영웅입니다. 한 곳에 두 주인이 있을 수 없는 법, 결국, 유비는 서촉을 독차지하려고 할 것입니다."

그러나 유장은 듣지 않았다. 이번엔 이회가 나서서 만류했고 유괴, 장임 등 관리들도 모두 유비를 경계해야 한다고 말했다. 하지만 평소 우유부단했던 유장도 이번만은 자기 생각을 굽히지 않았다.

유장의 친서와 장송의 밀서를 전달받은 공명은 즉시 서촉 정벌 계획을 세웠다.

"주공께서는 황충을 선봉으로 삼고 위연을 후군으로 삼아 군사 5만을 이끌고 서촉으로 떠나십시오. 방통 군사가 옆에서 주공을 보좌할 것입니다. 저는 형주에 남아 유사시에 대비하겠습니다. 관운장이 양양을 지키고, 익덕이 강하의 여러 고을을 지키면 혹시 모를 조조와 손권의 침략을 충분히 막을 수 있습니다."

유비는 공명의 계획대로 군사를 일으켜 서촉으로 떠났다. 유장은 군사를 이끌고 성도에서 멀리 떨어진 부성까지 와서 유비를 맞이했다. 유장은 성대한 잔치를 베풀어 유비 일행을 대접했다. 술잔을 나누며 형제의 정을 나눈 유장은 유비를 더욱 신뢰하게 되었다. 잔치가 끝나고 자신의 영채로 돌아온 유장은 휘하 장수들을 불러 놓고 말했다.

"황권과 왕누 등은 유비 형님을 잘 모르면서 시기하고 의심한 것이 아닌가? 오늘 그분을 만나 보니 참으로 인품이 훌륭하셨다. 이제 그분의 도움을 받게 되었으니 앞으로 조조나 장로 따위를 두려워할 필요가 없어졌다. 이게 모두 장송 덕분이다."

유장은 즉시 장송에게 녹색 관복과 황금 5백 냥을 상으로 주었다. 그러자 유괴, 냉포, 장임, 등현 등 문무 관원이 한목소리로 고했다.

"주공은 경계를 늦추지 마십시오. 유비는 겉보기에 부드럽지만, 그 속은 강해서 그 뜻을 예측하기 어렵습니다. 미리 대비하셔야 합니다."

"그대들은 걱정도 많다. 유비 형님은 절대 겉과 속이 다른 분이 아니시다."

이에 모든 관원이 탄식하며 물러났다.

한편, 유비가 숙소로 돌아오자 방통이 물었다.

"주공께서는 유장이 이 먼 곳까지 마중 나온 의도를 파악하셨습니까?"

"유장은 그저 친절을 베풀었을 뿐 거기에 무슨 속셈이 있겠소?"

유비가 대수롭지 않게 대답하자 방통이 심각한 표정을 지으며 말했다.

"유장은 착하지만, 그의 수하들은 믿을 수 없습니다. 그들의 얼굴에 불만이 가득하니 무슨 짓을 저지를지 모릅니다. 주공께서 내일 유장을 초청하십시오. 군사 만 명을 매복시킨 후, 주공께서 술잔을 던져 신호를 주시면 그 자리에서 유장을 죽이고, 일제히 성도로 쳐들어가면 손쉽게 익주를 차지할 수 있습니다."

유비는 단호하게 거절했다.

"그것은 안 되오. 유장은 나와 친척이오. 더구나 그는 나를 성심성의껏 대접했소. 그런 짓은 하늘이 용납하지 않을 것이오. 또한, 백성들 역시 나를 원망할 것이오. 그대의 계책은 옳지 않소."

방통이 답답한 듯 말했다.

"이 계획은 제가 세운 것이 아닙니다. 장송이 법정에게 보낸 비밀 편지에 '이 일은 결코 늦춰서는 안 되니 속히 실행하라'고 수차례 강조했습니다."

유장의 휘하 관원인 법정도 유장을 죽이고 서촉 땅을 차지하라고 독촉했다. 그러나 유비는 자기 뜻을 굽히지 않았다. 법정과 방통이 거듭 권했으나 유비는 끝내 듣지 않았다.

다음 날 유장은 다시 유비를 초대하여 잔치를 베풀었다. 유비와 유장은 함께 술잔을 기울이며 속마음을 터놓고 친목을 더욱 다졌다.

이에 방통과 법정은 유비 몰래 상의했다.

"주공의 승낙을 받기는 틀렸소. 위연에게 잔치 자리에 나아가 칼춤을 추게 하고 기회를 보아 유장을 죽이게 해야겠소."

방통은 은밀히 위연을 불러 자신의 계획을 설명했다. 이에 위연은 칼을 뽑고 나아가 말했다.

"잔치 자리에 흥을 돋울 만한 것이 없으니, 바라건대 칼춤을 추어 즐겁게 해 드리겠습니다."

방통은 군사들을 불러들여 대기시키고 위연이 유장을 죽이기를 기다렸다. 그런데 서촉의 관원인 장임이 이를 수상하게 여기고 칼을 뽑아 들고 나서며 말했다.

"칼춤은 반드시 상대가 있어야 하는 법이오. 내가 위연과 함께 추겠소."

그러자 위연을 도우려고 서봉이 나서서 함께 칼춤을 추었다. 이에 서촉 진영에서도 유괴, 냉포, 등현이 나섰다.

"우리도 군무를 추어 여러분의 흥을 돋우겠소."

유비는 유장과 화기애애하게 대화를 나누다가 장수들이 바로 앞에서 칼춤을 추자 몹시 놀랐다. 그는 자리에서 벌떡 일어나 꾸짖었다.

"우리 형제가 서로 마음을 터놓고 유쾌하게 술을 마시는 자리에서 칼춤을 추다니, 이게 무슨 짓인가? 당장 멈추지 않으면 모두 처벌하겠다."

"형제끼리 정을 나누는 자리에 살벌하게 웬 칼춤이냐. 당장 칼을 버리지 못할까?"

유비와 유장이 함께 꾸짖자 장수들은 모두 칼춤을 멈추고 물러
났다.

74

장소의 계략

잔치가 끝나고 숙소로 돌아온 유비는 방통을 불러 꾸짖었다.

"그대는 내가 시키지도 않은 일을 왜 멋대로 하시오? 다시는 그러지 마시오."

방통은 탄식하며 물러났다.

한편, 유장이 영채로 돌아오자 유괴 등 휘하 장수들이 말했다.

"오늘 위연이 칼춤을 춘 것은 주공의 목숨을 노린 것이 분명합니다. 이곳은 위험하니 서둘러 성도로 돌아가셔야 합니다."

유장이 대답했다.

"그대는 지금 나의 형님 유현덕을 의심하는 것인가? 그분은 술자리에서 부하를 시켜 남의 목숨이나 노리는 그런 비겁한 분이 아니시다. 두 번 다시 우리 형제 사이를 멀어지게 하면 용서하지 않겠다."

유장은 휘하 장수들의 의견을 무시하고 날마다 유비와 어울렸다. 그러던 어느 날, 장로가 군사를 일으켜 가맹관으로 쳐들어온다는 보고가 날아들었다. 유장은 유비에게 장로를 막아 달라고 부탁했다. 이에 유비는 군사를 거느리고 가맹관으로 떠났다.

유비가 떠난 후 장수들이 다시 유장에게 권했다.

"현덕은 떠났지만, 그들이 언제 돌변하여 우리를 공격할지 모릅니다. 그러니 부수관 등 군사적으로 중요한 요충지마다 장수들을 보내 지키게 하십시오."

유장은 처음엔 듣지 않았다. 그러나 모든 장수가 계속 권하자 마지못해 백수의 도독인 양회와 고패 두 사람을 부수관에 파견했다.

한편 동오의 손권은 첩자로부터 유비가 가맹관에 도착했다는 보고를 받았다. 손권은 형주와 양양을 되찾을 기회라고 여겨 휘하의 책사와 장수들을 불러 모아 의견을 물었다. 그러자 고옹이 나서서 말했다.

"유현덕이 멀고 험한 서촉까지 군사를 이끌고 갔다면 빨리 돌아오지는 않을 것입니다. 이 기회에 유현덕이 돌아오는 길을 끊고, 단숨에 형주와 양양을 친다면 쉽게 승리할 수 있을 것입니다."

손권은 머리를 끄덕였다.

"좋은 생각이오."

그런데 이때, 병풍 뒤에서 한 사람이 나오면서 크게 호통을 쳤다.

"감히 누가 내 딸을 죽이겠다는 것이냐? 지금 당장 그 계책을 내

놓은 자를 처형해라!"

손권의 어머니 오국태 부인이었다.

"너희가 군사를 일으켜 유비를 공격하면, 유비에게 시집보낸 내 딸의 목숨은 어떻게 되겠느냐? 너는 아버지와 형이 물려준 강남 81주를 차지하고도 부족해서 형주와 양양을 탐내느냐? 눈앞의 이익에 눈이 멀어 여동생의 목숨은 안중에도 없는 것이냐?"

손권은 모사와 장수들을 내보낸 후 머리를 조아리며 어머니에게 용서를 빌었다.

"소자의 잘못을 용서하십시오. 어머님의 가르침을 따르겠나이다."

국태 부인이 혀를 끌끌 차며 크게 탄식한 후 내당으로 들어가자, 손권은 홀로 남아 상념에 잠겼다.

'이번 기회를 놓치면 언제 형주와 양양을 되찾는단 말인가?'

이때, 장소가 들어와서 물었다.

"주공께서는 무슨 걱정이라도 있으십니까?"

손권은 답답한 심정을 토해 내듯이 조금 전에 있었던 일을 장소에게 설명했다. 그러자 장소가 말했다.

"그런 일이라면 걱정하지 마십시오. 지금 곧 군주(손부인)께 '국태 부인께서 병이 위독하여 보고 싶어 하신다'라는 편지를 쓰십시오. 그리고 믿을 만한 장수 한 사람에게 군사 5백을 주어 형주에 잠입하게 하십시오. 그 장수가 군주께 편지를 전달하면 효성이 지극한 군주께서 반드시 따라나설 것입니다. 그때 유현덕의 하나뿐인 아들도 반드시 데려와야 합니다, 그래야 유현덕에게 아들과 형주 땅을 교환하자고 제안할 수 있습니다. 만약 유현덕이 우리의 제안을 거절하면 그때 무력을 사용해도 늦지 않습니다."

손권이 기뻐하며 무릎을 쳤다.

"참으로 묘책이로다. 그 일이라면 주선이 적임자요. 그는 원래 대담무쌍하며 적진에 침투하는 능력이 탁월한 장수요."

"이 일은 적은 물론 우리 편도 모르게 진행하셔야 합니다."

이에 손권은 은밀하게 주선을 불러 명령을 내렸다. 주선은 군사 5백 명을 장사꾼으로 변장시켜 배 다섯 척에 나누어 태우고, 수로를 따라 형주를 나아갔다.

배가 강변에 닿자, 주선은 날랜 군사 30명을 선발하여 수레를 끌고 뒤따르게 하고, 먼저 형주성으로 갔다. 주선은 성의 문지기에게 말했다.

"손부인에게 드릴 말씀이 있어서 동오에서 왔소."

문지기의 보고를 받은 손부인은 즉시 주선을 불러들였다. 주선은 인사를 한 후 손권의 밀서를 바쳤다. 손부인은 편지를 읽고 눈물을 흘리며 물었다.

"그래 어머니의 상태는 어떠신가?"

주선이 대답했다.

"매우 위독하셔서 늦으면 생전에 뵙기 어려우실 수 있습니다. 그러니 군주께서는 서둘러 가셔야 합니다. 그리고 아기도 데려가셔서 생전에 한 번이라도 어머니께 직접 보여 주십시오."

이에 손부인이 말했다.

"황숙께서 군사를 이끌고 멀리 가셨으니, 내가 친정에 다녀오려면 먼저 군사(제갈량)에게 알려야 하네."

주선이 정색하며 말했다.

"그러다가 만약 황숙에게 사람을 보내 알리고, 허락을 받은 후 떠나라고 하면 어떡합니까? 지체하시다가 국태 부인께서 운명하시면 두고두고 후회하시게 됩니다."

이에 마음이 다급해진 손부인은 아두를 데리고 주선을 따라나섰다. 손부인이 대기한 수레에 오르자 군사 30여 명이 말을 타고 그녀를 호위했다. 그들이 형주성을 벗어나 강변으로 가고 있을 때, 초소를 순찰하던 조운이 그 소식을 들었다. 조운은 깜짝 놀라서 초소를 지키던 군사 다섯 명을 거느리고 급히 뒤를 쫓았다. 조운이 강변에 도착했을 때, 손부인을 태운 배는 막 출발하고 있었다. 조운이 다급하게 외쳤다.

"배를 잠깐 멈추어라! 부인께 아뢸 말씀이 있다."

그러나 주선은 조운의 말을 무시한 채 배를 그대로 나아가게 했다. 다급해진 조운은 강을 따라 배를 뒤쫓았다. 한참을 쫓다 보니 강변에 정박한 어선 한 척이 보였다. 조운은 말을 버리고 창을 움켜잡고 급히 어선에 뛰어올랐다. 마침 어선에 두 명의 어부가 있었다.

"나는 조자룡이오. 속히 저 배를 따라가 주시오."

조운의 명성을 잘 알고 있던 어부들은 그의 부탁에 기뻐하며 적극적으로 협조했다. 그들은 사력을 다해 노를 저어 동오의 배들을 추격하기 시작했다. 그 덕분에 머지않아 손부인이 탄 배를 따라잡았다.

조운이 배에 오르려고 하자 동오의 군사들이 창을 휘두르며 저지했다. 이에 조운은 창을 어선에 두고 청강검을 뽑아 창들을 마구 쳐 끊었다. 그와 동시에 조운은 몸을 날려 큰 배 위로 뛰어올랐다. 순식간에 벌어진 상황에 동오의 군사들은 눈이 휘둥그레지며 뒤로 물러섰다. 그 틈에 조운은 재빨리 배 안으로 뛰어들었다. 손부인이 아두를 품에 안고 크게 꾸짖었다.

"장군은 어찌 이렇게 무례하시오?"

조운이 칼집에 칼을 꽂고 절한 후 물었다.

"부인께서는 어디로 가십니까? 어째서 군사께 알리지도 않고 떠나십니까?"

"어머니가 생명이 위독하다 하니, 알릴 여유가 없었소."

"병문안 가시는데 아기는 왜 데려가시는지요?"

"아두는 내 아들이오. 형주에 남겨 두면 돌봐 줄 사람이 없기 때문이오."

"아두 님은 주공의 하나뿐인 혈육입니다. 제가 지난날 장판 전투에서 백만 적군 속에 뛰어들어 구출해 온 아기입니다. 이대로 동오로 데려가시게 할 수 없습니다."

손부인이 노하여 꾸짖었다.

"그대는 일개 장수의 몸으로 어찌 감히 우리 집안 일에 간섭하느냐? 당장 돌아가라."

그러나 조자룡은 물러서지 않았다.

"아기를 돌려주지 않으시니 저도 어쩔 수 없습니다. 무례를 용서하십시오."

조운은 손부인의 품에서 아두를 빼앗아 안고 뱃머리로 나왔다. 그러자 손부인이 군사들에게 소리쳤다.

"뭣들 하느냐? 어서 아두를 빼앗아라!"

손부인의 명을 받은 군사들은 조운을 빙 둘러서서 포위했으나 아무도 덤벼들지 못했다. 조운 역시 진퇴양난이었다. 주변에는 자기를 도와줄 군사도 하나 없고, 손부인 앞에서 동오의 군사들을 죽이는 것도 도리가 아니었기 때문이다.

이때, 갑자기 요란한 북소리가 들려왔다. 조운이 소리 나는 곳을 보니 10여 척의 배가 일자로 열을 지어 다가오고 있었다. 조운이 탄식했다.

'이제 꼼짝없이 동오에 끌려가게 생겼구나.'

조자룡이 낙심하고 있을 때, 맨 앞의 배에서 한 장수가 큰 소리로 외쳤다.

"형수님은 나의 조카를 놔두고 가시오!"

그는 장비였다. 장비 역시 소식을 듣고 급히 배를 몰고 추격하여 앞을 가로막은 것이다.

장비는 배 위로 뛰어올랐다. 그러자 주선이 칼을 빼 들고 장비를 공격했다. 장비는 주선의 칼을 힘껏 맞받아쳤다. 주선이 그 충격에 멈칫하는 순간 장비의 칼이 날아와 단숨에 그의 목을 베었다. 장비는 주선의 목을 주워 손부인 앞에 던졌다. 놀란 손부인이 소리쳤다.

"장군은 어찌 이리 무례하시오?"

그러자 장비가 대답했다.

"형수님은 어찌 형님과 상의 없이 마음대로 떠나십니까? 형수님이야말로 우리 형님께 너무 무례한 것 아닙니까?"

"지금 친정어머니가 위독하셔서 급하게 떠나는 것뿐이오. 이런 상황에서 멀리 서촉에 계신 황숙과 어떻게 상의한다는 말이오. 그대들이 나를 막는다면 차라리 강물에 몸을 던져 죽고 말겠소."

손부인은 배의 난간으로 달려가 뛰어내릴 자세를 취했다. 그 모습을 본 장비는 조운의 귀에 속삭였다.

"만일 형수님을 죽게 하면 우리 또한 형님께 죄를 짓는 것이다."

조운도 고개를 끄덕여 장비의 말에 동의했다. 두 사람은 의논 끝에 아두만 데리고 돌아가기로 했다.

"우리 형님은 한 번도 형수님을 푸대접한 일이 없으셨소. 문병을 마치면 속히 돌아오시기 바랍니다."

장비와 조운은 손부인에게 예를 갖춰 인사한 후 아두를 데리고 형주로 돌아갔다.

한편, 손부인은 오나라로 돌아가 손권에게 오면서 겪었던 일을 이야기했다. 그러자 손권은 화가 나서 말했다.

"내 동생이 돌아왔으니 이제 그들과 아무 인연이 없다. 장비가 주선을 죽였으니 내가 반드시 그의 원수를 갚고 말겠다."

손권은 휘하의 장수들을 불러 모아 형주를 공격할 계획을 세웠다. 그런데 이때 조조가 40만 대군을 이끌고 쳐들어온다는 보고가 들어왔다. 손권은 형주를 공격하려던 계획을 잠시 미루고 조조를 막을 일부터 상의했다.

이때 장사 장굉이 죽었다는 보고와 함께 그의 유서가 도착했다. 손권이 유서를 펼쳐 보니 수도를 말릉으로 옮기라는 내용이었다. 손권은 장굉의 죽음을 애도하며, 그의 유언대로 수도를 말릉으로 옮기라고 명령했다.

75

순욱이 품었던 뜻

　조조는 무소불위의 권력자가 되었다. 조정 안에서 그는 마음만 먹으면 무슨 일이든지 할 수 있었다. 어느 날 장사 동소가 조조에게 권했다.

　"예로부터 오늘에 이르기까지 신하 된 이들 중 승상처럼 큰 공을 세운 이는 없습니다. 지난날 강태공이 큰 공을 쌓았다지만 어찌 승상을 따를 수 있겠습니까? 지난 30여 년간 오직 만백성을 위해 천하를 평정하시고 한나라 황실을 일으키셨으니 어찌 다른 신하들과 같은 신분에 머무를 수 있겠습니까? 승상께서는 마땅히 위공에 오르셔서, 구석[2]을 더하여 그 공덕을 기리도록 하십시오."

　조조의 입가에 절로 미소가 지어졌다. 젊은 날의 조조였다면 아첨하는 동소에게 당장 불호령을 내렸을 것이다. 하지만 지금의 조조는 청년 시기의 기상은 찾아볼 수 없었고, 어느새 달콤한 말에 귀를 기울이는 권력자로 변해 있었다.

'구석이라, 한마디로 왕이 되어야 누릴 수 있는 아홉 가지 특전이 아닌가? 신하 된 자로서는 감히 꿈도 꿀 수 없는 어마어마한 특전.'

조조가 흡족한 표정으로 여러 문무백관을 둘러보는데 갑자기 순욱이 자리를 박차고 일어났다.

"그건 안 됩니다. 승상께서는 충성과 의로써 한나라 황실을 일으켜 세우셨습니다. 군자는 오직 덕으로 백성을 사랑하는 법, 구석과 같은 특혜를 받는 것은 옳지 않습니다."

순욱은 조조의 측근 중의 측근으로 조조가 가장 믿고 아끼는 충신이었다. 그런 순욱이 동소의 의견에 반대하고 나서자 조조의 표정은 순간 일그러졌다. 순욱은 원래 한나라 황실을 일으켜 세우겠다는 생각뿐이었다. 그가 조조에게 충성을 바친 것도 모두 조조를 통해 한나라 황실을 부흥시키기 위해서였다. 그런데 시간이 지날수록 조조가 자기 뜻과 다르게 변해 가자 실망하고 있었다. 더구나 구석의 특전은 조조가 마음만 먹으면 황제의 자리를 넘겨받는 엄청난 사태로 이어질 수도 있었다. 그런 위험성을 잘 아는 순욱이 반대하고 나선 것은 어쩌면 당연했다. 하지만 조조로서는 믿는 도끼에 발등이 찍힌 꼴이었다. 그렇다고 대놓고 사람들 앞에서 순욱을 꾸짖을 수도 없었다. 조조가 속으로 분을 삭이며 불쾌한 표정을 짓자 동소가 그 마음을 읽고 나섰다.

"순욱의 의견이 모두의 뜻은 아닙니다. 여러분의 의견은 어떠십니까?"

동소가 문무백관들의 의견을 묻자 감히 반대하고 나서는 이가 없었다. 이에 동소는 모든 문무백관의 의견임을 내세워 조조를 위공으로 높이고, 구석의 특혜를 더하여 달라는 표문을 써서 황제에게 올렸다. 힘없는 황제는 그대로 따를 수밖에 없었다.

이제 조조는 황제에게 절하면서 자신의 이름을 아뢰지 않아도 되고, 황제를 찾아뵈러 갈 때나 물러날 때 종종걸음을 하지 않아도 되었다. 심지어 궁전에 오를 때 칼을 차고 신발을 벗지 않아도 되는 특권을 부여받았다. 한마디로 왕과 다름없는 권세를 누리게 된 것이다.

순욱은 그 소식을 듣고 길게 탄식했다.

"아아, 내가 진정으로 원했던 것은 이런 결과가 아니었다."

조조는 측근으로부터 순욱이 탄식하더라는 말을 듣자 순욱을 더욱 미워하게 되었다. 결국, 조조는 순욱을 제거하기로 마음먹었다.

어느 날 조조는 수하를 시켜 순욱에게 음식 담는 놋그릇을 보냈다. 놋그릇 뚜껑에는 조조가 직접 쓴 봉인이 붙어 있었다. 그것을 본 순욱은 문득 불길한 예감이 들었다. 그의 예감은 적중했다. 놋그릇의 뚜껑을 열자 그릇 안에는 아무것도 없이 텅 비어 있었다. 순욱은 곧 조조의 뜻을 깨달았다.

'이제 그대에게 내릴 것은 아무것도 없다.'

조조의 속마음을 알게 된 순욱은 독약을 먹고 스스로 목숨을 끊었다. 이때 그의 나이가 50세였다. 순욱은 조조와 30여 년을 함께 일했다. 그러나 마음속에 품은 뜻은 조조와 달랐고, 그 사실을 몰랐던 순욱은 결국 서글픈 종말을 맞았다.

조조는 순욱이 숨졌다는 소식을 듣고 그제야 순욱을 죽음으로 내몬 것을 후회하며 괴로워했다. 조조는 순욱의 장례를 성대하게 치르도록 명령하고, '경후'라는 시호를 내려 순욱의 공을 기리도록 했다.

조조는 얼마 후 적벽대전의 치욕을 갚기 위해 40만 대군을 이끌고 유수 땅에 이르렀다. 손권도 군사를 이끌고 조조의 대군에 맞서 진을 쳤다. 조조와 손권은 서로 대치한 채 여러 차례 전투를 치렀지만, 어느 쪽도 승리를 얻지 못했다. 조조가 상심하자 정욱이 철수를 권했다.

"승상께서는 누구보다 병법을 잘 아시지 않습니까? 손권은 이미 만반의 태세를 갖추고 전투에 임하였으니 쉽게 공격하기 어렵습니다. 일단 허도로 돌아가서 다시 계책을 세우는 것이 좋겠습니다."

그러나 조조는 선뜻 마음을 정하지 못했다. 40만 대군을 이끌고 강남으로 진군했으나 제대로 전투다운 전투도 치러 보지 못한 채 물러난다는 것은 조조로서는 체면을 크게 구기는 일이었다. 조조가 피곤한 몸을 침상에 기대어 쉬고 있을 때, 갑자기 큰 소리가 들렸다. 강 한가운데서 붉은 해가 솟아오르고, 하늘에는 두 개의 해가 찬란하게 빛나고 있었다. 강에서 올라온 붉은 해는 높이 날아오르더니 갑자기 조조 진영의 앞산에 떨어졌다. 순간 우레 같은 폭발음이 들려왔다. 조조가 그 소리에 놀라 깨어 보니 꿈이었다.

조조는 군사 50여 명만 거느리고 꿈속에 해가 떨어졌던 산으로 가 보았다. 그곳에 마침 황금 투구에 황금 갑옷을 입은 장수가 있었는데 바로 손권이었다. 손권은 마치 조조가 올 것을 예상이라도 한 것처럼 태연하게 말했다.

"승상은 이미 중원을 차지하여 무소불위의 권력을 얻어 놓고, 뭐가 부족해서 우리 강남을 노리는 것인가?"

"너는 신하 된 몸으로 그동안 감히 황실을 능멸했다. 그래서 내가 황제 폐하의 명을 받들어 너를 토벌하러 온 것이다."

조조의 말에 손권이 정색을 하며 대꾸했다.

"그런 거짓말을 하고도 부끄럽지 않은가? 네가 황제를 속이고 모든 제후를 호령한다는 것은 천하가 다 알고 있다. 나야말로 한나라 황실을 바로 세우기 위해 조조 네놈을 처단할 것이다."

이에 조조는 발끈하여 휘하 장수들에게 명했다.

"당장, 저놈을 사로잡아라! 내 직접 죄를 물을 것이다."

그러나 조조의 호령이 채 끝나기도 전에 갑자기 산 뒤에서 매복한 군사들이 좌우로 쏟아져 나왔다. 오른쪽은 한당과 주태, 왼쪽은 반장과 진무가 거느린 군사들이었다. 그들 네 장수가 거느린 3천여 명의 군사가 일제히 조조군을 향해 활을 쏘아 대자 화살이 빗발쳤다.

산속에서 졸지에 기습 공격을 받은 50여 명의 조조군은 제대로 싸우지도 못한 채 패하여 달아났다. 조조를 뒤쫓던 손권군은 허저가 호위군을 이끌고 조조와 합류하자 그제야 추격을 포기하고 되돌아 갔다. 허저의 도움으로 무사히 자신의 막사에 돌아온 조조는 곰곰이 생각했다.

'꿈에서 본 그 붉은 해가 손권이었다니, 이는 분명 그가 제왕이 될 것이라는 하늘의 계시가 아닌가? 앞으로 손권을 만만히 봐서는 안 되겠구나.'

생각이 여기에 미치자 조조는 전쟁을 포기하고 돌아갈 마음을 먹었다.

'하지만 이대로 돌아간다면 내 자존심은 구겨지고 손권의 사기만 올려 주는 꼴이 된다.'

조조는 이런저런 생각에 결정을 내리지 못하고 주저했다. 이후 조조와 손권은 여러 차례 전투를 치렀으나 어느 쪽도 승리하지 못했다. 그사이 해가 바뀌어 봄을 재촉하는 비가 계속 내리면서 강물이 크게 불어났다. 축축하고 습한 날씨에 바닥까지 질퍽거려 군사들의 고생은 이만저만이 아니었고, 사기는 땅에 떨어진 지 오래였다. 이에 조조의 근심도 하루하루 커져만 갔다.

조조는 휘하 장수들을 불러 의견을 물었다. 그들의 의견도 둘로 갈라졌다. 한쪽은 '군사를 거두어 돌아가자'라는 의견이었고, 한쪽은 '이제 봄이 와서 따뜻한 날씨가 되었으니 돌아가서는 안 된다'라는 의견이었다.

장수들의 의견조차 갈리게 되자 조조 역시 결정을 내리지 못했다. 그렇게 주저하고 있을 때 손권이 편지를 보내왔다. 조조는 편지를 펼쳐 읽었다.

나와 승상은 모두 한나라 신하요. 백성을 편안케 하여 국가에 보답하는 것이 신하 된 도리거늘 어째서 전쟁을 일으켜 백성을 고통스럽게 하시오? 이는 신하의 도리가 아니오. 요즘 봄비가 내려 강물이 계속 불어나니 그대는 속히 돌아가시오. 그러지 않으면 지난날 적벽에서 겪은 불행을 다시 겪게 될 것이니 신중하게 결정하시오.

편지 뒷면에는 두 줄로 쓴 글이 따로 있었다.

그대가 죽어야만
내가 편안할 수 있다.

조조는 편지를 읽고 나서 크게 웃었다.
"맞는 말이군. 손권은 나를 속일 생각이 전혀 없구나."
조조는 편지를 가지고 온 손권의 사자에게 상을 내리고, 군사를 거두어 허도로 돌아갔다.

유비와 갈라선 유장

조조가 돌아가자 손권도 자신의 본거지인 말릉으로 돌아왔다. 손권의 다음 목표는 형주 탈환이었다. 손권은 즉시 장수들을 불러 그 일을 의논했다.

"조조는 허도로 돌아갔으나 유비는 아직 가맹관에서 돌아오지 못했소. 이 기회에 형주를 공격하여 점령하는 것이 어떻소?"

그러자 장소가 만류하며 계책을 내놓았다.

"지금 군사를 움직이면 안 됩니다. 만약 우리가 형주로 떠나면 반드시 조조가 다시 쳐들어올 것입니다. 그러니 유장에게 편지를 보내 유비가 동오와 동맹을 맺고 서촉을 빼앗으러 갔다고 하십시오. 그러면 의심이 많은 유장은 분명 유비를 공격할 것입니다. 그리고 장로에게 편지를 보내 형주를 치라고 하십시오. 유비가 진퇴양난에 빠졌을 때 우리가 군사를 일으켜 쳐들어가면 확실하게 승리할 수 있습니다."

손권은 장소의 의견에 따라 즉시 유장과 장로에게 각각 편지를 보냈다.

한편 유비는 가맹관에 머물면서 백성들의 마음을 얻기 위해 힘쓰고 있었다. 이 무렵 형주에서 공명이 편지를 보내왔다. 유비는 편지를 읽고 손부인이 동오로 돌아간 사실과 조조가 군사를 일으켜 동오의 유수 땅으로 쳐들어간 사실을 알게 되었다. 유비는 방통과 이 일을 의논했다.

"조조와 손권이 모두 형주를 노리고 있으니 어찌하면 좋겠소?"

유비의 걱정에도 불구하고 방통은 태연하게 말했다.

"주공께서는 걱정하지 마십시오. 형주에는 공명이 있으니 동오가 감히 침범하지 못할 것입니다. 차라리 이 기회를 노려 유장에게 편지를 보내십시오."

유비는 방통이 일러 주는 대로 편지를 받아썼다.

손권이 조조에게 침략을 당해 형주에 도움을 요청해 왔소. 동오가 무너지면 형주도 위험해지니 내가 돕지 않을 수 없소. 그리고 장로는 겁쟁이어서 쳐들어올 가능성이 없으니 염려 마시오. 이제 나는 형주로 돌아가서 손권과 함께 조조를 격파하려고 하오. 그런데 알다시피 군사는 적고 양식도 부족하여 어려움을 겪고 있소. 부디 친척 간의 정을 생각해서 군사 4만 명과 군량미 10만 섬을 지원해 주면 고맙겠소. 다시 한 번 간곡하게 부탁 드리오.

유비가 편지를 작성하자 방통이 말했다.
"유장의 반응을 보고 뒷일은 그때 다시 의논하는 것이 좋겠습니다."

유비는 곧 방통의 의견에 따라 사람을 시켜 유장에게 편지를 보냈다. 유장은 유비의 편지를 읽고 나서 말했다.
"나와 현덕은 한집안 사람이니 어찌 돕지 않겠는가."
그러자 양회, 유파, 황권 등이 극구 만류하고 나섰다.
"유비에게 군사와 곡식을 내어 주면 호랑이에게 날개를 달아 주는 것과 같습니다. 유비는 그 속을 알 수 없는 위인이어서 매우 위험합니다. 부디 신중하게 생각하십시오."
신하들이 끈질기게 반대하자 결국 유장도 생각을 바꾸어 늙고 약한 군사 4천 명과 군량미 1만 섬만 보내기로 했다. 유비에게 답장을 보낸 유장은 양회와 고패에게 부수관을 굳게 지키라고 명했다.
한편, 유비는 유장이 보낸 답장을 받고 기가 막혔다.
"나는 지금 유장을 대신해서 장로를 막아 주고 있다. 그런데 유장은 많은 군사와 재물을 쌓아 두고도 나에게 보답을 하지 않으려 하는구나. 이래서야 내가 어찌 목숨을 걸고 그를 위해 대신 싸워 줄 수 있겠느냐?"
유비는 화가 나서 그 자리에서 유장이 보낸 편지를 찢어 버렸다.

방통이 혼잣말로 중얼거렸다.

"마침내 유장이 주공에게 성도를 칠 구실을 만들어 주는구나."

방통이 슬며시 유비에게 다가가 조용히 말했다.

"주공께서 오늘 유장이 보낸 편지를 찢으셨으니, 이제 유장과의 정은 모두 버리신 것이 되었습니다."

"그럼 이제 어찌하면 좋겠소?"

유비가 화를 가라앉히고 방통에게 물었다. 방통은 유비의 결단을 촉구하듯이 말했다.

"양회와 고패가 부수관을 지키고 있습니다. 형주로 돌아간다고 그들을 속이면 반드시 주공을 배웅하려고 나올 것입니다. 그때 기회를 보아 두 장수를 죽이고 부수관을 빼앗으십시오. 그 후에 성도로 쳐들어가시는 겁니다. 만약 주저하신다면 나중에 큰 낭패를 보실 수 있습니다."

유비는 방통의 의견을 따르기로 하고 유장에게 편지를 보냈다.

조조가 지금 휘하 장수 악진을 보내 청니진을 공격하고 있소. 모든 장수가 맞서 싸웠으나 당해 내지 못하고 있다는 연락이 와서 급히 돌아가 봐야겠소. 그대를 만나 작별 인사를 나누지 못하고 떠나는 것을 용서하시오.

유장이 편지를 받았을 때 정작 놀란 것은 장송이었다. 다급해진 그는 유비가 형주로 돌아간다는 내용을 사실로 받아들여 급히 편지를 썼다. 편지를 받는 대로 익주를 공격하면 성안에서 협력할 테니 기회를 잃지 말라는 내용이었다.

장송이 사람을 시켜 편지를 보내려고 할 때 마침 그의 형인 광한 태수 장숙이 찾아왔다. 장송은 편지를 얼른 소매 속에 감추고 형을 영접했다.

두 사람은 술상을 마주하고 앉아 회포를 풀었다. 그런데 장송이 움직이다가 소매 속에 숨겼던 편지가 바닥에 떨어졌고, 마침 장숙을 모시고 왔던 수하가 그것을 주웠다. 그러나 장송은 그 사실을 몰랐다. 술자리가 끝나고 돌아가서야 그 수하는 편지를 장숙에게 바쳤다. 장숙은 편지를 펼쳐 보고 깜짝 놀랐다.

"내 동생이 집안을 망하게 하려고 역모를 꾸미는구나."

장숙은 그 길로 유장에게 가서 그 편지를 바쳤다.

"저의 동생이 역모를 일으켜 유비에게 서촉을 바치려고 합니다."

유장은 크게 노하여, 장송과 그의 가족을 모두 잡아들여 처형했다. 그리고 각처에 전령을 보내 유비가 적이 되었으니 경계하라고 시켰다.

한편, 유비는 양회와 고패에게 작별 인사를 나누자고 성 밖으로 유인하여 두 장수를 죽였다. 이에 그들을 따라온 2백여 명의 군사는 모두 항복했다. 유비는 날이 어두워지기를 기다렸다가 항복한 군사들을 앞세워 부수관으로 갔다. 성안에 있던 군사들은 자기편이 돌아온 줄 알고 성문을 열었는데, 그 틈에 유비의 군사들이 성안으로 쏟아져 들어갔다.

　무방비 상태로 공격을 당한 성안의 군사들은 싸움을 포기하고 모두 항복했다. 이렇게 하여 유비는 피 한 방울 흘리지 않고 부수관을 차지했다. 한편 유비가 부수관을 점령했다는 보고를 받은 유장은 충격을 받았다. 그는 문무 관원들을 불러모아 유비군을 물리칠 일을 의논했다. 이때 황권이 나서서 말했다.

　"군사를 낙현으로 보내 유비군이 쳐들어오는 길목을 막아야 합니다. 유비의 장수와 군사들이 아무리 강하고 사나워도 그곳만 방어하면 적을 충분히 물리칠 수 있습니다."

　유장은 황권의 의견을 받아들여 유괴, 냉포, 장임, 등현 등 네 장수에게 군사 5만 명을 주어 낙현을 방어하게 했다. 그들은 밤낮으로 달려 마침내 낙성에 도착했다. 유괴가 의견을 내놓았다.

　"낙성은 성도를 지켜 주는 천혜의 요새여서, 이곳을 잃으면 성도가 위험하오. 우리 중 두 사람만 낙성을 지키고, 두 사람은 전방에 나가 험준한 산세를 의지하여 진을 치고 적군의 접근을 막읍시다."

　냉포와 등현이 자원하자 유괴는 크게 기뻐하며 군사 2만 명을 두 장수에게 나누어 주었다. 두 장수는 낙성에서 60리 떨어진 곳에 각자 진을 쳤다. 그리고 유괴는 장임과 함께 낙성을 지켰다.

　유비는 첩자를 통해 그 사실을 보고받고, 장수들을 불러 모아 의논했다.

　"누가 가서 적의 진영을 무너뜨리겠는가?"

　황충이 썩 나서며 자원했다.

"이 늙은이가 가겠습니다."

"오, 황 장군, 그대가 만일 냉포와 등현의 진영을 무너뜨리면 큰 상을 내릴 것이오."

그러자 이번엔 위연이 나서며 말했다.

"황 장군은 늙었으니 쉬고 계시오. 이 위연이 비록 재주는 없지만 장군 대신 가겠소."

황충이 불쾌한 표정으로 꾸짖었다.

"내가 이미 주공께 명령을 받았는데, 너는 어찌 또 나서는 것이냐?"

그러자 위연이 대꾸했다.

"냉포와 등현은 촉에서도 용맹스럽기로 소문난 장수들이오. 혹 장군께서 패하기라도 하면 주공께서 큰 낭패를 당하실까 염려되어 드린 말씀이니 오해는 마십시오."

위연의 말에 황충은 더욱 흥분해서 소리쳤다.

"지금 네가 나를 늙었다고 무시하는 게냐? 그럼 누가 더 강한지 나와 한번 겨루어 보자."

"좋소. 그럼 주공 앞에서 겨루어서 승리한 사람이 가도록 합시다."

두 장수가 감정싸움으로 치닫자 유비와 방통은 얼른 나서서 말린 후, 황충에게 냉포, 위연에게 등현을 치게 했다. 이에 두 장수는 각자 군사를 이끌고 낙성을 향해 길을 떠났다.

유비는 방통에게 부수관을 지키게 하고, 유봉, 관평과 함께 친히 군사 5천 명을 이끌고 뒤에서 두 장수를 돕기로 했다. 그런데 위연은 도중에 욕심이 생겨, 황충이 공격하기로 한 냉포를 먼저 치기로 했다. 그러고 나서 자기가 맡기로 한 등현을 쳐서 혼자 공을 독차지할 속셈이었다.

위연이 냉포의 진영 가까이 접근하여 전투 준비를 하고 있을 때, 망을 보던 서촉의 척후병이 그 사실을 냉포에게 보고했다. 냉포는 즉시 군사를 이끌고 위연을 공격했다. 위연이 냉포를 맞아 싸울 때 서촉의 군사들은 좌우로 나뉘어 동시에 위연의 군사를 습격했다.

위연의 군사는 잠도 못 자고 밤새 강행군을 해서 사람과 말이 모두 지쳐 있었다. 서촉군의 맹렬한 공격에 버티지 못한 위연군은 일시에 전열이 무너지며 도망치기 시작했다. 이에 위연도 냉포를 버려두고 말 머리를 돌려 달아났다. 서촉 군사들은 달아나는 위연군을 추격했다.

쫓고 쫓기는 추격전이 벌어지고 있을 때, 갑자기 천지를 진동하는 북소리와 함성이 들려왔다. 등현이 군사를 거느리고 위연군을 막아섰다.

위연은 당황해서 급히 방향을 틀어 말 머리를 돌리다가 그만 땅 위에 굴러떨어졌다. 등현은 기회를 놓치지 않고 득달같이 달려가 창으로 위연을 찌르려고 했다. 위연이 꼼짝없이 목숨을 잃게 되었을 때, 난데없이 바람을 가르며 화살이 날아와 등현의 몸에 꽂혔다. 화살을 맞은 등현이 말에서 떨어지자, 냉포가 구출하기 위해 달려왔다. 이때 산 위에서 한 장수가 말을 타고 달려 내려오며 크게 외쳤다.

"노장 황충이 여기 있다!"

냉포는 급히 황충을 맞아 싸웠으나 당해 내지 못하고 달아났다. 그러자 서촉군은 일대 혼란에 빠졌다. 황충은 위연을 구출하고 등현을 죽인 후 냉포를 추격했다. 냉포는 자신의 진영에 도착한 후 황충과 맞섰으나 또다시 패배했다.

냉포는 패잔병을 이끌고 등현의 진영으로 피했으나 그곳은 이미 유비가 장악한 후였다. 다시 도망치던 냉포는 매복해 있던 위연의 군사들에게 사로잡히고 말았다.

유비는 끌려온 냉포의 결박을 풀어 주고 술을 대접한 후 항복을 권유했다. 그러자 냉포가 말했다.

"죽은 목숨을 살려 주셨으니 어찌 항복하지 않을 수 있겠습니까. 낙성을 지키는 유괴와 장임은 저와 생사를 함께하기로 맹세한 사이입니다. 저를 돌려보내 주신다면 그들을 설득하여 낙성을 바치겠습니다."

그러자 위연이 반대했다.

"냉포의 말을 믿지 마십시오. 저자는 돌아가면 절대 돌아오지 않을 것입니다."

"내가 진심으로 대하면 그 사람도 나를 저버리지 않을 것이다."

유비는 위연의 말을 무시하고 냉포를 돌려보냈다. 그러나 위연의 말대로 냉포는 돌아오지 않았다.

유장은 냉포와 등현이 유비에게 패배하고 등현이 전사했다는 소식을 듣고 충격을 받았다. 그는 아들 유순과 오의에게 군사 2만 명을 주어 낙성을 지원하게 했다.

낙성에 도착한 오의는 유괴와 장임, 냉포와 유비의 공격을 막아낼 방법을 의논했다. 냉포가 계책을 내놓았다.

"적이 점령한 두 진영은 이 일대에서 지대가 가장 낮은 지역입니다. 부강의 둑을 무너뜨리면 적들은 급류에 휩쓸려 몰살당하게 될 것입니다."

오의는 좋은 계책이라고 여겨 냉포에게 군사 5천 명을 주어 강둑을 무너뜨리는 임무를 맡겼다.

한편 유비는 황충과 위연에게 점령지를 하나씩 지키도록 맡기고, 부수관으로 돌아와 방통과 함께 낙성을 공격할 방법을 의논했다. 이때 급한 소식이 날아들었다.

"동오의 손권이 장로와 손잡고 가맹관을 칠 준비를 하고 있습니다."

유비는 깜짝 놀랐다.

"가맹관을 잃으면 우리는 전진할 수도 없고, 후퇴할 길도 막히게 된다. 이 일을 어찌하면 좋겠는가?"

유비가 걱정하자, 방통은 맹달을 불러 물었다.

"그대는 촉 사람이어서 그곳 지리를 잘 알 테니, 가맹관을 지켜 주면 어떻겠소?"

맹달이 말했다.

"곽준을 함께 보내 주시면 가맹관을 충분히 지킬 수 있습니다."

유비는 크게 기뻐하며 즉시 맹달과 곽준을 가맹관으로 보냈다. 이때 법정의 친구인 팽양이 찾아와 유비에게 충고했다.

"군대의 지휘관이 어찌 지리를 모르십니까? 전방의 두 점령지는 모두 부강을 기대고 있는데 만약 적군이 강둑을 무너뜨리면 어떻게 되겠습니까? 사나운 물살이 군사들을 덮쳐 한 명도 살아남지 못하고 몰살을 당하게 됩니다."

유비는 크게 깨닫고 즉시 사람을 위연과 황충에게 보내, 적군이 부강 둑을 무너뜨리지 못하게 막으라고 지시했다. 이에 황충과 위연은 서로 협의하여 날마다 교대로 부강 둑을 순찰하기로 했다.

한편, 냉포는 밤이 되어 비바람이 몰아치자 강둑을 무너뜨릴 기회로 여겼다. 그는 군사를 이끌고 강둑을 무너뜨릴 준비를 하는데 갑자기 함성이 일며 위연이 군사를 거느리고 달려왔다. 냉포는 위연을 맞아 싸웠으나 당해 내지 못하고 사로잡혔다. 유비는 끌려온 냉포를 보고 꾸짖었다.

"내 너를 진심으로 대했는데 어찌 배신했느냐? 이제 용서란 없다."

유비는 군사들에게 냉포를 끌고 나가 참수하게 하고, 위연에게 많은 상을 주었다. 위험을 제거한 유비는 낙성 공격에 나섰다. 이때 형주의 제갈량이 보낸 마량이 도착했다. 마량은 유비에게 제갈량의 편지를 바쳤다.

제가 별자리를 살펴보니 주공의 신상에 불길한 징조가 나타났습니다. 부디 매사에 조심하시기 바랍니다.

편지를 읽은 유비는 형주로 돌아가 제갈량과 앞일을 의논해야겠다고 마음먹었다. 그러자 방통은 마음속으로 생각했다.

'내가 서촉을 점령하여 큰 공을 세우는 게 싫어서 공명이 시기하는구나.'

이렇게 생각한 방통은 유비를 안심시켰다.

"저도 별자리로 점을 칩니다. 이는 주공께서 서촉 땅을 차지할 징조이지 불길한 일이 아닙니다."

방통이 계속 진군할 것을 주장했다.

"저는 위연을 선봉으로 삼아 남쪽 좁은 길로 가겠습니다. 주공께서는 황충을 선봉으로 삼아 큰길로 가십시오. 낙성에 도착하면 함께 성을 공격하여 함락하도록 하십시오."

이에 유비는 방통의 의견을 따랐다.

다음 날 새벽, 위연과 황충이 군사를 이끌고 먼저 출발하자 유비와 방통도 출발을 서둘렀다. 그런데 방통이 탄 말이 어디가 불편하지 갑자기 몸을 뒤흔들었다. 그러자 말에 앉아 있던 방통은 그만 땅바닥에 굴러떨어졌다. 그러자 유비는 말에서 내려 방통을 일으켜 세운 뒤 온순한 자신의 흰말을 방통에게 양보하고 자신은 방통의 말을 탔다. 떠나가는 방통의 뒷모습을 지켜보는 유비에게 알 수 없는 불안감이 몰려왔다.

한편 낙성에서는 냉포가 유비에게 처형당했다는 소식을 듣고, 오의가 유괴와 장임을 불러 대책을 의논했다. 장임이 먼저 의견을 내놓았다.

"내가 군사를 이끌고 낙성으로 오는 좁은 길을 지키겠소. 여러분은 성을 확실하게 지켜 주시오."

오의와 유괴가 찬성하자 장임은 즉시 군사 3천 명을 이끌고 산골짜기 사잇길에 매복했다. 이때 위연이 군사를 이끌고 그곳을 지나갔다. 하지만 장임은 유비를 노리고 있었기 때문에 위연군이 지나가도록 내버려 두었다. 이윽고 방통이 그곳에 도착하자 장임의 군사 중 하나가 방통이 탄 흰말이 유비의 말이라는 것을 알아봤다. 그 군사가 장임에게 고했다.

"저 흰말을 탄 자가 유비입니다."

장임은 기뻐하며 군사들에게 활을 준비하라고 시켰다. 이때, 방통은 주변의 산세가 유난히 험한 것에 신경이 거슬려 말을 세우고 항복해 온 서촉 군사에게 물었다.

"이곳 지명이 무엇이냐?"

그 군사가 대답했다.

"이곳은 낙봉파라고 합니다."

방통은 속으로 생각했다.

'나의 호가 봉추인데, 이곳 지명이 낙봉파라면 봉새가 떨어지는 절벽이라는 뜻이 아닌가?'

순간 불길한 생각에 사로잡힌 방통은 즉시 군사들에게 외쳤다.

"모두 후퇴하라!"

그 외침이 채 끝나기도 전에 요란한 함성과 함께 숲속에서 수많은 화살이 날아왔다. 방통은 졸지에 유비의 말을 탔다가 화살의 과녁이 되었고, 수많은 화살이 방통의 몸을 뒤덮었다. 방통은 그 자리에서 즉사했다. 이때 그의 나이 불과 36세였다.

77

엄안과 마초

서촉군에게 크게 패한 유비는 긴급히 형주에 구원을 요청했다. 한편 공명은 여러 장수들과 더불어 연회를 즐기고 있었다. 이때 하늘에서 찬란하게 빛나던 별 하나가 꼬리를 끌며 떨어지는 모습이 공명의 눈에 들어왔다. 순간 공명은 얼굴이 창백해지면서 들고 있던 술잔을 떨어뜨렸다.

"군사께서 어찌 그리 놀라십니까?"

"방통이 세상을 떠났소."

"아무런 소식도 없는데 어떻게 아십니까?"

"방금 밤하늘에서 방통의 별이 떨어지는 것을 보았소. 모든 장수는 자리를 떠나지 마시오. 며칠 내로 슬픈 소식이 올 것이오."

관우와 장비를 비롯한 여러 장수는 갑작스러운 공명의 말에 모두 반신반의했다. 그로부터 며칠 후 관평이 달려와서 방통의 죽음을 알렸다.

"주공께서 지금 위험한 상황에 놓여 계시니 내가 달려가 봐야겠소."

공명의 말에 관우가 물었다.

"그럼 형주는 누가 지킨단 말이오?"

"주공께서 관평을 보내신 까닭은 운장께 형주를 지키게 하라는 뜻이오. 내가 없더라도 형주를 안전하게 지켜 주시오."

"목숨을 바쳐 명을 따르겠소."

공명은 즉시 군사를 일으켜 관우에게 형주를 맡기고, 장비, 조운과 함께 유비를 구하기 위해 서촉으로 갔다.

선봉을 맡은 장비는 익주의 파군을 공격했다. 파군의 태수 엄안은 평생 전장을 누빈 백전노장으로 매우 용맹스러웠다. 장비는 엄안을 성 밖으로 유인해 내려고 애를 썼다. 그러나 엄안은 성을 굳건히 지키며 일절 응하지 않았다. 장비가 도발하면 그때마다 엄안은 성안에서 화살로 물리쳤다.

그러자 장비는 꾀를 냈다. 파군을 놓아두고 샛길을 통해 익주로 진군한다는 소문을 퍼뜨렸다. 엄안은 좋은 기회로 여겨 매복해 있다가 장비를 기습했다. 하지만 그것은 가짜 장비였다. 곧바로 진짜 장비가 나타나 엄안을 기습하여 사로잡았다. 장비 앞에 끌려간 엄안은 전혀 기죽지 않고 당당했다.

"우리 땅에는 적에게 목이 잘리는 장수는 있어도 항복하는 장수는 없다."

이에 장비는 부하들에게 엄안의 목을 베라고 명했다. 그러나 엄안의 태도는 변함없이 당당했다. 장비는 그 모습을 보고 감탄했다. 그는 직접 엄안을 묶은 결박을 풀고 윗자리에 오르게 하더니 머리를 숙여 예를 표했다.

"장군을 욕되게 해서 미안하오. 나는 오래전부터 장군이 영웅호걸[3]임을 알고 있었소이다."

엄안 역시 장비의 태도에 크게 감동하여 맞서기를 포기하고 항복했다.

낙성에 이르는 관문과 요새는 모두 엄안의 지휘하에 있었다. 엄안은 그곳을 지키는 장수들을 설득하여 모두 항복시켰다. 그 덕분에 장비는 전투를 치르지 않고 진군할 수 있었다.

한편 장임에게 패하여 위기를 맞이했던 유비는 장비와 엄안이 나타나 위기를 모면했다. 공명은 계책을 세워 장임을 유인한 뒤 함정에 빠트려 사로잡았다.

이 무렵 마초는 강족이 사는 지역으로 달아나 군사력을 키우고 있었다. 마침내 자신감을 얻은 마초는 기주 공격에 나섰다. 이에 기주 자사 위강은 하후연에게 구원을 요청했다. 그러나 하후연은 조조의 허락 없이 함부로 군사를 낼 처지가 아니어서 위강의 요청을 들어주지 못했다. 위강은 하는 수 없이 마초에게 항복하고 말았다. 그러자 마초는 항복한 위강을 비롯한 관원들을 모두 죽였다.

이때 항복을 반대했던 위강의 수하 양부는 복수할 기회를 노리다가 마침내 마초를 공격하여 기주를 다시 장악했다. 이때 하후연도 군사를 이끌고 와서 마초를 공격하자 마초는 방덕, 마대와 함께 장로에게로 도망쳤다. 장로는 마초를 환영하며 크게 기뻐했다. 마초를 얻으면 서쪽으로 익주 땅을 점령할 수 있고, 동쪽으로는 조조를 막아 낼 수 있다고 믿었기 때문이었다.

한편 낙성을 빼앗긴 유장은 위기감을 느끼고 마음이 다급해졌다. 그는 평소 원수처럼 여기던 한중의 장로에게 구원을 요청했다. 장로는 처음에는 거절했으나 유장이 다시 사람을 보내 서천 20개 고을을 바치겠다고 하자 돕기로 했다.

장로는 마초에게 군사 2만을 주어 가맹관을 공격하게 했다. 가맹관에는 유장의 휘하에 있다가 항복한 맹달과 곽준이 지키고 있었다. 마초가 가맹관을 공격한다는 소식에 유비는 공명과 대책을 의논했다. 공명이 말했다.

"맹달과 곽준은 마초를 물리치기에는 벅찹니다. 마초의 공격을 막아 내려면 익덕를 보내야 합니다. 하지만 익덕의 경솔한 성격 탓에 실수라도 하지 않을지 걱정입니다."

때마침 장비가 들어오자 공명이 말했다.

"장 장군. 잘 와 주었소. 마초가 가맹관으로 쳐들어온다고 하니 급히 형주의 관운장을 불러와야겠소. 장 장군은 형주로 가서 관운장을 이곳으로 보내고 형주를 지켜 주시오."

공명은 장비의 자존심을 건드리기 위해 일부러 자극했다. 그러자 장비가 목소리를 높여 호기롭게 말했다.

"천하의 장비가 여기 있는데 마초 따위가 뭐가 두려워서 운장 형님을 부른단 말이오?"

"마초를 만만하게 보지 마시오. 그는 전투 중 조조의 겉옷을 벗게 하고 수염을 자르게 한 무서운 장수요."

"그래 봤자 내가 보기에는 애송이에 불과하오. 정히 나를 믿지 못한다면 군령장을 써 놓고 가겠소."

공명이 기다렸던 대답이었다. 장비가 스스로 무거운 책임감을 지니고 전투에 임하기를 원했기 때문이다. 공명은 다시 한 번 신중하게 행동할 것을 다짐받은 후에야 비로소 장비의 출전을 허락했다.

유비는 위연을 선봉으로 삼고 장비는 중군을 삼은 뒤 자신도 뒤따라 가맹관으로 향했다. 유비가 가맹관에 도착하자 때마침 마초도 가맹관 아래 도착해서 진을 쳤다. 유비가 마초의 진영을 보니 그 위용이 과연 대단했다. 그 모습을 본 유비는 속으로 감탄했다.

'사람들이 마초를 금마초(비단 같은 마초)라고 칭송하더니 과연 듣던 대로구나.'

유비는 장비에게 군사 5백 명을 주어 나가 싸우게 했다. 장비는 마초와 뒤엉켜 싸웠으나 백여 합이 지나도록 쉽게 승부를 가리지 못했다. 유비는 날이 어두워지자 급히 징을 울려 장비를 불러들였다.

"마초는 만만한 상대가 아니니 오늘은 그만 쉬고 내일 다시 싸우도록 해라."

"마초 녀석을 쓰러뜨리기 전에는 잠을 이룰 수가 없소."

유비와 장비가 서로 의견을 굽히지 않고 있을 때 횃불이 밝혀지더니 마초가 말을 바꿔 타고 나와 외쳤다.

"장비야. 겁을 집어먹은 것이냐? 용기가 있거든 당장 나와서 승부를 겨루자!"

"오냐. 꼼짝 말고 거기 있어라!"

장비는 장팔사모를 움켜쥐고 득달같이 달려 나가 마초와 다시 맞붙었다. 이내 두 장수는 격렬하게 맞붙어 달이 밝아 오도록 싸웠으나 또다시 승부를 가리지 못했다. 공명이 유비에게 말했다.

"장비와 마초 두 장수 모두 당대의 영웅입니다. 두 사람을 계속 싸우게 두면 반드시 둘 중 한 명은 큰 상처를 입을 것이니 제가 술책을 써서 마초를 항복시키겠습니다."

"그렇게만 되면 얼마나 좋겠습니까?"

"저만 믿으십시오."

공명은 장로와 마초 사이를 이간질하기 위해 손건에게 편지와 재물을 주어 장로의 심복 양송에게 보냈다. 편지는 유비가 서촉을 평정하면 장로를 한녕왕에 봉할 테니 유장을 돕고 있는 마초를 불러들이라는 내용이었다. 진작부터 왕의 자리를 탐냈던 장로는 급히 마초에게 회군 명령을 내렸다. 그러나 장비를 꺾어 큰 공을 세우고 싶은 욕심이 앞섰던 마초는 장로의 명령을 거역했다. 마초가 세 번이나 자신의 명령을 거역하자 장로는 불쾌해했다.

이 일은 평소 마초를 눈에 가시로 여기던 양송이 마초를 모함하기에는 더없이 좋은 기회였다. 양송은 즉시 사람을 동원하여 '마초는 원래 신의가 없는 사람이며, 전쟁에서 소환해도 돌아오지 않는 것은 반역의 뜻을 품어서이다'라는 유언비어를 퍼뜨리게 했다. 그 소문은 장로의 귀에도 들어갔다. 마초가 딴마음을 품은 것은 아닌지 의심이 든 장로는 양송을 불러 이 일을 의논했다. 그러자 양송이 계책을 내놓았다.

"마초에게 한 달의 기한을 줄 테니 서천을 점령한 후 유장의 목을 베어 바치라고 하십시오. 또한, 유현덕을 형주로 쫓아내라고 하십시오. 만약 이 일을 해내면 큰 상을 주겠지만 못하면 스스로 목을 바치라고 하십시오."

장로가 양송의 계책대로 다시 명령을 내리자, 마초는 갑작스러운 명령에 당황했다.

"나보고 무슨 수로 한 달 안에 이 일을 모두 해내란 말인가."

마초는 상심하여 그제야 군사를 돌렸다. 마초가 한중으로 돌아가겠다고 보고하자 양송은 '마초가 변심하여 한중을 공격하러 온다'라며 헛소문을 퍼뜨렸다. 그 소문을 사실로 믿은 장로는 군사들을 보내 관문마다 굳게 지키게 하여 마초를 받아 주지 않았다. 이렇게 되자 마초는 진퇴양난의 곤경에 처했다. 이에 유비는 마초와 친분이 있는 이회를 보내 마초를 설득했다.

"그대는 누구를 위해 유황숙과 싸우는 것이오? 장로를 위함이요? 아니면 유장을 위함이요? 그대의 선친이신 마등 장군은 일찍이 황제의 비밀 편지를 받고 역적 조조를 없애려다 실패하여 목숨을 잃었소. 형제들까지 말이오. 그런데 어찌 그대는 아버지와 함께 피로써 맹세한 유황숙에게 칼을 겨누는 것이오?"

결국, 마초는 이회에게 설득되어 유비에게 항복했다. 이 모든 일은 공명의 계략대로 이루어진 것이다. 일이 이렇게 흘러가자 더욱 곤란해진 것은 유장이었다.

　건안 19년(214년) 5월, 궁지에 몰린 유장은 마침내 성도를 포위한 유비에게 항복했다. 유비는 항복한 유장을 어떻게 예우할지 고민했다. 그러자 공명이 조언했다.

　"한 나라에 주인이 둘이 되어서는 곤란합니다. 유장을 형주로 보내십시오."

　유비는 공명의 권유에 따라 유장을 진위장군에 임명하여 형주로 보냈다. 그리고 스스로 익주목이 되었다. 유비는 엄안과 마초 같은 두 맹장을 얻은 데다가 익주를 차지함으로써, 예전에 공명이 펼쳤던 천하삼분지계를 마침내 실현했다.

78

위왕이 된 조조

손권은 유비가 익주를 차지했다는 소식을 듣고, 장소와 고옹을 불러 의논했다.

"유비가 우리에게 형주 땅을 빌렸을 때 서천 땅을 차지하면 돌려준다고 약속했었소. 이제 그들이 서천을 차지했으니 약속대로 형주를 돌려받아야 하오. 만약 유비가 약속을 어긴다면 우리는 전쟁을 해서라도 형주를 되찾아야 하오."

그러자 장소가 자신의 의견을 밝혔다.

"우리 나라가 이제 겨우 안정을 찾았는데 다시 전쟁해서는 안 됩니다. 저에게 좋은 계책이 있습니다. 유비가 가장 의지하는 사람은 공명입니다. 공명의 형 제갈근은 우리 동오에서 관직에 있으니 우선 그의 가족을 잡아 가두십시오. 그리고 나서 서천으로 보내 동생에게 형주를 반환하도록 유비를 설득하라고 분부하십시오. 만약 형주를 반환하지 않으면 가족이 모두 죽음을 당할 것이라고 하면 공명은 형제의 정을 생각해서 반드시 승낙할 것입니다."

"제갈근은 충성스러운 신하요. 내 어찌 그의 가족을 잡아 가둔단 말이오?"

"이 계책을 알려 주면 그 사람도 기꺼이 협력할 것입니다."

손권은 그제야 이해한 듯 머리를 끄덕였다. 그는 즉시 제갈근의 가족을 모두 잡아들여 가두었다. 그리고 편지를 써서 제갈근을 서천으로 보냈다.

서천에 도착한 제갈근이 면담을 요청하자, 유비는 공명을 불러 의견을 물었다.

"형님 되시는 분이 만나자고 요청하는데 어떻게 하면 좋겠소?"

"형님이 온 것은 형주를 돌려받기 위해섭니다."

유비가 물었다.

"뭐라고 하면 좋겠소?"

"이렇게 말씀하십시오."

공명은 유비에게 대답할 말을 일러 준 뒤 자신의 형 제갈근을 숙소로 안내했다. 공명이 절하자 제갈근은 갑자기 통곡을 했다. 공명이 우는 까닭을 묻자 제갈근은 가족들이 감금당한 일과 그 이유를 설명했다. 이야기를 듣고 난 공명이 형을 위로했다.

"형주를 돌려받지 못해서 그런 일을 당하셨군요. 저 때문에 형님 가족들이 곤경에 처했으니 저도 마음이 아픕니다. 형님은 너무 걱정하지 마십시오. 제가 형주를 돌려 드릴 방법을 찾겠습니다."

제갈근은 매우 기뻐하며 공명의 안내를 받아 유비를 만났다. 제갈근이 손권의 편지를 전달했다. 그런데 편지를 읽고 난 유비는 화를 냈다.

"손권은 여동생을 나에게 시집보내고도 내가 형주에 없는 사이에 여동생을 몰래 빼돌렸다. 나는 서천을 평정한 후 동오를 쳐서 무찌르고 그 원한을 갚을 계획이었다. 그런데 뻔뻔하게 형주를 돌려 달라고 요구하는가?"

그러자 공명이 땅에 엎드려 절하고 울면서 간청했다.

"손권이 저의 형님 가족을 모두 잡아 가두었다고 합니다. 형주 땅을 돌려주지 않으면 형님 가족이 목숨을 잃게 됩니다. 그런 일이 발생하면 이 제갈량이 어찌 마음 편히 살겠습니까? 저의 체면을 봐서라도 형주를 돌려주셔서 형제 간의 정이 깨지지 않도록 해 주십시오."

그러나 유비는 승낙하지 않았다. 공명이 울면서 거듭 청하자 그제야 마지못해 대답했다.

"내 군사의 딱한 사정을 생각해서 형주 땅의 절반만 돌려주겠소."

즉 장사, 영릉, 계양 세 곳을 돌려주겠다는 것이었다. 공명이 재빨리 유비의 말을 받았다.

"그럼 곧 관운장에게 편지를 써서 그 세 곳을 돌려주라고 하십시오."

그러자 유비는 제갈근에게 편지를 주며 당부했다.

"내가 잘 알아듣게 적었지만. 아우의 성미가 워낙 불같소. 내 말이라고 무조건 듣지 않으니 그대의 설득도 필요할 것이오."

제갈근은 유비의 편지를 받고 물러나서 공명과 작별한 뒤 서둘러 형주로 향했다. 관우는 제갈근이 찾아오자 손님으로 맞았다. 제갈근은 유비의 편지를 전달하며 말했다.

"황숙께서 우선 형주의 절반을 돌려주겠다고 약속하셨소. 장군은 즉시 그 세 곳을 내어 주시오. 그래야만 내 가족이 살 수 있소."

관우가 정색을 하며 말했다.

"나는 형님과 도원결의를 하면서 한나라 황실을 바로잡기로 맹세한 몸이오. 이곳 형주는 원래 한 황실의 소유인데 어찌 함부로 남에게 내어 줄 수 있겠소? '장수가 밖에 있으면 왕의 명령도 듣지 않는다'는 말이 있소. 비록 형님의 명이 있을지라도 나는 따를 수 없으니 그리 아시오."

관우가 거절하자 제갈근은 울상이 되어 간청했다.

"형주 땅을 돌려받지 못하면 내 가족이 모두 죽음을 당하게 되오. 그러니 제발 장군은 사람 좀 살려 주시오."

"그것은 손권의 속임수요. 나를 속일 생각은 마시오."

"장군은 어찌 이렇게 인정이 없으시오."

제갈근이 원망하자 관우는 칼을 뽑으며 호통을 쳤다.

"칼에는 원래 인정이 없다. 군사의 체면을 봐서 살려 줄 테니 당장 돌아가라."

제갈근은 관우의 위협에 기가 질렸다. 결국, 창피만 당한 채 다시 공명을 만나러 서천으로 갔다. 하지만 공명은 이미 지방 순찰을 떠나고 없었다. 제갈근은 유비를 만나 관우가 자신을 죽이려고 했다며 울면서 호소했다. 이에 유비가 말했다.

"내가 미리 말하지 않았소. 그대의 설득이 필요할 것이라고 말이오. 일이 틀어졌으니 일단 동오로 돌아가시오. 내가 동천의 한중 땅을 모두 차지하면 운장을 보내 그곳을 지키게 하고, 그때 형주를 돌려주겠소."

제갈근은 하는 수 없이 동오로 돌아갔다. 그는 손권에게 그동안 있었던 일을 모두 보고했다. 그러자 손권은 분개했다.

"그대는 공명의 계략에 놀아난 것이오."

"아닙니다. 제 동생이 울면서 유비에게 간청하여 형주 땅 세 곳을 돌려주겠다고 했는데 관우가 이를 거부한 것입니다."

"그럼 유비의 말이 사실인지 확인해 봅시다. 나는 일단 장사, 영릉, 계양 세 고을에 관리들을 파견하겠소. 만약 그들이 쫓겨 오면 공명의 계략이었고, 그렇지 않다면 유비의 본심일 것이오."

제갈근이 이에 동의하자, 손권은 그의 가족을 모두 풀어 주었다. 손권은 곧 형주 땅 세 곳에 관리들을 파견했다. 하지만 그들은 곧 쫓겨 왔다. 손권은 화가 나서 노숙을 불렀다.

"그대가 지난날 보증을 서서 나는 유비에게 형주를 빌려주었소. 유비는 서천 땅을 차지하면 형주를 돌려주겠다고 했지만 약속을 지키지 않고 있소. 그대는 이 일을 어떻게 책임질 생각이오?"

이에 노숙은 계책을 냈다.

"육구에 군사를 주둔시킨 뒤, 관운장을 잔치에 초대하십시오. 그가 오면 일단 좋은 말로 타이르고 만약 듣지 않으면 기회를 보아 죽이십시오. 만약 관우가 초대를 거절하면 그때는 군사를 일으켜 형주를 되찾으십시오."

"그럼 즉시 실행하시오."

노숙은 곧 육구로 가서 여몽과 감녕을 불러 계획을 설명하고, 강가의 정자에 잔칫상을 준비하여 관우를 초청했다. 관우는 초청에 응하여 주창을 포함한 수행원 열 명만 데리고 떠나려 했다. 그러자 관평은 관우의 안전이 걱정되어 만일의 사태에 대비할 것을 간곡하게 청했다. 이에 관우가 관평에게 지시했다.

"너는 군사를 거느리고 강 위에 머무르다가 주창이 붉은 기를 흔들면 즉시 강을 건너오도록 해라."

한편 노숙은 여몽과 상의하여 관우가 군사를 거느리고 오면 감녕과 여몽이 매복해 있다가 기습하기로 했다. 하지만 관우가 혼자서 오면 술자리에서 형주 반환을 요구하고 만약 거부하면 죽이기로 했다. 그런데 관우는 부하 주창을 비롯한 열 명 남짓한 부하들만 데리고 왔다. 노숙은 일단 관우를 설득하기로 마음먹고 술자리로 안내했다.

술잔이 여러 차례 오가고 취기가 오르자 노숙이 말했다.

"예전에 유황숙께서 이 노숙을 보증인으로 세우고 우리 주공께 형주 땅을 빌렸소. 그때 유황숙께서 서천을 차지하면 형주를 돌려주겠다고 약속했었소. 그런데 서천을 얻고도 약속을 지키지 않으니 어쩌면 좋겠소?"

관우가 대답했다.

"그것은 나랏일이니 술자리에서 할 이야기는 아니오."

"당시 황숙께서는 싸움에 패하여 오갈 곳이 없으셨소. 우리 주공께서 특별히 큰 호의를 베풀지 않았다면 오늘날 황숙께서 어찌 서천을 차지할 수 있었겠소? 다행히 유황숙께서 형주의 절반이라도 돌려주겠다고 하시는데 장군께서 거부하시니 이는 도리에 어긋나지 않습니까?"

노숙이 따져 묻자 관우도 되받아쳤다.

"적벽 싸움에서 우리 형님은 목숨을 걸고 동오를 도와 조조를 격파했소. 그런데 그 대가로 조그만 땅뙈기 하나도 받아서는 안 된단 말이오? 그대야말로 은혜를 모르는 것이 아니오?"

"그렇지 않소. 장군께서 황숙과 함께 장판 전투에서 패하여 오갈 곳이 없을 때 형주를 빌려준 것은 공을 세우라는 뜻이었소. 그런데 황숙은 우리 주공의 배려 덕분에 드넓은 서천 땅을 차지하고도 형주까지 욕심내니 이는 만천하의 웃음거리가 될 것이오."

"이 일은 형님께서 처리할 일이지 내가 관여할 일이 아니오."

"장군은 황숙과 도원에서 결의할 때 생사를 함께하기로 맹세하지 않았소? 황숙과 장군은 서로 다르지 않거늘 어찌 대장부가 핑계만 대시오."

관우가 대답도 하기 전에 정자 아래서 수행원으로 따라온 주창이 소리를 버럭 질렀다.

"원래 천하의 토지는 모두 한나라 황실의 것이었다. 그런데 어찌 동오의 것이라고 주장하느냐?"

관우는 안색이 변하여 벌떡 일어나 주창이 들고 있는 자신의 청룡언월도를 빼앗은 뒤 꾸짖었다.

"이 일은 나라에 관한 일인데 어찌 네가 감히 나서는 것이냐? 당장 나가거라!"

주창은 관우의 뜻을 알아차리고 강 언덕으로 달려가 붉은 기를 흔들었다. 강 건너편에서 신호를 본 관평은 즉시 배들을 이끌고 강을 건너왔다. 관우는 취한 척하면서 노숙의 손을 잡아끌며 강변으로 나아갔다.

"오늘은 그대가 나를 잔치에 초청했으니 형주 일은 이야기하지 맙시다. 내 이미 취했으니 우리의 우정에 금이 갈까 두렵소. 이다음에 그대를 형주로 초청하여 잔치를 베풀 테니 이 일은 그때 다시 의논합시다."

여몽과 감녕은 관우를 공격하려고 했지만, 관우가 노숙을 붙잡고 있어서 감히 실행하지 못했다. 관우는 관평이 몰고 온 배가 도착해서야 노숙을 풀어 주고, 뱃머리에 올라 작별을 고했다. 노숙과 여몽, 감녕은 관우가 타고 가는 배를 멍하니 쳐다볼 뿐 어찌할 도리가 없었다.

이 무렵 조조는 스스로 위나라 왕의 자리에 오르고자 하는 뜻을 공공연히 내비쳤다. 이에 시중 왕찬과 두습 등이 조조를 위왕에 오르도록 계획을 세우자 순유가 이를 반대하고 나섰다.

"승상께서는 이미 위공에 오르셔서 구석을 받으셨으니 신하로서는 이미 최고의 지위에 오르셨소. 그런데 왕위까지 오른다면 이는 도리에 어긋나는 것이오."

그 사실을 알게 된 조조는 몹시 노여워했다.

"순유 그놈이 제 숙부 순욱처럼 되고 싶은 모양이구나."

순유는 그 말을 전해 듣고 상심했다. 그리고 얼마 후 병들어 자리에 눕더니 십여 일 만에 숨을 거두었다. 그의 나이 58세였다.

어느 날, 황제와 복황후가 궁전에 앉아 있는데 조조가 칼을 차고 들어왔다. 조조를 본 황제와 황후는 겁을 집어먹고 몸을 떨었다. 조조가 물었다.

"손권과 유비가 조정에 복종하지 않으니 어떻게 하는 것이 좋겠습니까?"

황제가 겁먹은 표정으로 더듬거렸다.

"위, 위공이 알아서 처, 처분하시오."

그러자 조조가 발끈하여 화를 냈다.

"폐하가 그렇게 말씀하시니 밖에서 들으면, 이 조조가 황제를 농락한다는 말이 나오는 것입니다."

조조는 황제를 잠시 노려보더니, 짜증을 내며 나가 버렸다. 좌우의 신하들이 그 모습을 보고 황제에게 고했다.

"요즈음 위공이 스스로 왕이 되려고 한다는 소문이 돌고 있습니다. 이렇게 두면 나중에는 폐하의 자리까지 넘볼지도 모릅니다."

그 소리에 황제와 복황후는 눈물을 흘리며 울분을 삼켰다. 그들은 좌우의 신하를 물러가게 한 후 환관 목순을 불렀다. 목순은 황제가 가장 믿을 수 있는 신하였다.

"나는 황후의 아버지 복완을 시켜 역적 조조를 없애려고 한다. 궁 안의 모든 신하가 조조의 심복들이니 믿을 사람은 너뿐이다. 너는 황후의 편지를 비밀리에 복완에게 전해 주기 바란다."

목순이 울면서 대답했다.

"신은 폐하의 은혜에 감격할 따름입니다. 죽기를 각오하고 임무를 수행하겠습니다."

복황후는 목순을 통해 아버지 복완에게 비밀 편지를 보내 유비, 손권 등과 함께 조조를 없애라고 부탁했다. 복완은 황후의 편지를 읽고 답장을 써서 목순의 편에 보냈다. 그러나 밀고자가 목순의 행동이 수상하다고 조조에게 알렸고, 조조는 궁문을 지키다가 목순을 만났다. 조조는 군사들에게 목순의 몸을 뒤지게 했으나 아무것도 찾을 수 없었다. 이번엔 머릿속을 뒤지게 했는데 그곳에서 복완의 편지가 나왔다. 손권과 유비와 손잡고 조조를 없애야 한다는 내용이었다.

화가 난 조조는 군사들을 이끌고 복완의 저택으로 달려가 집안의 모든 남녀를 잡아들여 처형했다. 또한, 화흠을 보내 황궁의 벽장 속에 숨어 있던 복황후와 두 아들을 찾아내 잔인하게 죽였다. 그리고 자신의 딸을 황후로 만들었다. 하지만 조정에서 아무도 조조를 말리거나 비판하는 자가 없었다.

조조는 또다시 손권과 유비를 공격하기로 하고 어디를 먼저 공격할지 고민했다. 이때 하후돈이 의견을 말했다.

"강동의 손권과 서촉의 유비는 갑자기 공격하기 어려우니, 한중의 장로를 먼저 제거하는 게 어떻습니까?"

"그 말이 옳다! 우선 한중을 점령한 후 누구를 공격할지 생각해 봐야겠다."

하후연과 장합을 선봉으로 세운 조조는 한중으로 진격했다. 장로는 그 소식을 듣고 동생 장위와 함께 대책을 세웠다.

"양평관은 우리 한중에서 가장 험한 곳이니 제가 그곳에 진을 치고 조조의 군사를 막아 내겠습니다. 형님은 군량과 마초를 넉넉하게 공급하여 주십시오."

장로는 동생 장위와 함께 양앙과 양임에게 군사를 주어 양평관으로 보냈다. 그들은 양평관에 진을 치고 조조의 군사를 기다렸다. 조조군의 선봉을 맡은 하후연과 장합은 그 소식을 듣고 양평관에서 15리 떨어진 곳에 진을 쳤다.

그날 밤 조조의 군사들은 피곤하여 잠이 들었는데 갑자기 장막 뒤에서 불길이 솟았다. 뒤이어 요란한 함성과 함께 양임과 양앙이 각자 군사를 이끌고 두 방향으로 쳐들어왔다. 하후연과 장합이 급히 말에 올라타는데 사방에서 한중의 군사들이 일제히 들이닥쳤다. 미처 전투 준비를 갖추지 못했던 조조군은 당황하여 허둥지둥 달아나다가 한중의 군사들이 휘두른 창칼에 맥없이 쓰러졌다. 하후연과 장합이 한중의 군사들에게 크게 패하여 돌아오자 조조는 크게 노하였다.

"너희는 수많은 전쟁터에서 군사를 지휘한 경험이 많은데, 어찌하여 적의 야습에 대비하지 않은 것이냐?"

조조가 두 장수를 처형하여 군법의 엄격함을 보이려 하자, 모든 장수가 나서서 말렸다. 조조는 그제야 명령을 거두었다. 이튿날 조조는 허저와 서황만 데리고 한중군의 진영을 살펴보다가 양앙과 양임의 공격을 받고 위험에 빠졌다. 이때 하후연과 장합이 달려와 양앙과 양임을 물리치고 조조를 구하여 영채로 돌아왔다. 이때부터 양쪽 군사는 서로 대치한 채 약 50여 일을 전투 없이 보냈다.

그러던 어느날, 조조는 군사를 거느리고 물러나기로 했다. 그러자 가후가 물었다.

"적군과 제대로 전투를 치러 보지도 않고 왜 철군하려 하십니까?"

"적군이 철통같은 방비 태세를 갖추었으니 쉽게 공격할 수 없네. 우리가 지금 물러나면 적은 분명 방심할 것이네. 그때 적의 뒤로 돌아가서 습격하면 승리할 수 있네."

가후가 감탄했다.

"승상의 계책은 참으로 뛰어나서 측량할 수가 없습니다."

조조는 철수하는 척 한중군을 유인한 뒤 앞과 뒤에서 공격하여 큰 승리를 거두었다. 양임은 장합의 칼 아래 목숨을 잃었고 양앙과 장위는 달아났다.

양평관을 점령한 조조는 승리의 기세를 몰아 남정 땅으로 진군했다. 이에 장로는 마초의 부하였던 방덕에게 군사 1만을 주어 조조를 막게 했다. 조조는 지난날 위교 싸움에서 방덕의 용맹을 똑똑히 보았기에 자신의 휘하 장수로 삼고 싶어 했다. 그래서 장수들에게 당부했다.

"방덕은 서량의 용맹한 장수다. 원래 마초의 수하였으나 지금은 장로를 섬기고 있다. 나는 방덕을 휘하에 두고 싶다. 그대들은 방덕을 지치게 만든 후 사로잡도록 하라!"

조조는 장합과 하후연, 허저를 차례로 보내 방덕을 상대하게 했다. 하지만 방덕은 전혀 지치지 않았다. 이에 가후가 계책을 냈다.

"장로의 부하 중에 양송이란 자가 있습니다. 그는 뇌물을 밝히니 그에게 값진 재물을 보내 방덕을 모함하게 하십시오."

조조는 즉시 양송에게 뇌물을 보냈다. 그러자 양송은 가후의 의도대로 장로에게 가서 방덕을 헐뜯었다. 장로는 양송의 말을 곧이곧대로 믿고, 방덕을 의심하여 멀리했다. 방덕은 그 사실을 모른 채 조조의 대군을 맞아 열심히 싸웠다. 그가 열세에 몰려 패색이 짙어졌을 때 방덕을 의심한 장로는 구원병을 보내지 않았다. 결국, 방덕은 패하여 조조에게 사로잡히고 말았다. 그러자 장로는 더 버티지 못하고 조조에게 한중을 바쳤다.

조조는 한중의 민심을 고려하여 장로를 진남장군으로 임명하고 관리들에게도 높은 관직을 내렸다. 그러자 뇌물을 받았던 양송은 내심 높은 관직을 기대하며 조조를 찾아갔다. 그러나 양송의 기대와 달리 조조는 불호령을 내렸다.

"당장 저 더러운 놈의 목을 베어라! 그 목을 성문 높이 달아서 자기 주인을 배신하고 부귀영화를 누리려던 자의 말로가 어떤지 보여 주어라."

결국, 양송은 처형되었고, 그의 목은 성문 높이 달리고 말았다. 사리사욕에 눈이 멀어 적과 내통한 자의 최후는 이처럼 비참했다.

한중을 점령한 조조는 허도로 돌아가려고 했다. 그러자 사마의가 말했다.

"지금 한중을 평정하여 군사들의 사기가 그 어느 때보다 높습니다. 이 기세를 몰아 서촉의 유비를 공격하면 분명히 서촉을 얻을 수 있습니다."

"중달(사마의)의 말이 맞습니다. 좋은 기회이니 놓치지 마십시오."

옆에 있던 유엽도 사마의의 의견에 동조하며 조조의 결단을 촉구했다. 그러나 조조는 허도를 비워 둔 것이 걱정되어 두 사람의 의견을 받아들이지 않고 결국 허도로 돌아갔다.

한편 익주를 차지한 유비는 한중을 차지한 조조가 익주로 쳐들어 오는 것은 아닌지 불안했다. 유비는 공명과 의논하여 강하, 장사, 계양 세 곳을 손권에게 돌려주기로 했다. 그 대신 함께 합비를 공격하자는 조건을 달았다. 공명은 손권에게 편지를 보내자 손권은 공명의 제안을 받아들여 10만 대군을 일으켰다. 여몽과 감녕을 선봉으로 세운 동오의 군사들은 강을 건너 환성 땅으로 밀고 들어갔다. 환성 태수 주광은 합비로 사람을 보내 구원을 요청했다. 손권은 합비에서 구원군이 오기 전 성을 점령하기 위해 환성을 포위하고 파상 공격을 퍼부었다. 동오의 군사들이 성벽을 기어오르자 주광은 활과 돌을 던져 맞섰다. 감녕은 방패로 화살을 막으며 제일 먼저 성벽을 올라가 쇠사슬로 주광을 후려쳤다. 주광이 쓰러지자 환성의 위나라 군사들은 놀라서 당황했다. 뒤이어 성벽을 올라온 동오의 군사들이 맹렬한 공격을 퍼붓자 지휘관을 잃은 주광의 부하들은 도망치거나 항복했다. 환성을 점령한 손권은 잔치를 베풀어 군사들을 위로했다. 이때 환성을 구하기 위해 달려오던 장료는 파발꾼을 만나 환성이 점령당했다는 소식을 듣고 말 머리를 돌려 합비로 돌아갔다.

이튿날, 환성을 점령한 손권은 기세등등하게 합비 공격에 나섰다. 이때 조조가 사람을 시켜 장료에게 나무 상자를 보내왔다. 장료가 상자를 열어 보니 그 속에 글이 적혀 있었다.

손권이 공격해 오면 장료와 이전은 나가 싸우고 악진은 성을 지키라.

장료는 그 글을 이전과 악진에게 보여 주었다. 세 사람은 조조의 지시에 따르기로 하고 전략을 세웠다. 장료가 두 장수에게 말했다.

"이 장군은 내일 군사를 이끌고 소요진 북쪽에 가서 매복한 후 적군이 나타나면 먼저 소사교 다리부터 끊어 주시오. 나는 악 장군과 함께 적군을 무찌르겠소."

이전은 그 길로 군사를 거느리고 매복할 장소인 소요진을 향해 떠났다. 그러자 장료와 악진도 전투 준비에 나섰다.

한편, 손권은 여몽과 감녕을 선봉에 세우고, 자신은 능통과 함께 군사들을 거느리고 합비 땅에 이르렀다. 앞서가던 여몽과 감녕은 악진의 군대와 마주쳤다. 그러자 악진은 싸우지 않고 달아났다. 감녕과 여몽은 그들을 뒤쫓았다. 선봉대가 승리했다는 소식에 손권은 기뻐하며 군사를 재촉하여 소요진 북쪽에 이르렀다. 갑자기 함성이 울리더니 왼쪽에서 장료가 군사를 이끌고 공격해 오고, 오른쪽에서는 이전이 군사를 거느리고 공격해 왔다. 기습 공격을 당한 손권군은 놀라서 허둥대다가 크게 패하였다. 손권이 도망치기 위해 소사교를 향해 달려가자 능통은 죽음을 각오하고 위나라 군사들의 추격을 막아 냈다. 그런데 손권이 소사교에 도착했을 때 다리는 이미 끊겨 있었다.

"낭패로구나."

손권이 당황해서 어쩔 줄을 모르는데 부하 장수 하나가 크게 소리쳤다.

"주공은 일단 뒤로 물러섰다가, 다시 속도를 내서 끊어진 다리를 뛰어넘으십시오."

손권은 그 말대로 했다. 말을 뒤로 물렸다가 다시 앞으로 쏜살같이 달려 끊어진 다리를 겨우 뛰어넘었다. 손권이 탄 말이 건너편 언덕에 뛰어내리자 서성과 정봉이 급히 배를 몰고 와서 손권을 태웠다.

한편 능통이 장료와 맞서 싸울 때, 감녕과 여몽이 돕기 위해 달려왔다. 하지만 이전이 길을 끊고 공격하는 바람에 크게 패하여 동오의 병력은 절반 가까이 줄었다. 능통이 거느린 군사는 모두 전사했고, 능통도 부상을 입었다.

능통이 쫓기자 손권은 배를 몰고 가서 구출했고, 여몽과 감녕도 겨우 달아나 목숨을 구했다. 이 전투에서 크게 패한 동오군은 어찌나 혼이 났던지 이후 동오에서는 우는 아이들조차 '장료가 온다'고 하면 울음을 그칠 정도였다. 손권은 군사를 거두어 유수 땅으로 돌아가서 전열을 가다듬고 군사를 증원한 후 재차 공격 준비를 했다.

조조는 합비가 공격당하고 있다는 보고를 받자, 한중의 요충지인 정군산은 하후연에게 지키게 하고 장합에게는 몽두암을 지키게 했다. 그리고 자신은 나머지 군사를 전부 이끌고 유수를 향해 진군했다. 조조의 대군이 도착하자, 감녕은 손권에게 날랜 군사 100명을 이끌고 조조를 기습하겠다고 나섰다. 이에 손권은 감녕의 용기를 칭찬하며 술과 안주를 내려 격려했다. 감녕은 밤이 되어 어둠이 내리자 100명의 결사대를 이끌고 기습하여, 조조의 진영을 쑥대밭으로 만들었다. 조조군은 때 아닌 공격에 놀라 서둘러 횃불을 밝히고 북을 울리며 감녕을 사로잡으려 했다. 그러나 추격에 나섰을 때 감녕은 이미 군사를 거두어 멀리 달아났다.

이후 조조와 손권은 일진일퇴를 거듭하며 전투를 벌였다. 하지만 어느 쪽도 승리를 거두지 못하고 대치한 채 시간만 흘러갔다. 그러자 장소와 고옹이 손권에게 조조와 화친할 것을 건의했다.

"조조의 전력이 막강해서 도저히 싸워 이길 수 없습니다. 만일 이대로 시간을 끌면 불리한 것은 우리입니다. 지금은 화평을 청하고 백성을 안정시키는 것이 상책입니다."

손권도 승패 없이 무작정 대치하는 것은 이득이 없다고 판단했다. 결국, 손권은 조조에게 매년 조공을 바치는 조건으로 화친을 청했고, 조조가 이를 수락하면서 전쟁은 마무리되었다.

조조가 한중을 점령하고 허도로 돌아오자 문무백관은 조조를 위왕으로 받들고자 했다. 그러자 상서 최염이 반대하고 나섰다. 그 사실을 알게 된 조조는 불같이 화를 내며 최염을 잡아들여 옥에 가두었다. 그러나 최염은 옥에 갇혀서도 조조를 욕하며 비난했다. 이에 조조는 최염을 처형시켰다.

건안 21년(216년) 5월, 문무백관이 황제에게 표문을 바치고 청하자, 황제는 조서를 내려 조조를 위왕으로 세우게 했다. 조조는 체면상 헌제에게 세 번 글을 올려 세 번 사양하다 세 번 조서를 받고서야 위왕의 자리에 올랐다.

조조에게는 아들이 넷 있었다. 장남은 조비, 둘째는 조창, 셋째는 조식, 막내는 조웅이었다. 그들 중 셋째인 조식은 가장 총명했고, 학문적 재능도 매우 뛰어났다. 조조는 조식의 재능을 높게 평가하여 내심 자신의 후계자로 삼고자 했다. 그런 아버지의 마음을 눈치채고 불안해진 조비는 가후에게 조언을 구했다. 가후는 이때부터 조비가 조조의 후계자가 되도록 조언을 아끼지 않았다.

하루는 조조가 가후에게 물었다.

"내 후사를 세우고자 하는데 누구를 세자로 삼으면 좋겠는가?"

가후가 조심스럽게 대답했다.

"지난날 원소와 유표 부자를 생각하시면 답을 얻을 것입니다."

원소와 유표는 둘 다 장남을 후계자로 삼지 않았다. 원소는 장남 원담을 내치고 셋째 원상을 후계자로 삼았고, 유표의 경우 장남 유기가 아닌 차남 유종이 후계자가 되면서 가문이 몰락했다. 가후가 원소와 유표의 예를 들자 조조는 그 뜻을 헤아리고 장남 조비를 왕세자로 삼았다.

이에 손권은 밀감 40상자를 조조에게 선물로 보냈다. 그런데 밀감을 배달하던 짐꾼들이 도중에 피곤하여 쉬고 있을 때 정체불명의 외눈 노인이 나타나 짐을 옮기는 것을 도왔다. 그런데 노인이 짐 나르는 것을 도와준 후 상자들은 마치 빈 것처럼 가벼워서 모두 놀랐다.

"나는 위왕과 서로 잘 아는 고향 사람으로 이름은 좌자이다. 너는 배달을 마치고 나서 위왕에게 내가 안부를 전하더라고 해라."

노인은 짐꾼들을 감독하는 관리에게 당부의 말을 전하고 사라졌다.

조조가 상자에서 밀감을 꺼내어 쪼개 보니 속이 텅 비어 있었다. 조조가 영문을 몰라 어리둥절한데 마침 좌자가 찾아왔다. 조조가 좌자를 꾸짖었다.

"너는 어떤 술수를 부렸기에 밀감의 알맹이를 모두 뽑았느냐?"

좌자가 웃으며 손을 저었다.

"밀감의 알맹이를 뽑다니요. 그럴 수가 있겠습니까?"

좌자는 상자에서 밀감을 하나 집어 들고 쪼개 보았다. 그속에는 알맹이가 가득 들어차 있었다. 하지만 조조가 쪼개면 여지없이 텅 빈 상태였다. 조조는 좌자와 여러 차례 밀감을 쪼개는 과정을 반복했지만 결과는 같았다.

"참으로 기이한 일이다."

조조는 좌자에게 자리를 권한 후 그 까닭을 물었다. 좌자는 우선 술과 음식을 좀 달라고 부탁했다. 조조가 가져다주게 하자, 좌자는 앉은 자리에서 술을 다섯 말이나 마시고, 염소 고기 한 마리를 통째로 먹고도 취하거나 배부른 기색이 없었다. 조조가 놀라며 물었다.

"그대는 도대체 무슨 술법을 사용하는 것인가?"

"저는 아미산에서 도를 배운 지 30년이 되던 해 석벽에서 하늘의 뜻이 담긴 책 세 권을 얻었습니다. 그 책은 둔갑천서인데 상권은 천둔, 중권은 지둔, 하권은 인둔이라는 책입니다. 천둔을 익히면 구름과 바람을 타고 하늘을 날아오를 수 있으며, 지둔을 익히면 능히 산과 돌을 뚫을 수 있으며, 인둔을 익히면 능히 구름처럼 천하를 떠돌아다니며 몸을 감추고 칼과 비수를 던져 사람 목숨을 끊을 수 있습니다. 대왕은 신하로서 지위가 더는 오를 곳이 없는데 왜 물러서지 않습니까? 나와 함께 아미산에 가서 수도하면 그 천서 세 권을 모두 가르쳐 드리겠습니다."

조조가 대답했다.

"나도 물러나고 싶네. 하지만 조정에 인물이 없으니 어쩌겠는가?"

좌자가 웃었다.

"유현덕은 황실의 친척인데 왜 그분에게 자리를 넘겨주지 않습니까? 내 말을 듣지 않으면 칼을 날려 목숨을 빼앗겠습니다."

조조는 좌자의 말에 격노했다.

"네 이놈! 이제 보니 네놈은 유비의 첩자로구나!"

79

정군산 전투

조조는 화가 나서 좌자를 붙잡아 곤장을 치고, 옥에 가두었지만 좌자는 아무렇지도 않은 듯 코를 골며 잠에 곯아떨어졌다. 칼을 씌우고 결박을 해도 좌자는 그것을 풀고 태연히 누워 있었다. 7일 동안 음식과 물을 주지 않아도 허기지거나 갈증을 느끼기는커녕, 혈색만 좋아졌다.

얼마 후 조조는 잔치를 열었는데, 갑자기 그곳에 좌자가 나타났다.

"큰 잔치에 어울리게 귀한 음식도 많이 차렸군요. 혹시 원하는 음식이 있으면 내가 마련해 드리지요."

조조가 대답했다.

"나는 용의 간으로 끓인 국을 먹고 싶다. 너의 신통력을 발휘해서 한번 준비해 보아라."

그러자 좌자는 붓으로 용을 그린 뒤에 도포의 소매로 그림을 한 번 쓱 닦았다. 그랬더니 놀랍게도 그림 속의 용의 배가 쩍 갈라졌다. 좌자가 용의 뱃속에 손을 넣어 간을 끄집어내자 피가 뚝뚝 떨어졌다. 사람들이 놀라서 눈이 휘둥그레졌다. 조조는 좌자가 속임수를 쓴다고 생각해서 꾸짖었다.

"네가 소매 속에 미리 숨겨 둔 것을 끄집어내고는 나를 속이는 것이냐?"

"눈으로 보고도 믿지 않으시니 다른 것을 보여 드리지요. 대왕께서는 무슨 꽃을 좋아하십니까?"

"모란꽃이다."

"지금은 추운 겨울이어서 꽃이 피지 않지요. 하지만 저는 피울 수 있습니다."

좌자는 큰 화분을 가져오게 했다. 화분이 준비되자 좌자는 물을 한 모금 머금고 화분에 뿜었다. 잔치 자리에 모인 모든 이가 화분에 어떤 변화가 일어날지 호기심 어린 눈길로 주시했다. 곧 그들은 자신의 눈을 의심했다. 어떤 이는 손으로 눈을 비비고 다시 쳐다보기까지 했다. 어느새 화분에는 모란꽃 한 쌍이 활짝 피어 있었다. 사람들 사이에서 저절로 탄성이 흘러나왔다. 관리들은 좌자를 자리에 청해 함께 먹고 마셨다. 이때 좌자가 옥으로 만든 술잔에 명주를 가득 따라서 바치며 말했다.

"대왕이시여. 이 술을 드시고 장수하십시오."

조조는 의심스러운 눈길로 대답했다.

"네가 먼저 마셔 보아라."

그러자 좌자는 머리에서 비녀를 뽑아 술잔 속에 가득 부은 술에 금을 그어 반으로 나누었다. 좌자는 술잔의 술을 절반을 마신 뒤 나머지 반을 조조에게 권했다. 이에 조조가 좌자의 무례함을 꾸짖자 좌자는 술잔을 허공에 던졌고, 술잔은 비둘기로 변해 하늘 위로 날아갔다. 모든 이가 그 비둘기를 바라보는 동안 좌자는 종적을 감추었다.

조조는 허저를 보내 좌자를 잡아 오게 했다. 허저가 좌자를 잡으려고 갔는데, 이때 좌자는 허저의 눈앞에서 휘적휘적 걷고 있었다. 그런데 허저가 아무리 좌자를 따라잡으려고 해도 이상하게 거리는 좁혀지지 않았다. 결국, 허저는 좌자를 놓치고 말았다.

그러자 조조는 군사들에게 좌자를 잡아 오라는 수배령을 내렸다. 군사들은 외눈에 다리를 절고 나막신을 신은 노인은 모두 붙잡아 왔다. 그렇게 붙잡혀 온 이들은 모두 목을 베어 죽였는데, 그들의 목에서 하나같이 푸른 기운이 솟아나 하늘로 올라갔다. 그 푸른 기운들은 하나로 합쳐지더니 이내 좌자의 모습으로 바뀌었다. 좌자가 하늘을 향해 손짓하자 한 쌍의 흰 학이 내려와 좌자를 태우고 하늘 위로 날아올랐다. 좌자는 손뼉을 치며 큰 소리로 웃더니 조조에게 말했다.

"경자년 무인 달에 간특한 영웅이 죽음을 맞겠구나."

좌자가 자신의 죽음을 예언하자 조조는 화가 머리끝까지 나서 소리쳤다.

"당장 활을 쏘아 저 요사스러운 늙은이를 죽여라!"

조조의 명이 떨어지자 군사들이 일제히 활을 쏘았다. 그런데 갑자기 거센 회오리바람이 불더니 모래가 공중으로 휘말려 오르고 돌멩이들이 어지러이 땅 위에 굴러다녔다. 그와 동시에 목이 없는 시체들이 벌떡 일어나 땅바닥에 떨어진 자기 머리들을 주워 들고 조조에게 덤벼들었다. 문신은 물론 담력이 좋은 장수들조차 이 섬뜩한 장면에 놀라 자빠졌다.

조조는 시체들이 우르르 덤벼들자 혼비백산해서 외마디 비명을 지르고는 그대로 기절하고 말았다. 잠시 뒤에 바람이 멎자 시체는 흔적도 없이 모두 사라졌다. 그제야 정신을 가다듬은 장수들이 조조를 부축하여 궁궐로 돌아갔다. 조조는 얼마 지나지 않아 깨어났지만, 그때부터 시름시름 앓기 시작하더니 곧 병이 들어 자리에 눕고 말았다.

백방으로 약을 써 보았지만 효과가 없자, 답답해진 조조는 태사승 허지에게 점을 쳐 보게 했다. 그러자 허지는 조조에게 관로를 추천했다.

"관로는 일찍이 주역에 통달한 관상학의 대가입니다. 그는 바람의 방향을 보고 길흉을 점치며 술법에 도통한 인물입니다. 그는 하늘의 기밀을 아는 사람이니 부르시면 분명 도움이 될 것입니다."

조조는 기뻐하며 급히 관로를 불러오게 했다. 허지가 관로를 데려오자 조조는 한눈에 그가 보통 사람이 아니라는 것을 알아보았다. 조조는 관로를 정중히 대접하며 물었다.

"먼 길을 오시느라 고생이 많으셨소. 선생께서 우선 나의 관상을 좀 봐 주시오."

"대왕께서 이미 최고의 지위에 오르셨는데 굳이 관상을 보실 필요가 있겠습니까?"

그러자 조조는 좌자와 있었던 일을 들려준 뒤 조심스럽게 물었다.

"그럼 내 병을 치료할 방법은 있겠소?"

"하하하, 그런 것은 병이 아니고 모두 인간의 마음을 현혹하는 술책에 불과합니다. 아무렇지도 않으니 염려하지 마십시오."

조조는 관로의 이야기를 듣고 나자 갑자기 병이 다 나은 것 같았다. 조조는 관로를 자신의 곁에 두고 싶은 마음에 넌지시 의향을 물었다.

"저와 함께 일해 보시는 게 어떻습니까?"

"말씀은 감사하지만 저는 산속에서 귀신들과 함께 지낼 팔자입니다."

관로가 정중히 사양하자 조조는 몹시 실망하면서 다시 궁금한 것에 대하여 질문을 던졌다.

"손권의 운수를 좀 봐 주십시오."

"측근 중 한 명이 곧 죽게 됩니다."

"그럼 서촉은 어떻습니까?"

"머지 않아 국경을 침범할 것입니다."

"강동의 일은 그렇다고 쳐도 유비는 이제 막 서촉을 얻었는데 벌써 한중을 침략할 것이란 말입니까?"

며칠 후, 관로의 말처럼 강동에서 노숙이 죽었다는 소식이 왔다. 뒤이어 서촉의 유비가 장비와 마초를 보내어 한중으로 쳐들어온다는 보고가 들어왔다. 조조는 크게 노하여 친히 대군을 이끌고 출전하기로 마음먹고 관로에게 물었다.

"내가 친히 군사를 이끌고 유비를 응징하고 싶은데 점을 좀 봐 주십시오."

"내년 봄에 허도에 큰 화재가 일어날 것입니다. 멀리 떠나 계시는 것보다 허도에 계시면서 만일의 사태에 대비하는 것이 좋겠습니다."

조조는 관로의 말에 따라 출정을 포기했다. 그 대신 조홍에게 군사를 주어 유비군을 막게 했다. 또 허도의 수비는 왕필에게 맡기고, 하후돈에게 3만의 군사를 주어 허도 교외에 주둔하여 만일의 사태에 대비하게 했다.

겨울이 지나고 이듬해 봄이 왔다. 조조는 왕이 되고 난 후 황제와 다름없는 복장을 하고 수레를 타고 다녔는데, 경기와 위황, 김의 등은 그 모습을 보고 분노했다. 그들은 조조를 죽이기로 뜻을 모은 후 조조에게 죽임을 당한 의원 길평의 아들 길막과 길목을 끌어들였다. 그들은 정월 대보름이 되자 궁궐 안 곳곳에 불을 지르고 거사를 일으켰다. 그러나 허도 근처에 주둔하고 있던 하후돈이 군사를 이끌고 와서 진압했다. 경기, 위황, 김의 등 거사를 주도했던 인물들은 물론 그들의 가족까지 모두 처형을 당했다.

조조는 관로의 점이 용하게 들어맞자 감탄하며 그에게 상을 내렸다. 그러나 관로는 그 상을 받지 않았다.

한편 마초와 장비가 군사를 이끌고 한중에 도착했을 때 위나라의 선봉장은 장합이었다. 장합은 3만여 군사를 이끌고 파서를 공격했다가 매복해 있던 장비군의 기습을 받고 크게 패했다. 장합은 군사를 이끌고 산 위로 도망쳐서 좀처럼 산 아래로 내려오지 않았다. 이에 장비는 장합을 유인하기 위해 군사들과 술을 마시며 즐기는 척 위장했다. 그리고 술에 취하면 부하들과 함께 온갖 상스러운 욕설을 퍼부었다. 이렇게 하기를 50여 일이 지났다.

공명은 장비의 계책을 칭찬하며 위연에게 술을 보내 응원하고 장비를 돕게 했다. 무대응으로 일관하던 장합도 시간이 지나자 인내력이 한계에 도달했다. 마침내 장합은 분노가 폭발했다.

"장비란 놈이 나를 업신여겨도 분수가 있지. 내 오늘 밤 산을 내려가 저놈의 혀를 잘라 죄를 물을 것이다."

장합은 그날 밤 군사를 이끌고 몰래 산을 내려와 장비의 진영으로 쳐들어갔다. 그러자 놀란 장비의 부하들은 싸울 생각을 않고 달아났다. 하지만 장비는 막사 안에 등불을 밝히고 혼자 술을 마시고 있었다. 장합은 즉시 말을 몰아 막사 안으로 뛰어들어 장비를 창으로 찔렀다. 그런데 그것은 장비가 아니라 짚으로 장비 모양을 본떠 만든 인형이었다.

장합은 깜짝 놀라서 막사 밖으로 뛰쳐나왔다. 이때 한 장수가 그의 앞을 막아서는데 바로 장비였다. 장합은 장비를 맞아 50여 합을 싸웠는데, 승부가 나지 않았다. 그러는 동안 장합의 부하들은 장비와 위연의 군사들에게 포위되어 전사자가 속출했다. 장합은 장비와의 결투를 포기한 채 포위망을 뚫고 와구관으로 달아났다. 이때 장합의 병력은 3만 명에서 1만 명으로 줄어 있었다.

장합은 조홍에게 전령을 보내 지원군을 요청했다. 그러나 조홍은 군사를 보내지 않고 오히려 속히 싸울 것을 독려했다. 명령을 받은 장합은 고심 끝에 군사들을 좌우로 절반씩 나누어 숲속 양편에 매복시킨 후 지시를 내렸다.

"내가 싸우다가 패한 척하고 달아나면, 장비가 반드시 추격해 올 것이다. 그때 너희는 장비가 돌아갈 길을 끊어라."

장합은 나머지 군사를 거느리고 장비군을 공격하기 위해 나섰다. 그런데 장비는 장합의 계책을 눈치챘다. 장합이 싸우다가 도망치기를 여러 차례 반복했지만, 장비는 말려들지 않았다. 오히려 위연과 의논하여 장합의 계책을 역이용하기로 했다.

이튿날 장비는 장합이 싸우다가 도망치자 이번엔 추격에 나섰다. 장합은 군사들을 매복시킨 곳으로 장비를 유인했다. 군사들이 매복한 지점을 지나자 장합은 말 머리를 돌려 장비와 맞서 싸웠다. 장합은 매복했던 군사들이 장비를 포위하기를 기다렸다. 그런데 어느새 위연의 군사들이 산골짜기 입구의 산길을 수레로 틀어막고 불을 질렀다. 풀과 나무에 불길이 번지면서 연기가 자욱이 퍼져 장합의 매복군은 나오고 싶어도 나올 수 없는 상황이 되었다.

장비는 좌충우돌하며 맹렬한 기세로 장팔사모를 휘둘렀다. 그때

마다 비명과 함께 장합의 군사들이 목숨을 잃었다. 얼마 후 장합의 군사들은 전멸할 지경이 되었다. 장합은 크게 패한 채 포위망을 뚫고 와구관으로 달아났다. 패잔병을 수습하여 전열을 갖춘 장합은 와구관을 굳게 지킬 뿐 나와서 싸우려 하지 않았다. 그러자 장비는 와구관의 지리를 파악한 후 위연에게 말했다.

"이곳 백성에게 알아보니 자동산 샛길로 가면 와구관 뒤로 갈 수 있다고 하오. 그대는 군사를 이끌고 정면으로 쳐들어가시오. 나는 5백 명의 결사대를 이끌고 와구관 뒤를 치겠소."

위연이 군사를 거느리고 와구관을 공격하자, 장비는 5백 명의 결사대를 이끌고 샛길로 달려가 와구관 뒤쪽 여기저기에 불을 질렀다. 장합은 위연과 장비에게 앞뒤로 협공을 당하자 또다시 크게 패하여 조홍이 있는 남정으로 달아났다. 장합이 패잔병 10여 명만을 데리고 돌아오자 조홍은 불같이 화를 냈다.

"장수 된 자가 부하를 모두 잃고도 무슨 면목으로 살아 돌아왔단 말인가?"

조홍은 좌우 군사들에게 지시했다.

"장합을 당장 끌어내어 목을 베도록 하라!"

그러자 행군사마 곽회가 급히 나서며 만류했다.

"고정하십시오. 전쟁 중에는 많은 군사보다 한 명의 장수를 구하기가 더 어렵습니다. 또한, 장합은 위왕께서 아끼시는 장수이니 함부로 죽이실 수 없습니다. 그러니 군사 5천 명을 주어 가맹관을 치게 하십시오. 가맹관을 빼앗아 적군을 견제하면 한중은 자연스럽게 안정을 찾을 것입니다. 이번에도 패하면 그때 처형해도 늦지 않습니다."

조홍은 곽회의 권유를 받아들였다. 장합에게 다시 군사 5천 명을 내주어 가맹관을 공격하게 했다.

이때 가맹관을 지키던 장수는 맹달과 곽준이었다. 장합이 군사를 이끌고 쳐들어온다는 소식에 그들은 대책 회의를 했다. 곽준이 먼저 의견을 말했다.

"이 성은 워낙 견고하여 방어하기 좋으니 우리는 관문을 굳게 닫아걸고 지키는 것이 상책이오."

그러나 맹달의 생각은 달랐다.

"적이 먼 길을 달려와서 지쳐 있을 때 공격해야 하오. 장군은 안에서 지키고 계시오. 나는 나가서 싸우겠소."

맹달이 고집을 부리자 곽준은 말릴 수가 없었다. 마침내 장합이 가맹관에 도착하자 맹달은 군사를 이끌고 달려 나가 장합과 치열한 전투를 벌였다. 하지만 장합의 상대가 되지 못했다. 큰소리쳤던 맹달이 패하여 돌아오자 곽준은 성도의 유비에게 보고했다. 유비가 공명과 이 일을 상의하자 공명은 장수들을 불러 모았다.

"가맹관이 위기에 놓였으니 익덕을 보내야겠소."

그러자 법정이 반대 의견을 냈다.

"익덕이 지키는 와구관과 파서 땅도 가맹관만큼이나 중요한 곳입니다. 그러니 다른 장수를 보내는 게 좋겠습니다."

이에 공명이 손을 저었다.

"장합은 조조 휘하의 대표적인 장수요. 익덕이 아니면 그를 상대할 사람이 없소."

그러자 노장 황충이 나섰다.

"군사께서는 어찌 우리를 무시하시오? 내 비록 재주는 없으나 장합의 머리를 베어 바치겠소."

공명이 대답했다.

"황 장군은 비록 용맹스럽지만, 나이가 들어 장합을 이길 수 없소."

황충은 백발을 곤두세우며 소리 높여 외쳤다.

"내 비록 늙었으나 장합 따위는 능히 물리칠 수 있으니 걱정하지 마시오."

황충은 곧 큰 칼을 들고 춤을 추는데 나비의 날갯짓처럼 가벼웠다. 황충은 이어서 강한 활을 연달아 잡아당겨 두 개를 분질러 보였다. 웬만한 젊은 장수도 꺾기 힘든 활이었다. 그러자 공명도 더는 만류하지 못하고 허락했다.

"좋소. 그럼 누구를 부장으로 삼겠소?"

"엄안과 함께 가겠소. 그 역시 늙었으나 매우 뛰어난 장수요. 만약 장합을 물리치지 못하면 내 머리를 바치겠소이다."

유비는 황충을 격려한 후 엄안과 함께 가맹관으로 보냈다. 두 장수가 도착하자 맹달과 곽준은 실망하며 속으로 생각했다.

'이런 위급한 상황에 저런 늙은 장수들만 보내다니, 공명도 실수할 때가 다 있구나. 저들이 장합을 어떻게 막아 낼 수 있겠는가?'

하지만 그들의 예상과 달리 황충과 엄안은 전투에 나서 보란 듯이 승리했다. 장합은 황충과 엄안이 펼친 협공 작전에 걸려 다시 크게 패했다. 그 소식을 들은 조홍은 하후상과 한호에게 군사 5천 명을 주어 지원하게 했다.

황충은 엄안에게 매복하게 한 후 패배를 가장하여 하후상과 한호를 그곳으로 유인했다. 그 사실을 모른 채 뒤를 쫓던 하후상과 한호는 매복했던 엄안의 기습 공격을 받고 크게 패했다. 그들은 하후연이 있는 정군산으로 달아났다. 도중에 그들은 장합과 만났다. 장합도 하후상과 한호가 패하여 달아났다는 소식을 듣고 싸움을 포기하고 정군산으로 가던 길이었다.

"여기서 가까운 곳에 천탕산이 있소. 그곳에서 우리의 군량미를 보관하고 있소. 만약 그곳을 잃게 되면 한중 땅 전체를 잃게 됩니다. 그곳을 반드시 지켜야 합니다."

하후상과 한호는 장합의 의견을 따라 천탕산으로 갔다. 천탕산은 하후상의 형 하후덕이 10만 대군을 거느리고 지키고 있었다. 장합과 하후상, 한호가 천탕산에 도착했을 때 황충이 쳐들어왔다.

장합이 하후덕에게 권했다.

"황충은 늙었지만 가볍게 볼 상대가 아니오. 나가서 싸우기보다 굳게 지키는 것이 좋습니다."

그러나 하후덕은 장합의 말을 무시한 채 한호에게 군사 3천 명을 주어 황충과 맞서게 했다. 한호는 기세 좋게 덤벼들었지만, 제대로 싸워 보지도 못한 채 황충이 휘두른 칼에 그대로 목이 달아났다.

장수를 잃은 위나라 군사들은 산 위로 쫓겨 올라갔고, 촉군은 그 뒤를 추격하며 마구 죽였다.

 장합과 하후상이 서둘러 군사를 거느리고 촉군을 막기 위해 나섰다. 그런데 이번엔 산 위에서 큰 함성과 함께 불길이 하늘로 치솟았다. 불길은 순식간에 숲을 붉게 물들였다. 불을 지른 것은 황충이 미리 천탕산 뒤로 올라가게 했던 엄안의 군사들이었다.

 하후덕은 놀라서 군사를 이끌고 불을 끄기 위해 달려갔다가 노장 엄안과 마주쳤다. 하후덕을 본 엄안은 그대로 말을 달려 한칼에 하후덕을 베었다. 그 모습을 보고 놀란 하후덕의 부하들은 불을 끌 생각도 못 하고 그대로 흩어져 달아났다. 엄안이 산 위에서 공격해 내려가고, 황충이 산 밑에서 밀고 올라가자 장합과 하후상은 졸지에 앞뒤로 촉군을 맞아 싸워야 했다. 더구나 불길은 더욱 거세게 사방으로 번져 갔다. 장합과 하후상은 결국 천탕산을 버리고 하후연이 있는 정군산으로 달아났다.

 한편, 유비는 황충이 천탕산을 점령했다는 보고를 받고 장수들과 앞일을 의논했다. 법정이 유비에게 자신의 의견을 밝혔다.

 "지난번 조조가 장로의 항복을 받아 한중을 평정했을 때를 생각해 보십시오. 그 여세를 몰아 우리를 공격했다면 조조를 당해 내지 못했을 것입니다. 하지만 그는 촉을 취하지 않고 하후연과 장합 두 장수만 남겨 두고 돌아갔습니다. 조조의 입장에서 보면 뼈아픈 실책이 아닐 수 없습니다."

법정의 말에 공감한 유비는 고개를 끄덕였다. 법정이 다시 말을 이었다.

"장합을 쳐서 천탕산을 손에 넣었으니 그 여세를 몰아 한중을 평정하셔야 합니다. 그다음 군사를 조련하고 군량을 비축한다면 능히 조조를 칠 수 있고, 만약 도성을 지킨다면 대업도 이룰 수 있습니다. 지금이야말로 하늘이 주신 기회입니다. 대군을 이끌고 한중을 평정하여 하늘이 주신 기회를 놓치지 마십시오."

유비는 물론 공명도 법정의 의견이 옳다고 여겼다. 모든 장수가 이에 동조하고 뜻이 하나로 모이자 유비는 지체하지 않고 군사를 일으켰다.

유비는 10만 대군을 이끌고 정군산으로 쳐들어갔다. 하후연은 조홍을 허도로 보내 이 사실을 알렸다. 이에 조조는 한중을 구하기 위해 40만 대군을 일으켰다. 하후돈을 선봉으로 세운 조조는 친히 중군을 맡고, 조휴에게 후군을 거느리고 뒤를 따르게 했다. 그 행렬이 앞으로 나아가자 그 꼬리는 끝이 보이지 않았다.

조조의 원군이 남정에 도착하자 하후연은 장합을 불러 앞일을 의논했다.

"지금 위왕께서는 40만 대군을 이끌고 남정에 머무르고 계시오. 이대로 요새를 지키고만 있으면 공은 언제 세우겠소? 그러니 내일은 나가 싸우도록 합시다."

그러자 장합이 하후연을 말렸다.

"황충은 평생 전쟁터를 누빈 백전노장이오. 풍부한 전투 경험과 용맹을 갖춘 장수인데 지금은 전략가인 법정까지 옆에서 돕고 있습니다. 나가서 싸우기보다 안에서 굳게 지키는 것이 상책입니다."

그러나 이미 결심을 굳힌 하후연은 장합의 의견을 따르지 않았다.

"지금은 공을 세울 절호의 기회요. 만약 이 기회를 놓치고 다른 사람이 공을 세운다면 그대와 나는 무슨 낯으로 위왕을 뵙겠소? 장군은 이 요새를 지키시오. 나는 나가서 싸우겠소."

하후연은 하후상을 선봉으로 세우고 군사 3천 명을 주어 내보냈다. 이에 황충은 진식에게 군사 1천 명을 주어 맞서게 했다. 마침내 두 장수는 맞붙어 싸우는데 얼마 지나지 않아 하후상이 말 머리를 돌려 달아났다.

진식은 기세가 올라 급히 하후상을 뒤쫓았다. 진식이 한참을 그렇게 추격전을 벌이는데 갑자기 양쪽 산 위에서 통나무와 바위가 굴러 떨어져 앞길을 막았다. 진식은 더 나아갈 수 없게 되자 뒤로 물러서려는데 어느새 하후연이 군사를 이끌고 등 뒤로 공격해 왔다. 그제야 함정인 것을 눈치챘지만 이미 때는 늦었다.

진식은 퇴로를 열기 위해 사력을 다했지만 결국 사로잡히고 말았다. 지휘관이 사로잡히자 그를 따르던 군사들도 대부분 항복하고 말았다. 도망친 몇몇 군사들이 황충에게 달려가 이 사실을 알렸다. 황충은 놀라서 법정과 이 일을 의논했다. 법정은 잠시 생각에 잠겨 있다가 입을 열었다.

"하후연은 자신의 용맹만 믿고 계책을 세울 줄 모릅니다. 우리가 천천히 산 위로 밀고 올라가면 그는 반드시 싸우러 나올 것입니다."

황충은 법정의 의견에 따라 조금씩 나아가 진을 치고, 다시 나아가 진을 치기를 되풀이했다. 얼마 지나지 않아 황충의 진영은 하후연이 지키는 요새와 점점 거리가 좁혀져 갔다. 그러자 하후연이 참지 못하고 나가서 싸우려고 했다.

"황충이 턱 앞까지 오도록 놔둘 수 없다. 당장 나가서 저들을 짓밟아 주겠다."

하후연이 군사를 이끌고 나가려 하자 장합이 다시 말렸다.

"지금 나가서 싸우면 적의 계략에 말려들게 됩니다. 나가지 마십시오."

그러나 하후연은 장합의 말을 듣지 않고 조카인 하후상에게 명령했다.

"너는 당장 군사를 이끌고 가서 황충을 사로잡아라!"

하후상은 곧 군사를 거느리고 황충의 진영 앞에 도착했다. 그러나 황충은 기다렸다는 듯 하후상을 맞았다. 두 장수는 보자마자 서로를 향해 공격해 들어갔다. 하후상은 늙은 장수 황충을 만만하게 여겨 사로잡으려다 오히려 자신이 사로잡히고 말았다. 그러자 하후상의 부하들은 싸움을 포기하고 요새로 되돌아가 하후연에게 그 사실을 보고했다.

하후연은 조카가 사로잡히자 당황했다. 그는 고민 끝에 황충에게 진식과 하후상을 서로 맞바꾸자고 제안했다. 황충은 쾌히 응낙했다.

이튿날 황충과 하후연은 산골짜기 넓은 곳에 이르러 각자 진을 쳤다. 약속에 따라 북소리가 울리자 진식과 하후상은 각자 자신의 진영으로 달려갔다. 그런데 하후상이 자기 진영에 이르렀을 때였다. 황충이 돌연 활시위에 화살을 메기더니 하후상을 향해 쏘았다. 화살은 바람을 가르고 날아가 그대로 하후상의 등에 꽂혔다. 그 모습을 본 하후연은 불같이 노했다.

"늙은 도적놈이 이런 속임수를 쓰다니, 용서할 수 없다!"

하후연은 욕설을 퍼부으며 말을 박차고 황충을 향해 달려갔다. 황충도 기다렸다는 듯 달려 나왔다.

두 장수는 불꽃을 튀기며 20여 합을 겨루었다. 이때 갑자기 하후연의 진영에서 북소리가 울렸다. 싸움을 멈추고 돌아오라는 신호였다. 하후연은 영문도 모른 채 일단 말 머리를 돌려 자신의 진영으로 돌아갔다. 그러나 그대로 돌려보낼 황충이 아니었다. 황충은 재빨리 그 뒤를 쫓아 하후연의 머리를 검으로 내려쳤다. 하후연은 미처 자세를 바로잡지도 못한 채 황충의 검에 목숨을 잃고 말았다. 그 모습을 본 하후연의 군사들은 크게 무너져 제각기 살길을 찾아 달아났다. 황충은 여세를 몰아 정군산의 요새로 밀고 올라갔다. 장합은 군사를 이끌고 나와서 맞서 싸웠으나 황충과 진식의 협공을 당해 내지 못하고 패하여 달아났다. 이때 한 장수가 군사를 이끌고 장합을 막아섰다.

"여기 상산 조자룡이 있다. 장합은 목숨을 내놓아라!"

장합은 상대가 조운이라는 것을 알게 되자 기겁했다. 그는 맞서 싸울 생각을 버리고 요새를 향해 달아났다. 이때 요새 쪽에서 한 떼의 군사들이 달려왔다. 장합이 보니 앞장선 장수는 요새에 남아 있던 두습이었다. 장합은 그제야 한숨을 돌리는데 두습이 울상을 지으며 말했다.

"큰일 났습니다. 정군산 요새를 유봉과 맹달에게 **빼앗겼습니다.**"

그 소리에 장합은 맥이 풀렸다. 장합은 황충과 싸우려던 생각을 버리고 두습과 함께 한수로 가서 머물며 조조에게 소식을 전했다. 정군산이 함락되고 하후연이 죽었다는 소식에 충격을 받은 조조는 할 말을 잊고 목놓아 울었다. 조조는 복수를 다짐하며 서황을 선봉장으로 삼아 한수로 갔다. 정군산에서 쫓겨 와 그곳에 진을 치고 있던 장합과 두습이 조조를 맞으며 말했다.

"정군산을 잃었으니 미창산의 군량과 마초가 걱정입니다. 지금이라도 북산의 영채로 옮겨 놓아야 합니다. 허락하여 주십시오."

"그렇게 하라."

80

계륵

한편 황충이 하후연을 죽이고 대승을 거두자 유비는 황충을 정서 대장군으로 임명하고 잔치를 열어 위로했다. 잔치가 함참 무르익어 갈 때 조조가 대군을 이끌고 온다는 소식이 전해졌다.

"조조는 오는 도중에 장합에게 미창산의 군량을 북산 영채에 옮기게 했다고 합니다."

공명이 그 말을 듣고 유비에게 말했다.

"적의 군량과 마초를 불태운다면 조조의 기세도 많이 꺾일 것입니다."

황충이 박차고 일어났다.

"저를 보내 주십시오. 반드시 장합의 목을 베어 오겠습니다."

유비는 황충의 출전을 승낙하고 조운과 함께 가도록 했다. 북산으로 가던 중 황충과 조운은 서로 선봉을 맡겠다고 다투었다. 결국, 두 장수는 제비 뽑기를 했고, 그 결과 황충이 선봉이 되었다. 황충이 군사를 이끌고 떠나려 하자 조운이 말했다.

"장군께서 돌아올 시각을 정해 주십시오. 만약 그 안에 돌아오시지 않으면 저는 즉시 군사를 이끌고 도우러 가겠습니다."

황충은 조운에게 돌아올 시각을 정해 주고 즉시 길을 떠났다. 이튿날 새벽 무렵 황충은 북산에 이르러 군량과 마초에 불을 지르려고 했다. 이때 서황과 장합이 군사를 이끌고 함성을 지르며 달려왔다. 황충은 그들과 맞서 전력을 다해 싸웠지만 서황과 장합의 협공을 견디지 못하고 얼마 지나지 않아 수세에 몰렸다.

한편 조운은 황충이 약속한 오시(11~13시)가 되어도 돌아오지 않자 황충에게 문제가 생겼다고 판단했다. 그는 북산으로 출발하기 전부장 장익에게 명했다.

"내가 다녀오기 전에 영채 앞에 길게 구덩이를 파서 궁노수들이 매복할 수 있도록 준비하게."

조운은 말을 마치자마자 군사들을 거느리고 서둘러 북산으로 달려갔다. 조운이 북산 밑에 이르러 보니 그의 짐작대로 황충은 서황과 장합의 군사들에게 겹겹이 포위당한 채 힘겹게 버티고 있었다. 조자룡은 말을 달려 창을 휘두르며 포위망을 뚫었다. 순식간에 위나라 군사 십여 명이 조운이 휘두른 창에 쓰러지자 위군은 감히 그의 앞을 가로막지 못했다. 조운이 황충을 구출하여 달아나는데도 장합과 서황조차 그 기세에 눌려 감히 쫓지를 못했다.

이때 높은 곳에서 그 모습을 지켜본 조조가 크게 놀라 장수들에게 물었다.

"저 장수가 대체 누구인가?"

조운을 알아본 한 장수가 대답했다.

"상산 조자룡입니다."

"예전에 장판 전투의 영웅이 아직 건재하구나. 앞으로 조자룡과 맞서게 되면 조심하라."

조조는 좌우의 장수들을 거느리고 조자룡을 뒤쫓았다.

해가 기울어 어둠이 대지를 덮기 시작할 무렵, 황충을 구하고 영채로 돌아온 조운은 부장 장익에게 지시했다.

"적군이 곧 들이닥칠 수 있으니 구덩이 안에 궁노수들을 매복시켜라."

장익이 궁노수들의 매복을 준비하자 조운은 말 위에 오른 채 창을 비껴들고 전방을 주시했다. 궁노수들이 매복을 마쳤을 때 전방에서 뽀얀 먼지를 일으키며 조조군이 달려왔다. 조조군의 선봉대는 장합과 서황이 이끌고 있었다. 그들은 영채 앞에 홀로 우뚝 서 있는 조운을 보자 급히 말고삐를 당겨 멈춰 섰다. 혹시 함정은 아닌지 걱정이 된 것이다. 그러나 뒤이어 도착한 조조는 그런 장합과 서황을 꾸짖었다.

"무엇을 망설이느냐? 조자룡은 지금 허세를 부리는 것이다. 당장 공격하라!"

이에 장합과 서황은 군사를 이끌고 조운의 영채를 향해 돌진했다. 조운은 그 모습을 보고도 제자리에 우뚝 선 채 두 눈을 부릅뜨고 움직이지 않았다.

장합과 서황은 그런 조운을 보며 불길한 예감이 들었다. 바로 그때 조운이 창을 번쩍 치켜들고 휘둘렀다. 그와 때를 같이하여 구덩이 속에 매복해 있던 궁노수들이 일제히 쇠뇌를 쏘아 댔다. 사방에 어둠이 깔리면서 조조군은 촉군의 수가 어느 정도인지 가늠할 수가 없었다. 어둠 속에서 날아온 화살을 맞고 여기저기서 비명과 함께 조조의 군사들이 바닥에 나뒹굴었다.

조조는 그제야 함정에 빠졌다는 것을 깨닫고 말 머리를 돌려 달아났다. 그러자 뒤따르던 장수와 군사 들도 도망치기에 바빴다. 조조군이 혼란에 빠지자 조운은 군사들을 이끌고 일제히 공격을 퍼부었다. 여기저기서 비명과 말발굽 소리가 뒤섞여 밤하늘에 울려 퍼졌다.

조조군은 앞다투어 도망치다가 저희끼리 짓밟고 밀치며 한데 뒤엉키며 한수 강가에 이르렀다. 조운의 군사들은 조조군을 뒤쫓아 닥치는 대로 베고 찌르며 쓰러뜨렸다. 조조는 군사들을 돌볼 사이도 없이 북산을 향해 말을 달렸다. 이때 한 떼의 군사가 미청산 아래로 내려오는데 앞장선 장수는 유봉과 맹달이었다. 그들은 조조의 군량을 전부 불사르고 내려오던 중이었다.

조조는 미창산이 이미 유비군의 수중에 들어간 것을 깨닫고 북산도 온전히 지키기 힘들다고 판단했다. 조조는 급히 말 머리를 돌려 남정으로 향했다. 서황과 장합 역시 자신들의 영채를 버리고 달아나자 조운은 조조의 영채를 모두 차지했다. 조조가 버리고 간 양곡과 마초는 물론 병기와 물자까지 모두 유비군의 전리품이 되었다.

조조군을 상대로 큰 승리를 거둔 조운과 황충은 그 소식을 유비에게 전했다. 유비는 크게 기뻐하며 공명과 함께 한수로 달려왔다. 유비는 조운의 공을 치하하며 호위장군에 임명하고 잔치를 열어 모든 장수와 군사들을 위로했다.

한편 조운에게 크게 패한 조조는 전열을 가다듬고 빼앗긴 한수를 탈환하기 위해 나섰다. 조조는 서황과 왕평을 선봉대로 보내고 자신은 정군산 북쪽에 진지를 구축했다.

조조의 선봉대가 한수 강변에 도착하자 서황이 군사들에게 명령을 내렸다.

"강을 건너 진을 치도록 하라!"

왕평이 서황의 명령을 듣고 걱정스럽게 물었다.

"강 건너 진을 쳤다가 적에게 패하여 쫓기게 되면 아군이 몰살을 당합니다. 다시 생각하십시오."

그러나 서황은 왕평의 말을 무시한 채 자신의 생각을 고집했다.

"나는 배수진을 치고 싸울 것이다. 그대는 이곳에서 적의 공격에 대비하면서, 내가 적을 물리치는 것이나 구경하라."

서황은 배로 강을 건넌 후 그곳에 진지를 구축했다. 그 모습을 본 유비는 황충과 조운을 보내 조조군을 물리치게 했다. 한수로 가는 도중에 황충이 조운에게 제안했다.

"서황은 자기의 용맹만 믿고 무턱대고 강을 건너왔을 것이오. 그러니 우리는 저들이 지치기를 기다렸다가 해 질 무렵에 좌우에서 동시에 공격을 펼치는 게 어떻겠소?"

조운은 흔쾌히 황충의 의견을 따랐다. 한수 근처에 도착한 조운과 황충은 군사를 절반씩 나누어 영채를 세운 후 해가 지기를 기다렸다. 마침내 해가 지고 어둠이 내리자 조운과 황충은 일제히 공격에 들어갔다. 서황의 군사들은 무방비 상태에서 갑작스러운 공격을 받자 혼란에 빠져 허둥댔다. 그들은 제대로 싸워 볼 엄두도 못 내고 달아나는데 앞에는 강물이었다.

황충과 조운의 군사들은 닥치는 대로 서황의 군사들을 베었다. 겁에 질린 서황의 군사들은 모두 강가로 달아났고, 맨 앞쪽 군사들은 동료에게 밀려서 강물에 빠졌다. 서황의 배수진 전략은 승리에 도움이 되기는커녕 자신의 부하들을 전멸시키는 치명적인 결과를 초래했다. 패배한 서황은 겨우 강을 건너가서 잘못이 없는 왕평에게 분풀이를 했다.

"너는 우리 편 군사가 위기에 처한 걸 보고도 왜 도와주러 오지 않았느냐?"

왕평은 어이가 없어서 반박했다.

"만약 제가 도우러 갔다면 이 영채마저 빼앗겼을 겁니다. 강을 건너서 진을 치는 것은 위험하다고 제가 분명히 말씀 드리지 않았습니까? 제 말을 들으셨으면 패배도 없었을 것입니다."

왕평의 말에 서황은 할 말을 잃었다. 모두 맞는 말이었기 때문이다. 하지만 서황은 자신의 잘못을 반성하지 않고 왕평의 말대꾸만 괘씸하게 여겼다. 이에 서황은 왕평을 죽이기로 마음먹었다.

왕평은 서황의 마음을 눈치채고, 그날 밤 강을 건너 조운에게 항복했다. 조운이 유비에게 안내하자 왕평은 자신이 투항하게 된 까닭을 밝히고 한수의 지리를 자세하게 알려 주었다. 유비는 기뻐하며 왕평을 편장군 겸 길을 안내하는 향도사로 삼았다.

한편 서황은 왕평이 조운에게 투항하자 자신의 잘못을 그에게 뒤집어씌웠다.

"왕평이 영채에 불을 지르고 유비에게 투항했습니다."

조조는 서황의 말을 곧이곧대로 믿고 크게 노하여 친히 한수를 빼앗으러 나섰다. 조조의 대군이 한수로 밀어닥치자 조운은 한수 서쪽으로 후퇴하여 강을 사이에 두고 조조군과 대치했다. 공명은 한수의 지리를 살피다가 상류의 흙산을 발견하고 조운에게 지시했다.

"장군은 군사 5백 명을 저 토산에 매복시키시오. 그리고 영채에서 신호를 보내면 군사들에게 북과 징을 울리게 하시오. 그러나 절대 나가서 싸워서는 안 되오."

그날 밤, 어둠이 내려와 대지를 덮자 공명은 강 건너 조조의 진영을 관찰했다. 조조군의 영채에 불이 꺼지고 군사들이 잠이 든 것을 확인한 공명은 토산에 매복한 군사들에게 신호를 보냈다. 토산에 매복한 군사들은 일제히 북과 징을 울렸다.

조조의 진영은 비상이 걸렸다. 요란한 북과 징 소리에 잠이 깬 조조군은 허둥지둥 병장기를 챙겨 막사 밖으로 뛰쳐나왔다. 그러나 영채 밖에는 촉군은커녕 그림자도 보이지 않았다. 조조군은 적의 속임수라는 것을 깨닫고 다시 잠자리에 들었다. 그런데 또다시 징과 북소리가 울렸고, 이번에도 군사들은 다급하게 전투 준비를 했다. 그러나 이번에도 촉군은 그림자조차 찾아볼 수 없었다.

밤새 이런 소동은 여러 차례 계속되었고, 조조군은 한숨도 잘 수가 없었다. 이런 소동은 며칠간 계속되었고 조조군은 피로감에 지쳐갔다. 조조는 불안감을 떨치지 못하고 강가의 영채를 버리고 30여 리나 물러나 들판에 새로운 진지를 구축했다. 그러자 유비군은 강을 건너 조조가 버린 영채에 진을 쳤다.

조조는 유비군이 강을 등 뒤에 두고 배수진을 친 것을 보고 촉군의 전투 의지가 심상치 않다고 여겼다. 그래서 사람을 보내 유비에게 싸움을 청했다.

내일 오계산 앞에서 승부를 가리자.

이튿날, 양군은 오계산 앞에서 서로를 마주 보며 진을 쳤다. 조조는 채찍을 들어 유비를 가리키며 꾸짖었다.

"유비 네 이놈! 어찌하여 은혜와 의리를 저버리고 조정을 거스르는 역적이 되었느냐?"

유비도 조조를 가리키며 마주 꾸짖었다.

"나는 한나라 황실의 친척으로 폐하의 명을 받들어 너를 치는 것이다. 너는 황후마마를 해치고 스스로 왕이 되어 황실을 무시한 채 제멋대로 권력을 휘둘렀다. 너야말로 역적이 아니고 무엇이냐?"

유비의 말에 조조는 화를 벌컥 냈다.

"서황은 어디 있느냐? 당장 저놈의 목을 베어 오라!"

조조가 성난 목소리로 외치자 서황은 즉시 유비를 향해 말을 달려 나갔다. 이에 유비는 유봉을 보내 서황과 맞서게 했다. 두 장수는 한바탕 어우러져 싸웠으나 유봉은 이내 말 머리를 돌려 달아났다. 그 모습을 보자 조조가 장수들에게 명했다.

"당장 모두 나가서 유비를 사로잡아라! 누구든지 그를 잡아 오면 서천왕으로 삼을 것이다."

조조의 외침을 듣자 조조의 휘하 장수들은 함성을 지르며 유비의 진영을 향해 달려갔다. 그러자 유비군은 영채는 물론 말과 무기까지 팽개치고 달아났다. 조조군은 유비군을 뒤쫓다 말고 말과 무기 등 전리품을 챙기느라 분주했다. 그 모습을 본 조조는 북을 울려 후퇴를 명했다. 갑작스러운 후퇴 명령에 어리둥절한 장수들이 돌아와서 조조에게 물었다.

"저희가 유비를 사로잡기 직전이었는데 어찌하여 군사를 불러들이십니까?"

"아무래도 수상하다. 강을 등지고 배수진을 친 것도 의심스럽고, 전쟁에서 필수적인 말과 무기를 팽개친 것도 의심스럽다. 반드시 적이 파 놓은 함정이 있을 것이다."

조조는 장수들에게 설명한 후 군사를 거두어 영채로 돌아가려고 했다. 그런데 바로 이때 공명이 깃발을 올려 유비에게 신호를 보냈다. 깃발을 본 유비는 즉시 말 머리를 돌려 군사를 이끌고 조조군을 향해 달려갔다. 그와 동시에 왼쪽에서 황충이, 오른쪽에서 조운이 각기 군사를 이끌고 조조군을 향해 달려갔다.

유비와 황충, 조운이 세 방향에서 질풍노도⁴처럼 밀려오자 조조군의 대열은 삽시간에 무너졌다. 조조군은 제대로 전투다운 전투도 못 해 보고 크게 패하여 남정으로 향했다. 그런데 남정으로 가는 다섯 갈래의 길이 모두 불길에 휩싸여 있었다. 이미 장비와 위연이 남정을 점령한 후 길을 막고 불을 지른 것이다.

조조는 남정이 이미 촉군의 수중에 넘어간 것을 알고 크게 놀랐다. 조조는 생각할 겨를도 없이 양평관으로 목적지를 변경했다. 그러자 공명은 장비와 위연에게 양평관과 통하는 두 길을 끊고 조조의 군량을 빼앗게 했다. 또 황충과 조운에게 명하여 양평관 주위의 산에 불을 지르게 했다.

조조는 공명의 속셈을 깨닫고 허저에게 명했다.

"지금 당장 날랜 군사 1천 명을 데리고 가서 군량을 호송하는 수레를 호위하라."

허저는 그 길로 쉬지 않고 달려가 군량을 나르는 수레 행렬과 만났다. 이때 군량을 호송하는 관리는 먼 길을 달려온 허저에게 감사의 마음을 담아 술과 고기를 바쳤다. 마침 갈증을 느끼던 허저는 술을 연거푸 몇 잔을 마셨다. 취기가 오르자 다시 술을 청했고, 그러다 보니 몹시 취했다.

허저가 술에 취한 상태에서 갈 길을 재촉하자 군량을 담당한 관리는 걱정스러운 얼굴로 만류했다.

"이제 곧 해가 저뭅니다. 우리가 지나갈 포주 땅은 산세가 험해서 밤에 지나가기 어렵습니다. 오늘 이곳에서 쉬고 날이 밝으면 떠나는 것이 어떻습니까?"

허저는 손을 내저었다.

"걱정하지 말라. 나는 혼자 1만 명을 대적하고도 남을 만큼 용맹한 몸이다. 어둠이 두려워 발걸음을 멈춰서야 어찌 사내대장부라 할 수 있겠는가?"

허저는 큰 소리로 호기를 부리며 말을 타고 앞서 나갔다. 군량을 실은 수레는 어둠을 헤치고 마침내 포주의 험한 길에 접어들었다. 그 길을 절반쯤 지날 무렵이었다. 어둠 속에서 갑자기 징과 북 소리가 요란하게 울리더니 한 떼의 군사들이 말을 타고 달려왔다. 앞장선 장수는 바로 장비였다. 장비는 곧장 허저를 향해 달려가서 장팔사모를 휘둘렀다.

허저도 칼을 휘두르며 장비와 맞섰다. 그러나 술에 취해 있던 허저는 장비의 매서운 공격을 막아 내지 못했다. 몇 차례 공격을 주고받았을 때 장비의 장팔사모가 허저의 어깨를 찔렀고, 허저는 말 아래로 굴러떨어지고 말았다. 허저의 부하들이 황급히 달려가 허저를 구해 냈다. 장비는 허저의 군량을 빼앗는 것이 목적이어서 조조군이 달아나는 것을 쫓지 않았다.

조조는 허저가 부상을 입고 군량을 빼앗긴 채 돌아오자 더는 양평관에 머물 수 없다고 판단했다. 조조는 유비와 운명을 건 단판 승부를 가리기로 마음을 굳히고, 장수들에게 출전 준비를 서두르게 했다.

마침내 대군을 이끌고 전투에 나선 조조는 이번에도 공명의 계책에 넘어가 패하여 양평관으로 돌아왔다. 촉군은 양평관까지 추격하여 거센 공격을 퍼부으며 동시에 동서남북 사대문에 불을 질렀다. 그러자 조조는 양평관을 버리고 달아났다.

유비군은 조조군을 맹렬한 기세로 뒤쫓았다. 한참을 쫓기던 조조 앞에 이번엔 장비가 군사를 이끌고 나타났다. 조조가 뒤를 돌아보니 자기를 쫓는 장수는 평소 두려워하던 조운이었다. 장비와 조운이 앞뒤에서 공격해 오자 조조는 눈앞이 캄캄해졌다. 게다가 이번에는 포주 쪽에서 황충이 군사를 이끌고 달려오는 것이 보였다.

조조는 정신을 가다듬고 급히 옆길을 가로질러 달아났다. 조조의 부하들은 촉군과 맞서 싸울 생각을 버리고 오직 조조를 호위하는 일에 모든 힘을 쏟았다.

마침내 촉군의 추격을 따돌린 조조는 사곡에 이르러 겨우 숨을 돌렸다. 이때 조조의 눈에 저편에서 뽀얀 먼지를 일으키며 한 떼의 군사들이 달려오는 것이 보였다. 조조는 놀라 가슴이 덜컥 내려앉았다.

"저것이 적의 복병이라면 모든 것이 끝장이다."

조조는 잔뜩 경계하며 앞을 주시하다가, 앞장선 장수를 알아보고 표정이 밝아졌다. 그는 바로 조조의 둘째 아들 조창이었다. 조창은 어려서부터 기마술과 궁술에 뛰어났고, 팔 힘이 강해서 맨주먹으로 맹수를 때려눕힐 정도였다.

조창이 군사 5만 명을 이끌고 합류하자 조조는 큰 힘을 얻었다.

"내 아들 창이 왔으니 반드시 유비를 끝장내겠다."

조조는 사곡에 진지를 구축하고 군사를 수습한 뒤 전투 준비에 몰두했다. 그 소식은 유비의 귀에도 들어갔다. 유비는 유봉과 맹달에게 각각 군사 5천 명을 주어 조조를 치게 했다. 이에 조창이 군사를 이끌고 전투에 나섰다.

유봉은 조창을 보자 단숨에 벨 기세로 공격해 들어갔다. 그러나 유봉은 조창의 상대가 되지 못했다. 서너 차례 공격을 주고받더니 더는 버티지 못하고 말 머리를 돌려 달아났다. 이번엔 맹달이 싸우러 나가는데 갑자기 조창의 뒤쪽에서 소란이 일어났다.

마초와 오란이 군사를 이끌고 두 방향에서 조창의 뒤를 덮친 것이다. 맹달과 유봉도 기회를 놓치지 않고 맹렬한 공격을 퍼부었다. 졸지에 앞뒤로 협공을 당한 조창의 군사들은 우왕좌왕하며 어찌할 줄을 몰랐다. 여기저기서 비명이 터져 나오고 부하들이 쓰러지자 조창은 후퇴 명령을 내렸다.

조창은 앞장서 길을 열다가 오란과 맞닥뜨렸다. 조창은 오란을 맞아 2, 3합을 맞부딪친 뒤 창으로 찔러 오란을 말 아래로 떨어뜨렸다. 그 모습을 본 조창의 군사들은 기세를 올리며 촉군에 맞섰고, 한동안 혼전이 벌어졌다. 전투는 조조가 후퇴하라는 신호를 보내고 나서야 끝이 났다.

이후 전투는 소강상태에 접어들었다. 촉과 위 양 진영은 서로 대치한 채 며칠을 흘려보냈다. 시간이 지나자 조조는 초조해졌다. 군사를 거두어 돌아가자니 한 수를 잃고 패배를 인정한 게 되고, 싸우자니 마초까지 합류한 유비군에 승리할 자신이 없었다.

조조가 근심에 빠져 있을 때 하후돈이 찾아와 밤에 사용할 군호를 정해 달라고 요청했다. 조조는 닭 갈비, 즉 계륵이라고 정했다. 이 말을 전해 들은 양수는 하후돈에게 철군할 준비를 하는 게 좋겠다고 말했다. 하후돈은 어리둥절하여 그 까닭을 물었다.

"철군이라니 그게 무슨 소리인가?"

이에 양수가 대답했다.

"군호를 계륵으로 정한 것을 보니 곧 철군 명령이 내려올 것입니다. 생각해 보십시오. 닭의 갈비는 먹으려고 보면 살이 별로 없고, 버리려고 하면 아까운 법이지요. 이번 전쟁이야말로 닭의 갈비와 비슷한 셈이 아니겠습니까?"

양수의 말에 공감한 하후돈은 철군 준비를 했다. 그 사실을 알게 된 조조는 크게 노했다. 양수는 재주가 뛰어났다. 그러나 그 재주 때문에 양수는 조조의 미움을 받았다.

조조는 평소 잠자리에 들었다가 암살을 당할 것을 염려했다. 그래서 휘하 장수들에게 말했다.

"나는 꿈에 사람을 죽이는 버릇이 있다. 잠잘 때는 아무도 가까이 오지 말라. 자칫하면 내 손에 죽는 수가 있다."

그런데 하루는 조조가 낮잠을 자는데 덮고 있던 이불이 땅에 떨어졌다. 그것을 본 부하가 이불을 다시 덮어 주었다. 그 순간 조조가 벌떡 일어나더니 칼로 부하를 죽이고 다시 잠자리에 들었다. 잠에서 깬 조조는 자신이 실수로 부하를 죽인 사실을 슬퍼하며 장례식을 성대하게 치러 주었다. 이 일로 사람들은 '꿈에 사람을 죽이는 버릇이 있다'는 조조의 말을 믿게 되었다. 하지만 양수는 달랐다. 그 일이 조조가 계획적으로 벌인 일이라는 것을 간파했다. 양수는 장례식에 참석해서 이렇게 말했다.

"승상이 꿈속에 있었던 것이 아니라, 죽은 자네가 꿈속에 있다가 죽었네그려."

그 말을 들은 조조는 양수를 경계하며 미워했다. 그런 양수가 이번에도 자신의 속마음을 간파하고 떠벌리자 조조는 양수를 불러 엄하게 꾸짖었다.

"네가 어찌 말을 함부로 지어내 군사들의 사기를 떨어뜨리느냐?"

조조는 즉시 군사들에게 양수를 처형하라는 명령을 내렸다.

"여봐라. 당장 이자를 끌어내 목을 벤 후 그 머리를 내다 걸어 함부로 터무니없는 말을 지껄이는 자들의 본보기로 삼으라!"

이튿날, 조조는 군사를 이끌고 다시 한 번 유비군과 전투를 치렀다. 그러나 조조는 위연이 쏜 화살에 앞니 두 개만 잃은 채 승패 없이 물러나야 했다. 조조는 그제야 양수의 생각이 옳았음을 인정했다. 결국, 조조는 철군을 결정했고, 뒤늦게 양수를 처형한 것을 몹시 후회했다. 조조는 양수의 시체를 거두어 정성껏 장례를 치러 주었다. 조조는 혼잣말로 중얼거렸다.

"이번 전쟁은 양수의 말대로 계륵과 같았다."

81

한중왕이 된 유비

건안 24년(219년) 가을, 유비는 한중 땅을 차지하고 왕위에 올랐다. 공명을 군사로 삼아 국정을 총괄하게 했고, 관우와 장비, 조운, 마초, 황충을 오호대장에 임명했다. 위연을 한중의 태수, 허정은 태부, 법정은 상서령으로 삼았다.

유비가 한중왕이 된 후에 그 사실을 황제에게 보고하자, 조조는 크게 노했다. 조조가 유비를 공격하려고 하자 사마의가 나서서 말리며 계책을 내놓았다.

"제게 계책이 있습니다. 손권에게 유비를 공격하게 하십시오. 유비가 형주를 돌려주지 않고 있어서 손권은 단단히 화가 나 있습니다. 최근에 유비에게 시집간 누이동생도 몰래 강동으로 데려왔다고 합니다. 이때 말솜씨가 좋은 사람을 보내 우리와 동맹을 맺게 하고 함께 형주와 촉을 공격하자고 하면 손권이 좋아할 것입니다."

"과연 뛰어난 계책이로다."

조조는 만총을 손권에게 보내 동맹을 제안했다. 이때 손권은 유비가 한중왕이 되었다는 소식을 듣고 당황하고 있었다. 유비의 세력이 커질수록 자신의 입지가 좁아지기 때문이었다. 이때 만총이 조조의 사자로 온 것이다. 손권은 만총을 정중하게 대접했다.

"먼 길 오시느라 수고했소. 위왕께서 무슨 일로 그대를 보내셨소?"

만총은 조조의 친서를 바치며 말했다.

"위왕께서는 장군과 동맹을 맺고 싶어 하십니다. 장군께서 형주를 공격하면, 우리는 서촉과 한중을 공격하여 유비를 무너뜨린 후 그 땅을 절반씩 나누기를 원하십니다."

손권은 내심 조조의 제안이 반가웠다. 손권이 기쁜 마음에 즉시 답장을 쓰려고 하자 제갈근이 눈짓을 하며 말했다.

"우선 만총을 돌려보내고 답장은 나중에 저희 사람을 시켜 보내십시오."

손권도 제갈근의 의중을 헤아리고 만총을 먼저 돌려보냈다.

"제갈 선생은 다른 계획이라도 있소?"

"형주는 천혜의 요새인 데다 관운장까지 버티고 있어 빼앗기 어렵습니다. 관운장과 동맹을 맺고 조조를 막는 것도 좋은 방법입니다. 마침 관운장에게 시집갈 나이가 된 딸이 있다고 합니다. 그 딸을 주공의 며느리로 삼으면 관운장은 저절로 협력하게 될 것입니다."

손권은 제갈근의 의견이 일리가 있다고 여겨 고개를 끄덕였다.

"좋소 만약 관우가 거절하면 그때는 조조와 손을 잡겠소."

손권은 관우에게 제갈근을 보내 자기 아들과 관우의 딸을 혼인시키자고 제안했다. 그러자 관우는 크게 화를 냈다.

"닥치시오! 호랑이의 딸을 어찌 개의 아들에게 줄 수 있겠소. 내 공명 군사의 체면을 생각해서 돌려보내 줄 테니 당장 돌아가시오."

제갈근은 망신만 당한 채 소득 없이 강동으로 돌아왔다. 제갈근을 통해 관우의 답변을 전해 들은 손권은 노발대발했다.

"관우 이놈! 감히 나를 개에 비교하다니, 어디 두고 보자."

손권은 문무 관리들을 불러 모아 조조와 동맹을 맺고 형주를 공격하겠다는 뜻을 밝혔다. 그러자 보즐이 의견을 냈다.

"조조만 믿었다가 잘못되면 국력만 낭비하게 됩니다. 먼저 조조에게 양성과 번성에 주둔 중인 조인에게 육로로 형주를 공격하라고 하십시오. 그러면 관운장은 반드시 형주 군사를 이끌고 번성을 공격할 것입니다. 그때 우리가 관우가 없는 형주를 공격하면 형주를 되찾을 수 있습니다."

손권은 보즐의 의견에 따라 즉시 조조에게 답장을 보냈다. 손권의 편지를 받은 조조는 크게 기뻐하며 만총을 조인에게 보내 형주를 공격하게 하고, 손권에게 강과 육지에서 동시에 형주를 공격하자고 했다.

한편 한중왕 유비는 조조가 손권과 손잡고 형주를 치려 한다는 급보를 받고, 공명을 불러 대책을 물었다.

"관운장에게 먼저 번성을 치게 하면 적군은 두려워 저절로 흩어질 것이니 걱정 마십시오."

유비는 공명의 계책에 따라 사마 비시를 관우에게 보내 오호대장의 임명장을 전하고 번성을 공격하게 했다. 임명장을 받아 든 관우가 비시에게 물었다.

"오호대장이라니, 누구누구요?"

"장군과 장비, 조운, 마초, 황충 이렇게 다섯 분입니다."

오호대장의 명단에 관우는 자존심이 상했다.

"익덕과 자룡은 나와 함께 많은 공을 세웠고, 마초는 여러 대에 걸친 명문가 출신이니 자격이 있소. 하지만 황충 같은 쓸모없는 늙은이가 어찌 나와 같은 지위를 차지한단 말인가?"

관우가 불평을 늘어놓자 비시는 그런 관우를 달랬다.

"한중왕과 장군이 도원에서 형제의 의를 맺은 것은 지금도 변함없는 사실입니다. 그런데 장군은 어찌 공과 사를 구별하지 못하십니까? 한중왕과 장군은 형제여서 장군이 한중왕이고 한중왕이 장군인데 어찌 남처럼 여기시겠습니까. 그런데 장군은 어찌 남처럼 벼슬의 높고 낮음을 가리려고 하십니까? 만약 한중왕께서 들으시면 매우 섭섭해하실 것입니다."

비시의 말이 끝나기 무섭게 관우는 깨달은 바가 있어 급히 비시에게 두 번 절한 후 공손히 말했다.

"내 판단이 틀렸소. 그대의 가르침이 아니었으면 큰 죄를 지을 뻔했소이다."

관우는 임명장을 받은 후 곧장 형주의 여러 장수를 불러 모아 번성을 공격할 계획을 세웠다.

이튿날, 관우는 요화를 선봉으로 삼고 관평을 부장으로 삼아 양양성으로 진군했다. 조인은 관우가 쳐들어온다는 보고를 받자 겁을 먹고 성안에서 지키고자 했다. 그런 조인에게 부장 적원과 하후존이 나가서 싸우기를 청했다. 이에 조인은 만총에게 번성을 지키도록 맡기고, 친히 군사를 이끌고 관우와 싸우러 나갔다. 관우는 관평과 요화를 보내 조인군을 유인한 후 한 번에 쳐서 무찔렀다. 조인은 부장 적원과 하후존이 전사하고, 군사도 태반을 잃게 되자 양양성을 버린 채 번성으로 달아났다.

관우가 양양성을 점령하자 수군사마 왕보가 걱정스러운 표정으로 말했다.

"동오의 여몽은 육구에 군사를 주둔시키고 호시탐탐 형주를 노리고 있습니다. 만약 이들이 형주를 공격한다면 어쩌실 작정입니까?"

"나도 그 점이 불안했네. 그대는 강을 따라 20~30리 간격으로 봉화대를 하나씩 세우고, 봉화대마다 군사 50명씩을 두어 지키게 하라. 만약 동오군이 쳐들어오면 낮에는 연기를 피우고, 밤에는 불을 지펴 신호를 보내게 하라."

"미방과 부사인이 남군과 공안을 지키고 있으나 건성으로 지키는 게 아닌지 걱정됩니다."

"내가 이미 반준을 보냈으니 걱정하지 말게."

그러나 왕보는 미덥지 못한 듯 고개를 저었다.

"반준은 시기심이 많고 자기 이득만 챙기는 사람입니다. 충성스럽고 청렴한 조루를 보내시는 게 어떻습니까?"

"이미 반준을 보냈으니, 다시 딴 사람으로 바꿀 필요는 없네."

왕보는 여전히 불안했다. 하지만 관우의 뜻이 확고해서 더는 설득할 수 없었다. 왕보가 형주로 돌아가자 관우는 군사들을 이끌고 번성으로 향했다.

한편 번성의 조인은 관우가 쳐들어오자 나가 싸우려 하지 않았다. 그러자 부장 여상이 나가 싸우겠다고 자원했다. 조인이 허락하자 여상은 군사 2천 명을 이끌고 관우와 맞서 싸우기 위해 달려갔다. 그러나 여상의 부하들은 관운장의 위풍당당한 모습을 보자 겁을 집어먹고 달아났다. 여상은 군사들을 독려했으나 소용없었다. 결국, 여상은 크게 패하여 병력의 절반 이상을 잃었다.

82

방덕, 관을 메고 전투에 나서다

여상이 패잔병을 이끌고 돌아오자 조인은 급히 조조에게 지원을 요청했다. 조조는 우금과 방덕을 번성으로 보내 조인을 돕기로 했다. 그런데 방덕은 원래 마초의 심복이었다. 우금이 그 점을 불안해하자 조조는 방덕을 보내기로 한 결정을 취소했다. 그러자 방덕은 조조를 찾아와 자신의 출전을 취소한 이유를 물었다.

"저는 큰 공을 세워 대왕께 은혜를 갚고자 했는데 무슨 까닭으로 저의 출전을 막으셨습니까?"

"그대의 옛 주인 마초는 촉의 오호대장 중 한 사람이고, 그대의 친형 방유도 유비를 섬기고 있지 않은가? 그래서 군사들이 그대를 선봉장으로 삼는 것에 반대했네."

방덕은 조조의 말을 듣자 투구를 벗고 이마를 땅바닥에 짓찧었다.

금새 방덕의 이마에서 붉은 피가 흘러내렸다. 방덕은 원통하다는 듯 목소리에 힘을 주어 말했다.

"친형 방유와는 이미 형제의 정을 끊은 지 오래이며, 마초는 저를 버리고 혼자 살겠다고 촉에 항복하였습니다. 제가 그에게 더는 의리를 지킬 이유가 없습니다. 대왕께서 갈 곳 없는 저를 거두어 주셔서 그 은혜에 보답하고자 공을 세우려는데 어찌 저를 의심하십니까? 이렇게 분하고 원통하니 제가 어찌해야 합니까?"

방덕의 진심을 알게 된 조조는 방덕을 일으키고 등을 쓰다듬으며 위로했다.

"내 어찌 그대의 충절을 모르겠는가? 내가 그대의 출전을 막은 것은 여러 사람의 반대 의견을 누르기 위해서였네. 그대는 더욱 힘써 공을 세우게. 그대가 나를 저버리지 않는 한 나도 그대를 저버리지 않을 것이다."

조조가 자신을 믿어 주고 출전을 허락하자 방덕은 눈물을 흘리며 조조에게 절했다. 집으로 돌아가는 길에 방덕은 장인을 시켜 자신의 관을 짜게 했다.

이튿날, 방덕은 가깝게 지내던 친구들을 모두 집으로 초청했다. 방덕은 잔치를 열어 친구들을 대접하는 자리에 자신의 관을 내놓았다. 친구들이 모두 놀라서 방덕을 쳐다보았다.

"장군은 곧 전쟁터로 나가실 텐데 어째서 저런 불길한 물건을 내놓으시는 거요?"

방덕이 술잔을 들어 건배한 후 친구들에게 대답했다.

"나는 위왕에게 많은 은혜를 입었소. 그래서 죽음으로 보답하기로 맹세했소. 이번에 출전하면 관운장이 죽든지 내가 죽든지 사생결단을 낼 것이오. 이 관을 짠 것은 내가 빈손으로 돌아오지 않겠다는 의지를 보이기 위해서요."

모인 사람들이 모두 놀라고 감탄하였다. 방덕은 아내 이씨와 아들 방회를 불러 말했다.

"내가 선봉이 되어 전쟁에 나가 죽기를 각오했으니, 만일 내가 죽으면 내 아들을 잘 길러 주시오. 이 아이는 기상이 씩씩하니 반드시 이 아비의 원수를 갚아 줄 것이오."

방덕의 아내는 통곡하며 남편을 전송했다. 방덕은 관을 가지고 떠나기 직전 휘하의 장수들에게 당부했다.

"이번 전투에서 나는 관우와 사생결단을 낼 것이다. 내가 관운장에게 죽임을 당하면 너희는 내 시체를 수습하여 이 관에 안치하라. 반대로 내가 관운장의 목을 베면 이 관에 넣어서 위왕께 바칠 것이다."

장수들이 한목소리로 일제히 대답했다.

"장군께서 이처럼 충성심이 깊고 용맹하시니 저희가 어찌 돕지 않겠습니까."

방덕은 다시 한 번 장수들과 결의를 다진 후 전장으로 나아갔다.

한편, 이 사실을 전해 들은 조조는 매우 흡족해했다.

"방덕의 용기와 충성심이 그 정도인데 내가 무슨 걱정을 하겠는가?"

가후가 옆에서 걱정스러운 듯 말했다.

"방덕은 자신의 용기만 믿고 관운장과 결판을 내려고 하니, 저는 그 점이 걱정됩니다."

조조는 가후의 말을 옳게 여겨 사람을 보내 방덕에게 당부했다.

"관운장은 지혜와 용맹이 모두 뛰어나니 경솔하게 상대해서는 안 되네. 승리가 확실할 땐 끝장을 봐야겠지만, 불리할 땐 무리하지 말고 반드시 물러나서 기회를 엿보게."

이에 방덕은 마음속으로 다시 한 번 다짐했다.

'내 이번에 전투에 나서면 관운장이 30년간 누려 온 명성을 꼭 꺾고야 말겠다.'

방덕은 군사들을 독려하여 번성으로 달려갔다. 염탐꾼이 그 사실을 관우에게 보고했다.

"조조의 장수 우금이 7만 명의 군사를 이끌고 쳐들어오고 있습니다. 적의 선봉장 방덕은 맨 앞에 관 하나를 앞세우고, '내 맹세코 관운장의 목을 베어 관에 넣어 갈 것이다'라고 큰소리치며, 번성 30리 밖에 진을 치고 있습니다."

보고를 받은 관우의 표정이 갑자기 싸늘하게 바뀌었다.

"천하의 영웅들이 내 이름만 들어도 두려워하는데 방덕이란 자가 겁이 없구나. 관평아 너는 계속 번성을 공격하여라. 나는 가서 그 방덕이란 자를 가져온 관에 넣어 조조에게 돌려보내겠다."

그러자 관평이 만류했다.

"아버님께서 어찌 그런 보잘것없는 장수와 겨루려 하십니까? 제가 대신 가서 방덕과 싸우겠습니다."

"좋다. 그럼 네가 시험 삼아 먼저 싸워 보거라. 나도 곧 뒤따라 가겠다."

관평은 즉시 군사를 이끌고 방덕의 진영으로 향했다. 방덕은 관평이 군사를 이끌고 쳐들어오자 휘하의 장수에게 물었다.

"앞장선 젊은 장수는 누구인가?"

"관운장의 양아들 관평입니다."

방덕이 관평을 향해 외쳤다.

"나는 위왕의 뜻을 받들어 네 아비 관운장의 목을 베러 왔다. 너는 내 상대가 되지 못하니 가서 네 아비를 불러와라!"

방덕의 말에 화가 난 관평이 칼을 뽑아 들고 말을 달려 돌진해 오자 방덕도 맞서 달려 나갔다. 두 장수는 30여 합을 겨루었지만 승부를 내지 못하고 각자 자신의 진영으로 돌아가 휴식을 취했다.

이 소식을 들은 관우는 크게 노했다. 요화에게 번성을 공격하게 한 다음 친히 방덕을 치기 위해 달려왔다. 관우를 영접한 관평은 방덕과 겨루었던 과정을 설명했다.

관우는 말에 올라 청룡언월도를 비껴들고 방덕의 진영을 향해 크게 외쳤다.

"관운장이 여기 있다. 방덕은 어서 나와서 목숨을 내놓아라!"

위군 진영에서 북소리가 울리더니 곧 방덕이 말을 타고 앞으로 나왔다.

"나는 네 목을 베러 왔다. 내 말을 증명하기 위해 여기 관을 준비했으니, 죽기 싫거든 말에서 내려 항복하라!"

방덕이 말을 마치자 관우가 꾸짖었다.

"네 주제에 그것이 가능하겠느냐? 내 청룡언월도가 너처럼 보잘 것없는 사내의 피를 묻히기엔 참으로 아깝구나."

관우가 말을 마치자마자 청룡언월도를 치켜들고 공격해 가자, 방덕도 칼을 휘두르며 맞섰다. 두 장수가 맹렬하게 싸우며 100여 합을 겨루었으나, 승부가 나지 않았다.

양 진영의 군사들은 싸울 생각을 잊은 채 넋을 잃고 구경했다. 마침내 양 진영은 징을 울려 두 장수를 불러들였다. 관우는 자신의 진영으로 돌아와 휘하 장수들에게 방덕을 칭찬했다.

"방덕은 대단한 장수다. 그의 무예와 역량이 보통이 아니구나. 실로 내 적수가 되기에 조금도 손색이 없다."

자존심이 강한 관우에게서 좀처럼 듣기 어려운 칭찬이었다. 이에 관평이 걱정스러운 듯 말했다.

"아버님, 지금 방덕은 하룻강아지가 호랑이에게 덤비는 꼴입니다. 방덕을 벤다고 해도 아버님께는 전혀 명예로운 일이 아닙니다. 그러다가 아버님께서 다치기라도 하시면 한중왕이신 큰아버님께서 얼마나 괴로워하시겠습니까? 앞으로는 일대일로 싸우는 일은 하지 마십시오."

"걱정하지 마라. 이미 생각한 것이 있느니라."

이튿날 관우는 다시 방덕과 맞서 싸웠다. 50여 합을 겨룬 뒤 방덕은 달아나는 척하면서 관우를 방심하게 했다. 관우가 추격해 오자 방덕은 그 틈을 노려 활을 쏘아 관우의 왼팔을 맞추었다. 관평은 급히 달려가서 관우를 구하여 돌아갔다. 방덕은 관우를 처치할 수 있는 절호의 기회로 여기고 그 뒤를 맹렬히 추격했다. 그런데 갑자기 자신의 진영에서 징을 울렸다. 돌아오라는 신호였다. 우금은 방덕이 활을 쏘아 관우의 팔을 맞히는 것을 보고, 질투심을 느껴 방덕에게 돌아오라는 신호를 보낸 것이다.

방덕이 물었다.

"관우를 죽일 좋은 기회였는데 왜 돌아오게 한 것이오?"

방덕이 따지자 우금은 궁색한 변명을 늘어놓았다.

"위왕께서 관우와 싸울 때 주의하라고 당부하셨소. 장군이 추격하다가 혹시 적의 함정에 빠질지 몰라 징을 울린 것이오."

방덕은 우금이 자신이 공을 세우는 것을 시기한다는 사실을 눈치채고 있었다. 하지만 우금이 대장이니 명령에 따라야 했다. 방덕은 우금의 행위에 이를 갈며 처소로 돌아갔다.

한편, 자신의 진영으로 돌아온 관우는 자신의 경솔함을 스스로 나무랐다. 방덕이 쏜 화살을 뽑고 상처에 약을 발랐다. 방덕이 싸움을 걸었지만 휘하 장수들이 말리는 바람에 관우는 대응하지 않았다. 이에 방덕은 우금에게 대대적인 공격을 감행할 것을 권했다. 하지만 방덕에게 공을 빼앗길 것을 우려한 우금은 허락하지 않았다. 방덕은 마음이 조급했지만 어쩔 수 없었다.

한편 관우는 우금과 방덕이 중구천에 진을 친 것을 알고 전략으로 승부를 내기로 했다. 그는 부근 지리를 살피며 조사하기 시작했다.

우금과 방덕이 진을 친 중구천은 좁은 골짜기였고, 지대가 매우 낮은 곳이었다. 관우는 중구천의 지세를 살피던 중 회심의 미소를 지었다. 이날부터 관우는 싸울 생각은 하지 않고 군사들을 동원하여 나무와 배와 뗏목을 만들게 했다. 그리고 중구천으로 통하는 양강에 둑을 쌓아 물의 흐름을 막게 했다.

마침내 비가 쏟아지기 시작하자 양강은 빗물로 인하여 삽시간에 물이 불어났다. 그 모습을 본 우금의 부하 장수 성하가 우금에게 충고했다.

"우리가 주둔한 지역은 땅이 낮아 만일 강물이 넘치기라도 하면 큰일입니다. 만일의 사태에 대비하여 지금이라도 서둘러 대책을 세워야 합니다."

그러자 우금은 대뜸 화를 내며 꾸짖었다.

"네가 지금 군사들의 사기를 꺾으려는 것이냐? 다시 한 번 그런 소리를 하면 너를 처형시키겠다."

성하는 야단만 맞고 물러나 그 길로 방덕을 찾아가 하소연했다. 방덕은 성하의 의견에 공감했다.

"그대의 말이 옳다. 하지만 대장인 우금이 그 의견을 무시하니 걱정이구나. 내일 나의 군사만이라도 높은 지대로 옮겨 가야겠다."

그런데 그날 밤, 바람이 강하게 몰아치면서 비는 더욱 억수처럼 쏟아졌다. 방덕은 불안하여 쉬지를 못하고 장막 밖으로 나왔다. 바로 그 시간, 마침내 관우는 둑을 터뜨리게 했고, 거친 물살이 사나운 야수처럼 조조의 군사들을 덮쳤다. 물살은 무자비하게 조조군의 진영을 휩쓸고 지나갔고, 군사 중 떠내려가 죽은 자가 태반이었다. 우금과 방덕은 각자 둑 위로 올라가 물을 피했지만 사방이 물바다여서 배나 뗏목 없이는 움직일 수 없는 지경이었다.

이튿날, 날이 밝자 살아남은 우금의 부하는 겨우 50~60명에 불과했다. 관우가 배를 타고 공격해 오자 우금은 다급하게 항복을 선언했다.

이때, 방덕은 군사 5백여 명과 함께 갑옷도 입지 못한 채 둑 위에 있다가 관우의 군사들이 공격해 오자 용감하게 맞서 싸웠다. 이에 관우는 배를 사방으로 배치하여 일제히 활을 쏘게 했다. 무방비 상태에서 화살을 맞은 방덕의 군사들은 절반이 넘게 쓰러졌다. 이에 부하들이 겁을 먹자 방덕이 소리쳤다.

"옛사람이 말하기를 용맹한 장수는 죽음을 두려워하지 않으며, 장사는 더럽게 살지 않는다고 했으니, 오늘은 내가 죽는 날이다. 너희도 죽음을 각오하고 힘껏 싸워라!"

방덕이 독려하자 군사들은 빗발치는 화살 앞에서도 용감하게 싸웠다. 그러나 전우들이 계속 죽어 나가자 결국 군사들은 견디다 못해 모두 항복했다. 하지만 방덕만은 끝까지 싸움을 포기하지 않았다. 그는 관우의 군사 20여 명이 조그만 배를 몰아 둑 가까이 접근하자, 단번에 몸을 날려 배 위로 내려선 뒤 눈 깜짝할 사이에 군사 10여 명을 베어 죽였다. 나머지 군사들은 겁을 집어먹고 물 위로 뛰어들어 달아났다. 방덕은 노를 저어 번성 쪽으로 달아났다. 그 모습을 본 주창이 큰 뗏목을 타고 내려와 들이받자 조그만 배는 그만 뒤

집히고 말았다. 방덕이 물에 빠지자 주창이 물로 뛰어들어 방덕을 사로잡았다. 관우는 항복한 우금은 형주로 보내 옥에 가두게 하고, 사로잡은 방덕에게 항복을 권했다. 그러자 방덕이 화를 내며 욕설을 퍼부었다.

"내가 칼을 맞고 죽으면 죽었지, 어찌 너에게 항복하겠느냐? 어서 죽여라!"

결국, 관우는 방덕을 처형했다. 그러나 방덕의 의로운 태도를 높이 사 후하게 장례를 치러 주었다.

열흘이 지나자 비가 그치고 물도 빠졌다. 관우는 조인이 지키는 번성을 공격했지만, 조인은 성안에서 활로 대항했다. 이 전투에서 관우는 오른팔에 화살을 맞았는데 그 화살에는 오두라는 무서운 독이 발려 있었다. 상처는 시간이 갈수록 심해졌고, 관우는 심한 고열과 부어오른 팔 때문에 고통스러워했다.

당시 뛰어난 의술로 명성이 높았던 화타가 관우의 부상 소식을 듣게 되었다. 그는 관우를 찾아가 치료를 자청했다.

이때 관우는 마량과 바둑을 두고 있었다. 관우는 독기로 통통 부어오른 왼팔을 탁자 위에 올려놓고 화타에게 상처 부위를 살피게 했다. 상처를 살핀 화타가 말했다.

"화살촉에 오두라는 독약이 발려 있어서 뼛속까지 독이 퍼져 있습니다. 속히 수술해야 합니다. 시간이 지체되면 왼쪽 팔을 아예 못 쓰게 됩니다."

그제야 관우는 화타를 돌아다보며 미소를 띠었다.

"그럼 치료할 수 있단 말씀이군요."

"그렇습니다. 하지만 고통 때문에 장군께서 겁내실까 두렵습니다."

"하하하. 염려하지 마시오. 이 관우는 죽음도 겁내지 않으니 말이오."

"그럼 지금부터 치료를 시작하겠습니다."

"그렇게 하시오."

관우는 왼쪽 팔을 화타에게 맡긴 채 바둑을 계속 두었다. 화타는 먼저 퉁퉁 부은 부위를 칼로 째서 검붉은 피와 고름을 빼냈다. 그러고 나서 근육과 살을 가른 후 독이 퍼진 뼈 주위를 깎아 내기 시작했다.

뼈의 독이 퍼진 부위를 칼로 긁어 내자 소름 끼치는 소리가 났다. 그러나 관우는 얼굴색 하나 변하지 않은 채 마량과의 바둑에 집중했다. 오히려 화타의 이마에 구슬땀이 송골송골 맺혔고, 수술을 지켜보던 주위 사람들이 고개를 돌린 채 진땀을 흘렸다. 이윽고 뼈를 깎아 내던 일을 마친 화타는 깎아 낸 뼈 위에 약을 바르고 수술 부위를 꿰매어 봉했다.

그러나 관우는 미동도 하지 않고 여전히 바둑에 몰두하고 있었다. 화타는 그런 관우의 모습에 감탄하여 존경하는 마음이 더욱 우러났다.

"제가 그동안 많은 환자를 치료하였으나 장군 같은 환자는 처음 보았습니다."

"그대는 참으로 명의이시오."

"수술은 잘되었지만 앞으로 100일 동안은 조심하셔야 합니다. 절대 화를 내시면 안 됩니다. 분노가 심하면 상처 부위가 덧나게 됩니다."

"명심하겠소."

관우가 사례하기 위해 치료비 금 100냥을 주었으나 화타는 손을 내저었다.

"저는 의인을 구하러 온 것이지 돈을 벌려고 온 것이 아닙니다."

화타는 끝내 치료비를 사양하고 타고 왔던 뗏목을 타고 유유히 그곳을 떠났다.

83

관우의 최후

조조는 우금과 방덕이 패했다는 소식을 듣고 크게 놀라 문무 관원을 불러 대책을 세웠다. 사마의가 의견을 냈다.

"손권과 유비는 사이가 나쁩니다. 이번 관운장의 승리도 손권은 분명 싫어할 것입니다. 손권에게 사자를 보내 구원을 요청하십시오. 만약 손권이 관운장을 처치하면 강남 땅을 모두 손권에게 주겠다고 하십시오. 분명 그는 받아들일 것입니다."

이에 조조는 동오로 사람을 보내 손권에게 도움을 요청하고, 서황에게 군사 5만 명을 주어 번성의 조인을 구하게 했다. 그러자 관우는 손권이 배후에서 공격해 올 것을 염려하여 쉽게 번성을 공격하지 못했다.

한편 손권은 조조가 보낸 편지를 읽고 조조의 제안을 수락하는 답장을 써서 사자에게 보냈다. 손권은 형주를 공격하는 문제를 두고 문무 관원들과 의견을 나누었다. 장소가 먼저 의견을 냈다.

"요즘 관운장이 우금을 사로잡고 방덕을 처형하여 그 위엄을 천하에 떨쳤다고 합니다. 이제 조인이 지키는 번성조차 위험해지자 우리에게 도움을 청하는 것입니다. 그러나 우리가 도와주고 나서 만일 조조가 약속을 어기면 어떻게 합니까?"

이때 육구에 있던 여몽이 뒤늦게 도착했다. 손권이 상황을 설명하자 여몽이 말했다.

"지금 관운장이 번성을 공격하고 있어서 형주가 비어 있습니다. 우리는 이 기회를 놓치지 말고 형주를 쳐서 빼앗아야 합니다."

"나는 형주보다 북쪽의 서주를 치고 싶소. 그대의 생각은 어떠시오?"

"서주성은 지키는 군사가 적으니 우리가 쉽게 점령할 수 있습니다. 하지만 서주성은 육지에서 싸우기 유리하고 물 위에서 싸우기는 불리합니다. 설령 우리가 성을 함락해도 오래 지키기는 힘듭니다. 차라리 형주를 먼저 점령하여 장강 일대를 완전히 장악한 후 그때 다시 생각해 보는 게 좋겠습니다."

손권은 껄껄 웃었다.

"내가 그대의 뜻을 시험해 본 것이오. 나 역시 형주를 되찾는 것이 가장 큰 바람이오. 속히 돌아가서 형주 공격을 준비하시오."

여몽은 손권에게 인사한 후 즉시 육구로 돌아갔다. 이때 형주로 파견했던 첩자가 돌아와서 보고했다.

"강을 따라 20리 혹은 30리마다 봉화대가 세워져 있습니다. 그뿐만 아닙니다. 형주성은 군율이 엄정하고 경비가 삼엄하며 언제든지 전투에 나설 만반의 준비가 갖춰져 있습니다."

여몽은 관우의 주도면밀[5]함에 새삼 놀랐다.

"형주가 이토록 철통같은 방비 태세를 갖추고 있다면 쉽게 공격할 수 없겠구나. 주공께 큰소리쳤는데 이 일을 어쩌면 좋단 말인가?"

여몽은 여러 가지 궁리를 해 보았으나 뾰족한 수를 찾지 못했다. 이에 여몽은 병이 났다는 핑계를 대며 바깥출입을 삼갔다. 그 소식을 들은 손권은 근심에 빠졌다.

'하필이면 형주 공격을 앞두고 병이 들었단 말인가? 혹시 형주 공격에 자신이 없어서 병을 핑계 대는 것은 아닐까?'

그러자 손권의 마음을 짐작한 육손이 웃으며 말했다.

"여몽의 병은 꾀병일 것입니다."

"그렇다면 자네가 직접 가서 확인하고 오게."

육손은 명을 받자 즉시 육구로 떠났다. 과연 육손의 짐작대로 여몽의 몸은 멀쩡했다. 서로 인사를 나눈 후 육손이 여몽에게 말했다.

"제게 장군의 병을 고칠 수 있는 좋은 계책이 있는데 한번 들어 보시겠습니까?"

여몽은 형주를 공격할 방법을 고민하다가 육손이 좋은 계책이 있다고 하자 귀가 번쩍 뜨였다.

"어떤 계책인가? 어서 말해 보게."

"장군께서는 형주의 방비 태세가 철통같아서 고민하시는 것 아닙니까?"

"그것을 어찌 아는가? 자네가 말한 그대로네. 자네가 생각하는 계책은 무엇인지 알려 주게."

여몽이 놀라서 묻자 육손이 눈빛을 빛내며 말했다.

"관운장은 스스로 영웅이라고 자부하며 장군을 제외하고 아무도 자신의 상대가 되지 못한다고 생각하고 있습니다. 장군은 이 기회에 병을 핑계로 관직에서 물러나 육구의 방어를 다른 사람에게 넘기십시오. 그리고 장군의 후임자는 관운장을 한껏 치켜세우는 겁니다. 그러면 관운장은 교만해져서 형주의 군사를 모두 번성으로 불러들일 것입니다. 그때 형주를 공격하면 쉽게 점령할 수 있습니다."

"그것참 좋은 생각일세."

여몽은 즉시 손권에게 편지를 보내 관직에서 물러났다. 육손이 여몽과 나누었던 계획을 설명하자 손권은 여몽의 퇴직을 허락했다. 그리고 여몽에게 건업으로 가서 요양할 것을 분부하며 물었다.

"육구는 우리에게 매우 중요한 곳이어서 처음에 주유가 맡아서 지키다가 노숙을 후임자로 추천했고, 노숙은 그대를 후임자로 추천했소. 이제 그대는 누구를 추천하시겠소?"

여몽이 대답했다.

"만일 유명한 인물을 보내면 관운장은 더욱 경계하여 방비를 튼튼히 할 것입니다. 육손은 생각이 깊고 지혜가 뛰어나 육구를 맡을 적임자입니다. 더구나 유명하지 않아서 관우의 경계심을 낮출 수 있습니다."

손권은 여몽의 추천을 받아들여 육손을 편장군 우도독으로 삼아 여몽을 대신하여 육구를 맡게 했다. 육손은 육구에 부임하자마자 먼저 관우에게 선물과 함께 편지로 취임 인사를 했다. 편지는 관우를 한껏 치켜세우고 자기를 낮춘 내용이었다. 관우가 기뻐하며 말했다.

"강동에 더는 인재가 없구나. 육손 같은 애송이를 육구의 도독으로 임명하다니……."

관우는 강동에 품었던 경계심을 풀고, 번성을 공격하기 위해 형주의 군사를 불러들였다. 육손은 자신의 계책대로 일이 진행되자 손권에게 즉시 보고했다. 그러자 손권은 여몽을 대도독으로 삼아 형주 공격을 명했다.

여몽은 군사 3만 명과 빠른 배 80여 척을 준비했다. 선봉으로 세운 배에는 헤엄 잘 치는 군사들을 선발하여 흰옷을 입혀 상인으로 위장한 후 노를 젓게 했다. 또한, 날랜 군사들을 별도로 선발하여 배 안에 매복시켰다.

관우의 부하들이 지키는 강기슭의 봉화대에 도착하자, 상인으로 변장한 동오의 군사들은 뇌물을 바치며 환심을 샀다. 이에 봉화대를 지키는 파수병들은 별다른 의심 없이 동오의 배들을 통과시켰다. 새벽녘이 되자 배 안의 군사들은 일제히 쏟아져 나와 잠이 든 파수병들을 묶고 첫 번째 봉화대를 점령했다. 그리고 신속하게 나머지 봉화대도 모두 접수해 버렸다. 이렇게 해서 80여 개의 봉화대를 모두 차지한 동오의 배들은 무사히 형주의 강기슭에 정박할 수 있었다.

이 계책은 모두 육손의 머리에서 나온 것이었다.

동오군은 사로잡은 파수병들을 협박하여 형주성의 성문을 열게 했다. 형주성의 문지기들은 자기 편인 줄 알고 의심 없이 성문을 열어 주었다. 그러자 동오의 3만 군사들이 일제히 밀고 들어가 삽시간에 형주성을 점령하고 말았다. 난공불락의 형주성은 이렇게 해서 여몽의 수중에 떨어졌다.

며칠 후 손권은 대군을 이끌고 형주에 도착했다. 손권은 공을 세운 여몽과 장수들을 치하한 후 옥에 갇혀 있던 우금을 석방하여 조조에게 돌려보냈다. 또한, 항복한 형주 군사들에게 큰 상을 내리고 잔치를 베풀어 위로했다.

손권은 성안의 민심을 수습한 후 공안을 지키는 부사인과 남군의 미방을 치려고 했다. 그러자 부사인과 고향이 같은 우번이 나섰다.

"부사인은 회계의 여조 땅 출신으로 저와 고향이 같습니다. 제가 가서 부사인을 항복하도록 설득하겠습니다."

손권은 크게 기뻐하며 우번에게 군사 5백 명을 주어 공안으로 보냈다. 공안에 도착한 우번은 항복을 권하는 편지를 써서 화살에 매단 후 성안으로 쏘아 보냈다. 편지를 읽은 부사인은 형주성이 동오에 점령당한 사실을 알고 항복하고 말았다.

이에 여몽이 손권에게 권했다.

"부사인은 남군에 있는 미방과 친하다고 합니다. 그를 남군에 보내 미방이 항복하도록 설득하게 하십시오."

손권은 곧 부사인을 남군으로 보냈다. 부사인은 남군으로 달려가 미방에게 항복할 것을 권했다. 때마침 관우가 전령을 보내어 남군과 공안 두 곳에서 쌀 10만 석을 보내라고 하면서 만약 늦어지면 부사인과 미방의 목을 베겠다고 했다. 그러자 부사인의 설득에 망설였던 미방도 결국 항복을 선택했다. 이렇게 되자 관우는 형주를 잃고 양쪽 날개마저 잘리고 말았다. 반면 형주에 이어 공안과 남군까지 차지한 손권은 모처럼 크게 웃을 수 있었다.

한편 서황과 맞서 싸우던 관우는 그 소식을 듣고 화타가 치료해 준 상처가 터지면서 기절하고 말았다. 관우는 뒤늦게 여몽과 육손의 계략에 속아 넘어간 것을 깨닫고 형주를 되찾기 위해 말 머리를 돌렸다.

"형주를 잃고 내가 무슨 낯으로 형님을 뵌단 말인가?"

이때 동오가 형주를 점령했다는 소식을 듣고 크게 사기가 오른 조인과 서황은 관우군을 향해 맹렬한 공격을 퍼부었다. 반면 사기가 떨어진 관우의 군사는 조인과 서황의 협공을 받고 큰 타격을 입었다. 그러나 관우는 조인과 서황을 상대하지 않고 남은 군사를 수습하여 곧장 형주를 향해 달려갔다. 그만큼 형주를 잃은 충격이 컸던 것이다.

관우가 형주로 달려오자 여몽은 형주 사람들을 동원하여 관우의 군사들에게 항복하라고 외쳤다. 관우의 군사들은 대부분 형주 사람들이었다. 그들은 가족들의 외침을 듣자 모두 흩어져 버리고 말았다. 관우는 여몽의 전술에 감탄하면서 자신의 실수를 뼈저리게 후회했다.

"떠나는 군사들을 붙잡지 마라. 나 혼자서라도 형주를 되찾고 말 것이다."

관우에게 이제 남은 군사는 3백여 명에 불과했다. 이때 동오의 장수 장흠과 주태, 서성이 관우군을 포위하고 시시각각 거리를 좁혀 왔다. 때마침 관평과 요화가 군사를 이끌고 관우를 구하기 위해 달려왔다.

"아버님, 일단 가까운 맥성으로 가서 기회를 엿보는 것이 좋겠습니다. 맥성이 작기는 해도 저희가 머무르기에 괜찮습니다. 제가 적의 포위망을 뚫겠습니다."

달리 방법이 없던 관우는 관평의 의견에 따랐다. 관평과 요화는 간신히 동오의 포위망을 뚫고 맥성에 도착했다. 그러나 맥성은 말이 성이지 성벽도 무너지고 성문도 없는 낡고 허름한 곳이었다. 요화가 관우에게 말했다.

"여기서 멀지 않은 곳에 유봉과 맹달이 지키는 상용이 있습니다. 제가 포위망을 뚫고 가서 구원을 요청하겠습니다."

요화는 구원을 요청하는 관우의 편지를 가지고 상용에 주둔 중인 유봉과 맹달에게 달려갔다. 요화가 상용에 이르러 관우의 편지를 전했다. 그러나 유비의 양아들인 유봉은 관우의 위급한 처지를 전해 듣고도 한가롭게 맹달과 의논을 했다.

"관운장께서 매우 위급한 상황인데 어쩌면 좋겠소?"

"이곳 상용의 군사로는 조조와 손권의 연합군에 맞서기 어렵습니다. 괜히 돕겠다고 나섰다가 우리까지 전멸하고 말 것입니다."

"그래도 관운장은 나의 숙부가 아니오? 승산이 없다는 이유만으로 위험에 빠진 분을 모른 척하기는 곤란하오."

"장군은 관운장을 숙부로 여기지만 관운장은 장군을 조카로 생각하지 않는다는 것을 모르십니까?"

"아니 그게 무슨 말씀이시오?"

"제가 듣기로 예전에 한중왕께서 장군을 양자로 삼으려 할 때 관운장은 반대했다고 합니다. 또한, 한중왕께서 왕위에 오르신 후 장군을 세자로 세우려 할 때도 관운장은 '유봉은 양자다. 양자가 세자가 되면 분란의 소지가 있으니 멀리 보내어 후환을 없애는 것이 좋다' 하여 반대했습니다. 지금 장군이 이 외진 곳에 와 있는 것도 따지고 보면 관운장 때문이 아니겠습니까? 그런데 장군은 어찌하여 아직도 숙부와 조카의 예를 따지십니까?"

결국, 유봉과 맹달은 핑계를 댄 채 구원에 나서지 않았다. 이에 요화는 대성통곡하며 유봉과 맹달을 향해 저주를 남기고 유비가 있는 성도로 달려갔다.

한편, 관우는 요화가 상용군을 데리고 오기를 초조하게 기다리고 있었다. 성안의 군사는 5~6백 명인데 그중 부상자가 절반이 넘었다. 양식 또한 떨어져 군사들은 굶주림에 시달렸다. 이때 뜻밖에도 공명의 형인 제갈근이 찾아왔다. 제갈근은 관우에게 동오에 귀순할 것을 권했다.

"장군께서 다스렸던 형주의 9군은 모두 다른 사람 손에 넘어갔습니다. 이제 남은 곳은 이 외지고 작은 성 하나뿐입니다. 우리 주군께서는 아직도 장군과 사돈을 맺고 싶어 하십니다. 동오에 오셔서 함께 조조와 맞서는 것이 어떻습니까?"

관우가 정색을 하며 대답했다.

"옥은 깨져도 빛을 잃지 않고, 대나무는 불에 타도 휘어지지 않소이다. 내 몸은 비록 죽을지언정 이름은 역사에 남을 것이오. 나는 죽기를 각오하고 손권과 결판을 낼 것이니, 그대는 돌아가 손권에게 그렇게 전하시오."

제갈근은 쫓겨나다시피 맥성을 떠나 손권에게 돌아갔다. 제갈근이 관우의 뜻을 전하자 손권은 탄식했다.

"과연 충신이로구나. 그렇다면 이제 어떻게 하는 것이 좋겠소?"

여몽이 빙긋이 웃으며 말했다.

"지금 관우는 맥성을 벗어나 한중으로 달아날 기회를 엿보고 있을 것입니다. 오늘 밤 맥성을 포위하고 공격하되 북쪽 성문을 열어두고 그곳에 군사들을 매복시켜 두면 반드시 관우를 사로잡을 수 있습니다."

"좋은 계책이오."

여몽은 곧장 반장에게 군사를 주어 맥성 북쪽에 구덩이를 파고 갈고리와 올가미를 준비시켜 매복하게 했다.

한편 관우는 구원병이 오지 않자 성을 빠져나가 서천에서 군사를 수습하기로 결심했다. 성 위에 올라 사방을 살펴보니 성 밖은 동오의 군사들로 뒤덮여 있었다. 그런데 북문만은 군사 수가 적었다. 관우가 관평과 휘하 장수들에게 말했다.

"오늘 밤 북문을 뚫고 나가야겠네."

그러자 왕보가 나서서 관우를 말렸다.

"산길에는 적군이 매복해 있을지 모릅니다. 큰길로 가시는 것이 어떻습니까?"

"어찌 그까짓 매복을 두려워하는가?"

그날 밤, 관우는 주창과 왕보에게 맥성에 남아 성을 지키게 하고, 관평, 조루 등과 함께 군사 2백여 명을 이끌고 북문을 나섰다. 관우가 산길로 접어들었을 때 갑자기 동오의 군사들이 맹렬한 공격을 퍼부었다. 관우가 공격을 막아 내는 사이 조루는 죽임을 당했다. 관우는 관평과 함께 겨우 퇴로를 뚫고 동오군의 추격을 벗어났다. 하지만 매복해 있던 반장의 부하들이 갈고리와 올가미를 던져 관우가 탄 적토마를 쓰러뜨렸다. 덩달아 관우도 말에서 떨어져 땅에 나뒹굴었다.

"와! 와! 관운장이 쓰러졌다. 빨리 포박하라!"

반장의 수하인 마충이 갈고리를 던져 관우의 허벅다리를 끌어당기자 동오의 군사들이 때를 놓치지 않고 달려들어 팔을 비틀어 눌렀다. 그러고는 관우가 미처 대응하기도 전에 벌떼처럼 달려들어 관우를 꽁꽁 묶고 말았다. 관평이 황급히 달려가 구하려 했으나 어느새 반장과 주연이 군사를 몰아 와 포위한 채 덮쳐 관평도 사로잡았다.

마충은 청룡언월도와 적토마를 수습하여 관우와 함께 손권에게 바쳤다.

손권은 사로잡힌 관우에게 항복을 권했다.

"장군은 천하무적이라 생각했는데 어찌 내 부하에게 사로잡혔소? 이것은 나에게 항복하여 동오에 봉사하라는 하늘의 뜻이 아니겠소? 지금이라도 늦지 않았으니 나와 함께합시다."

하지만 관우의 태도는 의연했다. 조조의 온갖 회유에도 유비를 배신하지 않았던 관우였다.

"닥쳐라! 너 같은 필부가 어찌 장수의 참뜻을 알겠느냐? 나는 유황숙과 도원결의를 맺고 오직 한나라 황실을 다시 일으켜 세우기 위해 지금까지 힘써 왔다. 그런 내가 어찌 너 같은 역적과 손을 잡고 일하겠느냐? 내가 너희의 간사한 꾀에 빠져 사로잡혔으니 다만 죽음이 있을 뿐이다."

말을 마친 관우는 눈을 지그시 감고 돌부처처럼 움직이지 않았다. 이에 손권은 안타까운 듯 한숨을 내쉬며 말했다.

"관운장은 당대의 영웅이니 참으로 죽이기에 아깝다. 관운장의 마음을 얻을 방법이 없겠는가?"

손권이 묻자 주부 좌함이 대답했다.

"포기하십시오. 지난날 조조도 관운장을 얻기 위해 높은 벼슬을 내리고 수십 명의 미녀를 주면서 많은 은혜를 베풀었습니다. 그러나 관운장은 다섯 관을 지나며 조조의 여섯 장수를 죽이고 유비에게 돌아갔습니다. 이후 조조는 여러 차례 관우에게 혼이 난 적이 있으니,

주공께서는 그를 죽여 뒷날의 화근을 없애도록 하십시오."

　손권은 한나절이나 고민하다가 결국 관우를 죽이라고 명했다. 관우는 아들 관평과 함께 끌려 나가 죽임을 당했다. 이렇게 해서 불세출의 영웅 관우는 허망하게 세상을 떠났다. 이때 그의 나이 쉰여덟이었다.

84

간웅 조조 세상을 떠나다

관우를 죽이고 형주를 차지한 동오는 온 나라가 축제 분위기였다. 가장 큰 공을 세운 여몽과 육손은 백성들의 영웅이 되었다. 손권은 관우를 생포한 마충에게 관우가 타던 적토마를 주고, 청룡언월도는 반장에게 상으로 주었다. 마충은 명마를 얻자 몹시 기뻐했으나 기쁨은 오래가지 못했다. 적토마는 관우가 죽은 그날부터 물도 먹지 않고 풀도 뜯지 않았다. 향기로운 사료를 주고, 초원의 풀을 뜯게 하고, 물가에 몰고 나가 물을 마시게 했지만 허사였다. 결국, 적토마는 얼마 지나지 않아 굶어 죽고 말았다.

손권은 공을 세운 장수들을 불러 잔치를 베풀고 위로했다. 한창 분위기가 무르익을 무렵 손권이 여몽에게 술잔을 권했다.

"이번에 형주를 되찾은 것은 모두 여몽 대도독의 공이오. 그대가 없었다면 우리가 어찌 형주를 얻을 수 있었겠소? 자 한 잔 받으시오."

손권이 술잔 가득히 술을 따르자 여몽은 그 잔을 받아 마시려다가 갑자기 술잔을 바닥에 팽개쳤다. 그리고 손권의 멱살을 움켜잡더니 큰 소리로 꾸짖었다.

"닥쳐라! 너 같은 필부가 어찌 장수의 참뜻을 알겠느냐? 나는 유황숙과 도원결의를 맺고 오직 한나라 황실을 다시 일으켜 세우기 위해 지금까지 힘써 왔다. 그런 내가 어찌 너 같은 역적과 손을 잡고 일하겠느냐? 내가 너희의 간사한 꾀에 빠져 사로잡혔으니 다만 죽음이 있을 뿐이다."

관우가 죽기 전에 손권에게 했던 말이었다. 모든 장수가 놀라서 급히 구하려는데 여몽은 손권을 밀쳐 쓰러뜨린 후 뚜벅뚜벅 걸어가서 손권의 자리에 앉았다.

"똑똑히 보아라. 나는 바로 한수정후 관운장이다! 내가 30여 년간 전쟁터를 누볐는데 원통하게 너희의 간사한 꾀에 속아 목숨을 빼앗겼지만 혼령은 촉한을 도와 동오를 멸망시키고 말 것이다."

여몽이 두 눈을 부릅뜨고 꾸짖자 손권은 놀라서 땅바닥에 엎드려 절을 올렸다. 그러자 여몽은 갑자기 몸을 뒤집으며 쓰러지더니 두 눈과 귀, 코와 입으로 피를 쏟으며 죽었다. 장수들은 그 참혹한 장면을 보고 두려움에 떨었다. 이 일이 있고 나서 손권은 관우의 환영에 시달리며 잠을 이루지 못했다. 더구나 관우의 죽음을 알고 나서 유비가 복수할 일을 생각하자 머리가 지끈거렸다. 손권은 고민하다가 관우의 머리를 나무 상자에 담아 조조에게 보냈다. 조조는 크게 기뼈했다.

"이제야 두 발을 뻗고 편히 잘 수 있겠구나."

그러자 사마의가 나서서 말했다.

"손권이 관운장의 목을 보내 온 것은 실로 무서운 흉계입니다. 관우를 죽인 후 유비의 복수가 두려웠던 손권이 그 화살을 대왕에게 돌리려는 간교한 술책입니다. 유비가 우리와 싸우면 어부지리[6]를 취하려는 수작이니 절대 말려들어서는 안 됩니다."

조조는 그 말에 고개를 끄덕였다. 이윽고 나무 상자의 뚜껑을 열었다. 관우의 얼굴은 살아 있을 때의 모습과 다를 바가 없었다. 조조는 슬며시 장난기가 발동했다.

"운장, 그동안 잘 지내셨는가?"

그런데 조조가 말을 마치자마자 갑자기 관우가 입을 벌리고 두 눈을 부릅뜨는 게 아닌가. 조조는 기절초풍[7]하여 정신을 잃었다. 장수들이 놀라서 급히 조조를 부축해 자리에 눕혔다.

한참 후에 정신을 차린 조조는 두려움에 떨며 관우의 장례를 성대하게 치러 주었다. 이후 조조는 시름시름 앓더니 급기야 드러눕고 말았다. 여러 의원이 와서 치료했으나 조조의 증세는 차도가 없었다. 이에 화흠이 명의 화타를 추천하자 조조는 화타를 불러오게 했다. 화타는 조조의 병세를 살핀 후 도끼로 두개골을 쪼개어 병의 근원을 제거해야 한다고 진단했다. 그 말에 조조가 화를 버럭 냈다.

"네가 나를 죽일 생각이냐?"

"대왕께서는 전에 관운장이 오른팔에 독화살을 맞았을 때 그 뼈를 긁어 독을 제거한 사실을 모르십니까? 그때 관운장께서는 조금도 두려워하지 않으셨습니다. 대왕께서는 이런 사소한 질병으로 어찌 이렇게 의심하십니까?"

조조는 관우와 자신을 비교하는 화타의 말에 더욱 부아가 치밀었다. 또한, 화타가 자신을 죽이려는 수작이라고 의심하며 옥에 가두게 했다. 화타를 담당한 옥졸은 오씨 성을 가졌는데 사람들은 그를 오압옥이라고 불렀다. 화타는 자신에게 친절한 오압옥에게 자신의 의술을 담은 청낭서를 전해 주고, 모진 고문을 당한 끝에 세상을 떠났다.

오압옥은 화타가 남긴 청낭서로 의술을 공부하려고 했지만, 그의 아내가 책을 불사르고 말았다. 오압옥이 놀라서 책을 불에서 끄집어냈을 때 청낭서는 이미 다 타고 겨우 두 장만 남아 있었다.

오압옥이 화가 나서 꾸짖자 그의 아내가 말했다.

"이 책으로 공부해서 화타 같은 명의가 된들 뭐 하나요? 화타처럼 비참하게 목숨을 잃을 텐데 말이에요. 차라리 태워 버려서 비극을 막는 게 좋지 않겠어요?"

이에 오압옥은 할 말을 잊고 길게 탄식했다.

화타를 죽인 뒤 조조의 병세는 더욱 나빠졌다. 밤에도 잠들지 못하고 자꾸만 헛것이 보였다. 복황후, 동귀비, 복완, 동승 등 조조가 죽였던 사람들이 피투성이가 된 채로 나타나 조조를 괴롭혔다. 조조는 자신의 운명이 다했음을 깨닫고 측근들을 불러 훗날을 부탁했다.

"나는 천하를 누빈 지 30여 년 동안 많은 영웅호걸을 없앴지만, 아직 유비와 손권이 남았구나. 내게 남은 아들이 비, 창, 식, 웅 넷이 있는데, 셋째 식은 재주가 뛰어나지만 술을 좋아하고 성실하지 못하다. 둘째 창은 용맹하지만 지혜가 모자라고, 막내 웅은 몸이 약하다. 장남 비에게 내 뒤를 잇게 하려고 하니 그대들은 비를 잘 보좌하라."

건안 25년(220년) 정월, 일세의 간웅으로 이름을 떨친 조조는 예순여섯의 나이로 세상을 떠났다.

조조의 뒤를 이어 위왕에 오른 조비는 가후를 태위로 삼고, 화흠을 상국으로, 왕랑을 어사대부로 삼았다.

조조의 둘째 아들 창은 조비에게 자신이 거느린 군사를 바치고 복종했지만, 조식과 조웅은 아버지의 장례에 문상조차 오지 않았다. 조비가 사자를 보내 죄를 묻자 조웅은 두려워 자살했고, 조식은 묵묵부답이었다.

이에 화가 난 조비는 조식을 죽이기 위해 허저를 보내 잡아 오게 했다.

"호위군 3천 명을 이끌고 당장 조식과 그의 부하들을 모두 잡아들여라!"

허저가 도착했을 때 조식은 심복인 정의, 정이 형제와 술에 잔뜩 취해 잠들어 있었다. 허저는 조식과 그의 심복들을 모두 결박하여 수레에 싣고 돌아와 조비의 명을 기다렸다. 조비는 먼저 조식의 심복인 정의와 정이 형제를 비롯한 조식의 부하들을 모조리 죽이라고 명했다.

이때 조비의 어머니 변씨는 막내아들 조웅이 자살했다는 소식을 듣고 슬퍼하고 있었다. 그런데 셋째 아들 조식까지 잡혀 왔다는 이야기를 듣자 놀라서 내전으로 달려 나왔다. 조비가 어머니를 보고 절하자 변씨는 울면서 조비에게 당부했다.

"네 동생이 평소 술을 좋아하고 제멋대로 행동하는 것은 그저 자기 재주를 믿기 때문이다. 네가 형제 간의 정을 생각해서 그 목숨을 살려 주면, 이 어미는 저승에 가서라도 편히 눈을 감을 수 있을 것이다."

조비는 어머니의 간곡한 청을 물리칠 수 없었다.

"어머니 걱정하지 마십시오. 제가 어찌 동생을 죽이겠습니까? 다만 아버님 장례에 참석하지 않아서 혼을 내 주려는 것입니다."

조비가 위로하며 안심시키자, 변씨는 옷소매로 눈물을 훔치며 안으로 들어갔다. 그러자 화흠이 조비에게 조언했다.

"자건(조식)은 재주와 지혜가 뛰어나니 그를 살려 두면 반드시 후환이 생깁니다."

"하지만 어머니와 약속했으니 지켜야 하오."

"사람들이 말하기를 자건은 입만 벌리면 문장이 나온다고 칭찬합니다. 하지만 저는 믿을 수 없습니다. 그를 불러들여 시를 짓게 하고 짓지 못하면 그것을 구실로 죽이십시오. 만약 시를 잘 지으면 관직을 빼앗고 멀리 귀양을 보내십시오. 그렇게 하면 자건을 따르는 이들도 뒷말이 없을 것입니다."

조비는 화흠의 계책에 따라 조식에게 벽에 걸린 그림을 보여 주었다. 그 그림은 두 마리 소가 흙담 밑에서 싸우다가, 그중 한 마리는 우물에 빠져 죽는 장면을 그린 것이었다. 조비는 조식에게 소 그림을 제목으로 일곱 걸음을 걷는 동안 시 한 수를 지으면 살려 주겠다고 했다. 단 '두 마리 소가 흙담 옆에서 싸우다 한 마리는 우물에 떨어져 죽었다'라는 말이 들어가면 안 된다는 조건을 걸었다. 만약 시를 짓지 못하면 그 죄를 묻겠다고 했다.

조비가 제시한 조건을 듣고 조식의 표정은 의외로 담담했으나 정작 놀란 것은 그 자리에 있던 문무백관이었다. 그들은 조비가 고의로 풀 수 없는 문제를 냈다고 생각하며, 숨을 죽이고 지켜보았다.

조식은 담담한 표정으로 일곱 걸음을 옮긴 후 낭랑하게 시를 읊기 시작했다.

두 고깃덩이가 함께 길을 가는데

머리 위엔 오목한 뿔이 달렸네.

서로 볼록한 산 밑에서 만나니

갑자기 달려 서로 싸우도다.

두 적이 모두 강할 수 없어

한 고깃덩이는 토굴에 누워 버렸네.

힘이 없어서가 아니라

넘치는 기운을 다 쏟지 못함일세.

조비와 신하들은 조식의 재주에 모두 놀라며 감탄했다. 하지만 동생 조식을 죽이기 위해 명분을 만들려던 조비는 여기서 멈추지 않았다. 이번엔 조식에게 형제라는 글자를 쓰지 않고, 형제를 제목 삼아 시를 짓게 했다. 조식은 형의 말이 떨어지기 무섭게 시를 지었다.

콩깍지를 태워 콩을 볶으니
콩이 솥 안에서 소리 내어 운다.
본래 한 뿌리에서 태어났는데
왜 이다지도 심하게 들볶는가?

참으로 절묘한 시였다. 자신의 형 조비와 조식 자신의 현재 상황을 빗대어 표현한 것이다. 조비는 감동하여 눈물을 흘리며 뉘우치고, 동생을 죽이려던 계획을 거둬들였다. 조비는 조식의 벼슬을 안향후로 낮추고 쫓아냈다.

한편 유비는 관우와 관평이 목숨을 잃었다는 소식을 듣고 통곡하다가 혼절했다. 문무 관원들이 부축하여 침상으로 옮긴 후 급히 의원을 불러 보살피게 했다. 유비는 반나절이 지나서야 깨어났다.

"대왕께서는 마음을 굳게 가지십시오. 예부터 죽고 사는 것은 다 명에 달렸다고 했습니다. 관운장은 평소 강직하고 굽힐 줄 몰랐던 까닭에 이런 해를 입게 된 것입니다. 대왕께서는 먼저 건강을 돌보신 후 천천히 원수 갚을 계획을 세우십시오."

"나는 운장과 익덕 두 아우와 함께 도원에서 의형제를 맺고 생사를 함께하기로 맹세했소. 이제 운장이 죽었으니 어찌 나 홀로 부귀를 누릴 수 있겠소?"

이때 관우의 작은아들 관흥이 소리 높여 울면서 들어왔다. 유비는 관흥을 보자 또다시 비통함과 분노를 억누르지 못하고 다시 혼절했다. 이렇게 하루 동안 다섯 번을 혼절하고 사흘 동안 식음을 전폐하더니 마침내 눈에서 피눈물이 흘렀다.

"내 맹세코 동오의 손권과는 같은 하늘 아래 숨을 쉬지 않을 것이다."

유비는 한 맺힌 다짐을 하며 두 주먹을 불끈 쥐었다.

한편, 관우의 구원 요청을 묵살한 유봉과 맹달은 관우가 목숨을 잃고, 요화가 유비에게 그 사실을 고하자 불안에 떨었다. 후환이 두려워진 맹달은 조비에게 항복했고, 유봉은 분노한 유비에게 처형을 당했다.

이때 조비의 신하 화흠은 헌제를 찾아가 제위를 조비에게 넘기라고 협박했다. 이에 헌제는 조비에게 제위를 넘겼고, 이로써 유방이 세운 한 제국은 4백여 년을 지속하다가 종말을 고했다.

조비가 황제에 오르자, 공명은 유비를 황제로 모셔 끊어진 한나라 황실의 맥을 잇고자 했다. 유비는 거듭 사양했지만, 황실 종친으로서 끊어진 한나라 황실을 계속 이어 나가야 한다는 명분 앞에 마지못해 제위에 올랐다. 유비는 유선을 태자로 삼고 공명을 승상으로 임명했다.

이 무렵 장비는 관우의 죽음을 슬퍼하며 하루하루를 술로 달래고 있었다. 그는 술에 취하면 자주 화를 내며 거칠게 행동해서 부하들의 원성을 들었다. 이는 황제가 된 유비의 심정도 다르지 않았다. 황제가 된 유비는 날마다 복수심에 불타올랐다.

"나는 군사를 총동원해서 동오를 멸망시키고 손권을 사로잡아 아우의 원한을 갚고야 말겠다."

"국가의 역적은 조조이지 손권이 아닙니다. 그 아들 조비가 반역을 일으켜 황제가 되었으니 조비를 잡아 그 죄를 물으면 손권도 폐하의 발아래 무릎을 꿇게 될 것입니다. 천하를 위해서 한나라 황실의 원수는 갚아야 하지만, 형제의 복수는 사사로운 일에 해당합니다. 부디 통찰하소서."

공명과 조운이 나서서 만류했지만 소용없었다.

"내가 아우의 복수를 하지 못하면 천하를 차지한들 무슨 소용이 있겠소? 반드시 군사를 일으켜 동오를 정벌할 것이오."

이때 마침 장비가 찾아왔다. 장비는 이제나 저제나 동오를 정벌하라는 명령을 기다리고 있다가 소식이 없자 답답해서 유비를 찾아온 것이다. 장비는 유비를 보자마자 대뜸 따지듯이 물었다.

"형님, 도원에서 맺은 결의를 벌써 잊으셨습니까? 관우 형님의 원수는 언제 갚으려고 하십니까?"

"그럴 리가 있겠느냐? 내 당장 군사를 일으킬 것이니 아우도 서둘러 돌아가서 전투 준비를 서두르게. 우리 함께 동오를 멸망시키고 손권을 처단하여 운장의 원수를 갚도록 하자."

"흐흐흑, 형님 고맙습니다."

장비는 낭중으로 돌아가 휘하 장수 범강과 장달에게 사흘 안에 전군에게 입힐 흰 갑옷과 흰 깃발을 만들라고 명령했다. 장비의 명을 받은 두 장수는 난처했다. 수천 명도 아니고 10만 대군의 갑옷과 흰 기를 사흘 안에 만드는 것은 도저히 불가능했기 때문이다. 이에 범강과 장달은 좀 더 시간을 달라고 요청했다.

"사흘 안에 그 많은 갑옷과 깃발을 제작하는 것은 어렵습니다. 최소한 10일은 주십시오."

"뭐야? 하라면 무조건 할 것이지 잔말이 많다!"

화가 난 장비는 주위에 여러 장수가 있다는 사실도 잊은 채 그들을 사정없이 매질했다.

"사흘 안에 일을 끝내지 못하면 네놈들의 목을 베겠다."

막사로 돌아온 범강과 장달은 이 일로 장비에게 원한을 품었다. 더구나 정해진 시간 안에 일을 마치지 못할 것이 뻔했고, 장비의 성격으로 보아 그들을 기다리는 것은 죽음밖에 없었다. 결국, 범강과 장달은 먼저 장비를 죽이기로 뜻을 모았다.

그날 밤, 장비는 술에 만취해 장막 안에 누워 있었다. 그들은 좋은 기회로 여겨 단검을 품고 장막 안에 숨어들어 갔다. 범강과 장달이 침상 곁으로 다가갔을 때 장비는 수염이 곤두선 채 두 눈을 부릅뜨고 있었다. 범강과 장달은 기겁했으나, 이내 장비가 코를 고는 소리가 들렸다. 장비는 평소 눈을 뜨고 자는 버릇이 있었던 것이었다.

그들은 단검을 장비의 가슴과 복부 깊숙이 찔러 넣었다. 그 순간 장비는 외마디 비명과 함께 숨을 거두고 말았다. 이때 장비의 나이 55세였다. 유비를 도와 천하를 통일하려던 장비의 웅대한 꿈은 이처럼 허망하게 부서지고 말았다. 범강과 장달은 장비의 목을 베어 동오로 도망쳤다.

유비는 동오를 치기 위해 75만 대군을 일으켰다. 장비가 주둔한 낭중으로 가던 유비는 장비가 죽었다는 보고를 받았다. 관우의 죽음에 이은 장비의 죽음은 유비에게 청천벽력[8]과도 같았다.

유비는 절망에 빠져 목놓아 울다가 그만 정신을 잃고 말았다. 유비가 슬픔에 잠겨 있을 때 장비의 아들 장포와 관우의 아들 관흥이 부모의 원수를 갚겠다고 나섰다. 유비는 아버지를 잃은 두 조카의 모습을 보자 슬픔을 이기지 못하고 다시 한 번 목놓아 통곡했다. 한참 후 감정을 추스린 유비는 장포와 관흥의 나이를 물었다. 장포가 한 살이 많자, 유비는 관흥에게 장포를 형으로 섬기도록 권한 후 그들의 아버지인 관우와 장비처럼 서로 의리를 지키도록 당부했다.

유비가 대군을 이끌고 쳐들어오자 손권은 조비에게 구원을 요청했다. 하지만 조비는 조서를 내려 손권을 오왕에 봉했을 뿐 구원병은 보내지 않았다. 손권은 다급하게 손환을 좌도독, 주연을 우도독으로 삼아 군사 2만 5천 명을 주어 유비를 막게 했다. 그러나 손환은 첫 전투에서 관흥과 장포에게 크게 패했다. 손환은 손권에게 전령을 보내 도움을 요청했다. 동오의 우도독 주연은 부장 최우에게 군사 1만 명을 주어 손환을 돕게 했다. 그러나 그날 밤, 촉한의 장수 풍습과 장남이 오반과 함께 손환의 진영을 급습했다. 무방비 상태에서 공격을 당한 동오의 군사들은 제대로 싸워 볼 엄두도 내지 못한 채 달아나기에 바빴다. 손환을 돕기 위해 달려오던 최우도 장포에게 사로잡혔다.

손환이 패잔병을 이끌고 이릉성으로 달아나자 오반은 성을 포위했다. 손환은 다시 손권에 구원을 요청했다. 이에 손권은 한당을 대장, 주태를 부장, 반장을 선봉으로 삼고 능통을 후군으로 삼아 군사 10만을 일으켰다.

이때 노장 황충도 동오 공격에 나섰는데, 유비는 황충의 나이가 많다는 이유로 임무를 주지 않았다. 그러자 황충은 군사 대여섯 명을 거느리고 스스로 전투에 나섰다. 황충이 동오군의 진영 앞에 이르러 큰 소리로 외쳤다.

"나는 관운장의 복수를 하러 왔다. 누구든지 이 황충과 상대하려면 썩 나서라!"

황충의 도발에 동오의 선봉 반장은 부장 사적을 보내 맞서 싸우게 했다. 그러나 사적은 겨룬 지 채 3합을 넘기지 못하고 황충의 칼에 목숨을 잃었다. 그러자 반장이 관우가 쓰던 청룡언월도를 휘두르며 달려 나왔다. 황충이 반장과 몇 차례 공격을 주고받았을 때 돌연 반장이 말 머리를 돌려 달아났다. 그러자 황충은 동오군을 뒤쫓으며 크게 무찔렀고, 돌아오는 길에 유비가 황충을 돕기 위해 보낸 관흥과 장포와 만났다.

"우리는 황제의 명을 받들어 노장군을 도우러 왔습니다. 장군은 이미 공을 세우셨으니 이만 돌아가십시오."

그러나 황충은 듣지 않았다.

이튿날, 다시 반장이 와서 싸움을 걸자 황충은 즉시 말에 올랐다. 관흥과 장포가 돕겠다고 했으나 황충은 거절했다. 황충은 군사 5천 명을 이끌고 나가 반장과 어우러져 싸웠다. 반장은 이번에도 황충을 당해 내지 못하고 말을 돌려 달아났다. 황충은 반장을 사로잡을 욕심에 급하게 뒤를 쫓았다. 이때 갑자기 함성과 함께 매복한 동오군이 쏟아져 나왔다. 주태와 한당, 번장, 능통이 네 방향에서 황충을 포위했다. 황충은 이에 맞서 싸우다가 마충이 쏜 화살을 어깨에 맞고 치명상을 입었다.

황충이 위기를 맞았을 때 때마침 장포와 관흥이 군사를 이끌고 와서 동오군을 무찔렀다. 황충은 다행히 목숨을 구했으나 상처가 심하여 오래 버티지 못했다. 유비는 황충을 위로했고, 황충은 유비의 은혜에 깊이 감사하며 세상을 떠났다. 그의 나이 75세였다. 이렇게 해서 촉한의 오호대장군은 이제 조운과 마초만 남게 되었다.

85

천하를 품었으나 뜻을 이루지 못하다

　손권은 유비의 대군에 맞서 싸웠으나 감녕과 반장을 잃고 말았다. 전쟁이 촉한에 유리해지자 관우를 배반하고 동오로 귀순했던 부사인과 미방은 마충의 목을 베어 유비에게 가서 바쳤다. 그들이 용서를 빌자 유비는 크게 화를 내며 꾸짖었다.

　"내가 너희를 살려 두면 죽어서 무슨 낯으로 운장을 대한단 말이냐?"

　유비는 직접 두 사람의 목을 베어 관우에게 바쳤다. 유비가 파죽지세로 진격해 오자 손권도 슬며시 두려움이 앞섰다. 손권은 유비의 마음을 달래기 위해 장비의 목을 나무 상자에 담고, 장달과 범강을 결박 지어 유비에게 보냈다. 유비는 범강과 장달을 장포에게 넘겨주었다. 장포는 그들을 죽여 복수를 한 뒤 목을 베어 아버지에게 제사를 드렸다. 손권은 또 유비에게 사자를 보내 형주 땅과 손 부인을 돌려보내겠으니 화친을 맺자고 제안했다. 이에 유비는 화를 벌컥 냈다.

"시끄럽다! 내가 복수할 대상은 손권뿐이다. 동오와 화친을 맺는다면 지하에서 아우들이 통곡할 것이다. 나는 기필코 동오를 멸망시키고 위를 굴복시켜 천하를 통일할 것이다."

손권은 유비의 마음을 되돌릴 수 없음을 깨닫고, 안절부절했다. 이때 감택이 육손을 추천했다.

"지난번 여몽 대도독이 형주를 쉽게 얻을 수 있었던 것은 모두 육손 장군의 계책을 따랐기 때문입니다. 그에게 촉한의 공격을 물리치게 하시면 틀림없이 기대를 저버리지 않을 것입니다."

"알겠소. 육손을 대도독에 임명하여 유비를 물리치게 하겠소."

그러자 장소, 고옹, 보즐 등 중신들이 반대하고 나섰다.

"육손은 아직 젊어 유비의 상대가 되지 않습니다. 육손에게 중책을 맡겼다가 더 큰 위기가 닥칠지 모릅니다. 다시 한 번 고려해 주십시오."

그러자 감택이 그들을 나무랐다.

"여러분은 어찌하여 공과 사를 구분하지 않는 거요? 육손이 비록 나이가 어려도 그의 지략만큼은 제갈량에 버금가는 것을 왜 모르시오?"

중신들이 서로 의견을 달리하자 손권이 입장을 밝혔다.

"지금 우리 동오의 운명이 바람 앞의 촛불과 같소. 내 생각에도 이러한 위기를 극복할 인물은 육손밖에 없을 것 같소. 그러니 더는 왈가왈부하지 마시오."

손권은 육손을 전군을 지휘하는 대도독에 임명했다. 육손은 처음엔 사양했으나 손권이 설득하자 마침내 순종했다.

"나라 안의 일은 내가 책임질 테니, 나라 밖의 일은 그대가 맡아서 처리하라!"

대도독에 임명된 육손은 서성과 정봉을 호위로 삼고, 수군과 육군을 총동원하여 촉한군이 주둔한 효정으로 나아갔다. 육손이 효정에 이르자 한당과 주태 등 장수들은 한결같이 나이 어린 육손을 못마땅하게 여겼다. 육손이 그들의 속마음을 모를 리 없었다. 육손이 장수들에게 경고했다.

"나라에는 국법이 있고, 군에는 군법이 있소. 만일 명을 거역하거나 군법을 따르지 않는 자가 있다면 가차 없이 처단할 것이오."

그러자 주태가 나서며 말했다.

"안동장군 손환이 지금 이릉성에서 촉한군에 포위당한 채 공격을 받고 있소. 도독께서는 계책을 세우셔서 손 장군을 구해 주시오."

"그는 평소 군사들의 존경을 받는 장군이니, 반드시 이릉성을 잘 지켜 낼 것이오. 그러니 굳이 군사를 보내 도울 필요가 없소. 내가 촉한군을 물리치면 그때 손 장군은 저절로 풀려날 것이오."

모든 장수가 육손의 말을 속으로 비웃으며 돌아갔다. 이튿날 육손은 장수들에게 군령을 내렸다.

"모든 장수는 절대 나가서 싸울 생각을 하지 말고 각자 자기 위치에서 관과 성을 굳게 지켜라! 만약 명령을 어기는 자가 있으면 군법에 따라 즉각 처형할 것이다."

이에 나가서 싸우기를 원했던 한당과 주태 등 장수들은 불만을 품었으나 명을 따르지 않을 수 없었다. 유비가 여러 차례 공격을 하고 유인책을 펼쳤으나 동오군은 일절 싸움에 응하지 않았다.

이 무렵 유비는 효정 땅에서부터 천구 땅까지 군사를 배치했는데 그 사이가 무려 7백 리나 되었다. 또한, 군사들의 주둔지가 40여 개나 되었다. 때는 여름의 막바지였고, 더위가 기승을 부려 군사들을 괴롭혔다. 이에 유비군의 선봉인 풍습이 유비에게 청했다.

"폐하, 군사들이 무더위로 인하여 심한 고통에 시달리고 있습니다. 주둔지를 숲속으로 옮겼으면 합니다."

이에 유비는 군사들의 주둔지를 숲으로 옮기고 여름을 보낸 후 가을이 오면 대대적으로 공격을 감행하기로 했다. 그러자 마량은 불안한 마음을 숨기지 못하고 유비에게 말했다.

"우리가 주둔지를 옮기는 도중에 동오군이 공격해 오면 어떡합니까?"

"오반에게 늙고 약한 군사 1만 명을 주어 동오군의 주둔지 근처 평지에 주둔하게 했네. 그리고 나는 날랜 군사 8천 명을 거느리고 숲속에 매복해 있을 것이다. 육손이 공격해 오면 오반은 패한 채 달아나면서 육손을 내가 매복한 곳으로 유인해 올 것이다. 그러면 내가 돌아갈 길을 끊고 그 어린 놈을 사로잡을 것이다."

유비의 말에 모든 장수가 감탄을 금치 못했지만 마량은 여전히 불안감을 떨치지 못했다.

"제갈 승상께서 이곳에서 멀지 않은 곳에 계십니다. 이곳의 지형을 그려 의견을 들어 보시는 게 어떻습니까?"

마량이 거듭 권하자 유비는 마지못해 허락했다. 마량은 곧 모든 영채의 위치를 그림으로 그려 그날로 공명을 찾아 떠났다.

한편, 촉한군이 숲으로 주둔지를 옮긴 것을 알게 된 육손은 쾌재를 불렀다. 육손은 먼저 촉한군을 탐색했다. 촉한군은 약 1만여 명에 이르렀고, 대부분 늙고 약한 군사들이었다. 그러자 동오의 장수들은 나아가 싸우자고 요청했다. 그러나 육손은 고개를 저으며 대답했다.

"적군은 지금 군사를 매복시켜 놓고 우리를 유인하려는 것이니 사흘만 기다려 봅시다."

사흘 후 과연 육손의 말대로 촉의 군사들이 매복해 있던 산속에서 나왔다. 하지만 육손은 여전히 움직이지 않았다.

이 무렵 공명을 찾아간 마량은 자신이 그려 간 영채의 지도를 보이고 의견을 물었다. 지도를 살펴본 공명은 안색이 창백하게 변했다. 마량은 의아한 표정으로 공명의 안색을 살폈다.

"승상께서는 왜 이렇게 놀라십니까?"

공명은 대답 대신 길게 탄식했다.

"아! 한나라의 운명이 여기서 끝나는구나."

마량은 공명의 탄식에 불길한 생각이 들어서 물었다.

"뭐가 잘못된 것입니까?"

"숲이 우거진 곳에 주둔하는 것은 병법에서 금지하고 있소. 만약 적이 불로 공격하면 우리 군은 끝장이오. 그대는 급히 돌아가 폐하께 주둔지를 옮기라고 아뢰시오. 만약 일이 잘못되었다면 백제성으로 피하라고 말씀 드리시오."

"만약 가는 중에 문제가 생기면 어찌합니까?"

"내가 만약을 대비해서 어복포라는 곳에 군사 10만 명을 대기시켜 두었소. 그러니 문제가 생겨도 육손이 감히 쫓아오지는 못할 것이오."

마량을 서둘러 돌려보낸 후 공명은 급히 성도로 돌아와 군사와 군량을 모으기 시작했다.

이때 육손은 군사들에게 마른 풀과 갈대에 염초와 유황을 넣게 한 뒤 불로 유비의 주둔지를 공격하게 했다. 세찬 바람이 불면서 유비 진영은 삽시간에 불길이 옮겨붙기 시작했다.

불길은 점점 거세졌고, 군사들은 불길 속에서 살아남기 위해 필사적으로 달아났다. 그러나 불길을 피해 달아나던 유비군을 기다린 것은 동오군의 창과 검이었다. 유비는 졸지에 수많은 부하를 잃고 달아나다가 장포의 도움으로 겨우 위기를 벗어났다.

다음 날에도 동오군은 화공으로 유비 진영을 공격했다. 이번엔 장포와 관흥의 도움으로도 포위망을 뚫지 못했다. 결국 조운이 나서서 유비를 구하고 동오의 군사들을 물리쳤다. 그러나 유비는 이 전투에서 많은 장수와 군사를 잃고 큰 타격을 입었다.

한편 동오에 있던 손부인은 유비가 효정 전투에서 크게 패한 후 전사했다는 소식을 듣고 절망했다. 그 소식은 잘못된 것이었지만 그녀는 사실로 받아들였고, 결국 강물에 몸을 던져 자살했다.

유비의 75만 대군을 격파한 동오군의 사기는 하늘을 찔렀다. 육손은 백제성으로 달아난 유비를 잡으러 군사를 이끌고 추격에 나섰다. 그러나 어복포에 이르렀을 때였다. 백제성으로 가려면 반드시 이곳을 지나야 하는데 근처로 갈수록 이상한 살기가 느껴졌다. 촉나라 군사들이 매복해 있을 것을 염려한 육손은 진군을 멈추었다. 육손은 정찰대를 보내 정탐하게 했다.

"돌무더기로 쌓아 만든 진이 있고, 촉군의 매복은 없습니다."

육손은 이상하게 생각하여 두 번째 정찰대를 보냈으나 그들도 똑같은 보고를 했다. 이에 육손은 직접 20여 명의 군사를 이끌고 살펴보기로 했다. 과연 정찰대의 말처럼 그곳엔 돌무더기로 쌓아 만든 진이 있고, 사방에 여덟 개의 문이 있었다. 육손은 부하들을 보내 부근에 사는 노인을 데려오게 했다.

"노인장, 이곳에 쌓아 놓은 돌들은 언제부터 이곳에 있었는지 아시오?"

"예. 수년 전에 제갈량이라는 분이 한중으로 들어가면서 군사를 동원하여 몇 달에 걸쳐 쌓아 놓은 것입니다. 그 이후 강물이 이상하게 흐르기도 하고 돌풍이 불기도 해서 아무도 이 근처에 오지 않습니다."

"저건 제갈량이 사람을 속이려는 수작에 불과하다."

육손은 그제야 웃으며 공명이 펼쳐 놓은 진 안으로 들어갔다. 이 곳저곳을 살펴보던 육손은 깜짝 놀랐다. 갑자기 거센 바람이 불어와 돌과 모래가 사방으로 어지럽게 날아다녔다. 육손은 당황하여 급히 진을 빠져나오려고 하는데 어디가 하늘이고 땅인지 구분이 되지 않았다. 괴상한 돌들이 높이 솟아 마치 칼날을 세워 놓은 듯 서 있고, 모래와 흙이 산처럼 첩첩이 쌓여 방향을 구분할 수 없었다.

"내가 제갈량의 계책에 걸렸구나."

육손이 당황하여 어찌할 줄을 모르고 있을 때 한 노인이 나타나 진에서 탈출하게 해 주었다. 육손은 노인에게 예를 다하여 고맙다고 인사했다.

"노인장의 성함은 어떻게 되십니까?"

"저는 공명의 장인 황승언입니다. 사위가 서천으로 갈 때 이곳에 팔진도를 펼쳐 놓았는데 훗날 동오의 장군이 진에 갇히게 될 것이라고 말했지요. 사위가 절대 도와주지 말라고 당부했지만 차마 곤경에 처한 장군을 모른 척할 수 없어서 도와준 것입니다."

육손은 공명의 가늠할 수 없는 능력에 두려움을 느꼈다. 그는 깊이 탄식하며 군대를 철수시켰다.

한편 효정 전투에서 크게 패한 유비는 백제성에 머물렀다. 조운은 성을 지키며 유비를 호위했다. 이때 마량은 공명에게 다녀왔으나 이미 때는 늦었다. 마량은 공명의 말을 전하고 편지를 바쳤다. 유비는 편지를 읽고 탄식했다.

"내가 진작 승상의 말을 들었다면 이렇게 크게 패하지는 않았을 것이다. 이제 무슨 낯으로 돌아가 성도의 신하들 얼굴을 본단 말인가?"

상심한 유비는 병으로 몸져누운 채 관우와 장비 두 아우의 죽음을 생각하며 슬픔에 잠겨 지냈다. 유비는 노쇠한 탓인지 약을 써도 낫지 않고 병세가 갈수록 깊어졌다. 유비는 자신의 살날이 얼마 남지 않았다는 것을 예감했다. 그는 훗날을 부탁하기 위해 성도에 있던 공명을 불렀다. 공명은 유비의 두 아들 유영과 유리를 데리고 백제성으로 갔다. 태자 유선은 성도를 지켰다. 공명이 도착하자 유비는 그의 손을 잡으며 말했다.

"나는 승상을 얻어 나라를 세우는 큰일을 이루었소. 그대의 뛰어난 재주로 부디 나라를 평안케 해 주시오. 내 아들 유선이 천하를 다스릴 만한 재목이거든 도와주고, 그렇지 못하면 그대가 촉의 주인이 되어 대업을 이루어 주시오."

공명은 유비가 뜻밖의 말을 하자 황송하기 그지없어 엎드려 울었다.

"신은 폐하의 한없는 은혜를 입어 오늘에 이르렀사온데 어찌 충성을 다하여 보좌하지 않겠습니까?"

공명이 머리를 바닥에 찧고 울면서 말하니 이마에 피가 흥건했다. 유비는 자신의 두 아들 유영과 유리를 불러 당부했다.

"너희는 내 말을 명심해라. 내가 죽은 뒤 너희 형제 세 사람은 아버지를 섬기듯이 승상을 섬겨야 한다."

유비는 이번엔 조운을 불러 당부했다.

"장군과 나는 오늘날까지 온갖 고생과 어려움을 함께 극복해 왔는데 어느덧 이별할 때가 되었구나. 부디 나와 생사를 함께해 왔던 지난날을 잊지 말고, 내 자식들을 잘 보살펴 주기 바란다."

조자룡이 울며 절했다.

"제 목숨을 다하여 충성하겠습니다."

유비는 모든 신하에게 부탁을 마친 후 숨을 거두었다. 이때 그의 나이 63세였다.

유비는 관우 장비와 더불어 의형제를 맺은 후 함께 천하를 주유했다. 그러나 천하통일의 대업을 끝내 이루지 못한 채 세상을 떠났다.

태자 유선이 유비를 이어 촉의 황제가 되었다. 이때 유선의 나이 17세였다. 유선은 장비의 딸을 황후로 맞이하였다.

유비가 세상을 떠났다는 소식을 듣고 조비는 촉한으로 쳐들어갈 계획을 세웠다. 그러자 가후가 촉한에는 공명이 있으니 함부로 군사를 일으키지 않는 것이 좋다는 의견을 냈다. 그러나 사마의는 지금 이야말로 촉한을 무너뜨릴 기회라고 주장했다. 이에 조비가 사마의에게 물었다.

"좋은 계책이라도 있는가?"

"5로 대군을 일으켜 사방에서 공격하면 천하의 제갈량도 막아 내지 못할 것입니다."

"5로 대군이 무엇이오? 자세히 말해 보시오."

"50만의 대군을 동원하여 다섯 방면에서 촉한을 공격하는 것을 말합니다. 요동 선비국의 국왕 가비능에게 군사 10만을 일으켜 서령관을 치게 하고, 남만의 맹획에게 10만 군사를 일으켜 서천을 치게 하고, 동오의 손권에게 10만 군사를 이끌고 부성을 공격하게 하고, 상용의 맹달에게 군사 10만으로 한중을 공격하게 하십시오. 그리고 조진 장군에게 군사 10만을 주어 서촉을 공격하게 하십시오. 제아무리 제갈량의 재주가 뛰어나도 이렇게 다섯 방면에서 동시에 공격하면 혼자 막아 낼 수가 없을 것입니다."

조비는 사마의의 계책에 따라 다섯 방향에서 동시에 촉한을 공격했다. 강족의 가비능, 남만의 맹획, 동오의 손권, 항복한 장수 맹달 등에게 일제히 촉을 공격하게 하고, 대장군 조진이 10만 대군을 이끌고 양평관으로 진격하는 계책이었다.

위나라의 대규모 공격에 놀란 유선은 공명에게 대책을 물었다. 공명은 이미 대책을 세워 놓은 듯 담담하게 말했다.

"걱정하지 마십시오. 마초 장군이 서촉 출신으로 강족과 친하니 서령관을 막게 하고, 남만의 맹획은 의심이 많고 겁이 많으니 위연 장군에게 맡기면 되고, 맹달은 그와 친한 이엄 장군에게 맡기고, 양평관으로 쳐들어오는 조진은 조자룡 장군에게 맡기면 됩니다."

"실로 놀라운 용병술이오."

유선은 감탄하며 얼굴에 화색이 돌았다. 공명은 다시 말을 이었다.

"다만 동오의 군사가 문제입니다. 그래서 사람을 보내 손권이 군사를 거두도록 설득할 작정입니다. 다만 아직 손권을 설득할 적임자를 구하지 못했습니다.”

공명의 말에 유선은 마음을 놓고 밝은 표정으로 승상부를 나왔다. 그러자 문무백관이 모두 의아하게 생각하는데 오직 한 사람만이 공명의 계략을 읽고 빙그레 웃었다. 그는 호부상서 등지였다.

공명은 등지를 불러 극진히 대접하고 손권을 설득할 것을 부탁했다. 이에 등지는 동오로 떠났다.

86

공명의 남정

한편 손권은 큰 공을 세운 육손을 보국장군 강릉후 겸 형주 자사에 임명했다. 동오의 군권은 이제 그의 손으로 넘어갔다. 이때 조비는 동오로 사자를 보내 촉한을 함께 쳐서 그 땅을 반씩 나누어 갖자고 제안했다. 이에 손권은 육손에게 의견을 물었다. 육손은 조비의 제안을 받아들이는 척하고 가비능과 맹획, 맹달과 조진의 군대가 움직이는 것을 살핀 후 결정하자고 대답했다.

손권은 육손의 의견에 따라 다른 군대의 동정을 살피게 했다. 그런데 서평관으로 갔던 가비능은 마초를 만나자 싸우지도 않고 되돌아갔고, 맹획도 위연의 계략에 넘어가 물러서고 말았다는 소식이 들어왔다. 또한, 맹달은 출전했다가 도중에 병을 얻어 되돌아갔고, 조진도 조운의 수비에 막혀 제대로 싸워 보지도 못한 채 돌아갔다는 것이었다. 손권은 새삼 육손의 지혜에 감탄하며 안도의 숨을 내쉬었다.

"내가 경솔하게 군사를 일으켰다면 촉한의 원한만 살 뻔했구나."

이때 공명이 사자로 보낸 등지가 동오에 도착했다. 장소가 손권에게 권했다.

"제갈량이 우리에게 군사를 일으키지 말도록 설득하러 보낸 것이니, 먼저 사자의 기부터 죽이는 것이 좋겠습니다."

손권은 장소의 의견에 따라 큰 가마솥에 기름을 가득 부은 다음 불을 지펴 끓였다. 또한, 군사들을 무장시켜 궁전 문에서 대전까지 늘어서게 했다.

등지는 이 광경을 보고도 전혀 위축되지 않았다. 오히려 그의 입가에는 미소가 번졌다. 등지는 손권 앞에 나아가 허리를 굽혀 인사를 했을 뿐 절을 하지 않았다. 이에 화가 난 손권이 꾸짖었다.

"너는 왜 절을 하지 않느냐?"

등지가 대답했다.

"황제의 사신은 원래 조그만 나라의 주인에게 절을 하지 않는 법입니다."

등지의 대답에 손권은 더욱 분노가 치밀어 군사들에게 명했다.

"당장 저놈을 가마솥에 집어넣어라!"

그러자 등지가 말했다.

"나 같은 평범한 유생 때문에 이 야단법석을 떠십니까? 저는 오나라에 이득이 될 내용을 가지고 찾아왔는데 오왕께서는 어찌 이리도

도량이 좁다는 말씀이오."

등지가 당당하게 논리적으로 항변하자 손권은 문득 부끄러움을 느꼈다. 군사들을 물러가게 한 손권은 등지에게 자리를 권했다.

"우리에게 어떤 이득이 될 내용을 가져왔소? 말씀해 보시오."

"대왕께서는 당대의 영웅이며, 제갈량 또한 이 시대의 영걸입니다. 만약 동오와 촉한이 이와 입술 사이가 되어 서로 힘을 합치면 능히 천하를 도모할 수 있습니다. 그러나 위나라에 머리를 숙여 신하가 된다면 대왕을 조정으로 불러들일 것이며, 태자를 환관으로 삼아 볼모로 붙잡을 것입니다. 만약 위나라에 굴복하지 않으면 조비는 동오를 칠 것입니다. 그렇게 되면 우리도 위와 손잡고 동오를 치게 될 것입니다. 만약 그렇게 된다면 대왕은 영원히 동오를 잃게 될 것입니다. 제 말에 조금이라도 잘못된 점이 있다면 저를 죽이십시오."

이에 손권이 대답했다.

"나의 뜻은 이미 정해졌소이다. 동오는 촉한과 동맹을 맺고자 하니 그대는 의심하지 마시오."

손권은 잔치를 베풀어 등지를 극진히 대접했다. 또한, 등지가 돌아갈 때 장온을 함께 보내 촉한의 황제 유선에게 자신의 뜻을 전하게 했다. 이렇게 해서 두 나라는 동맹을 맺게 되었다.

한편, 촉과 오가 동맹을 맺은 사실을 알게 된 조비는 크게 노했다.

"동오와 촉한이 손을 잡았다면 이는 분명 우리를 치려는 뜻이니 우리가 먼저 그들을 칠 것이다."

조비는 조진을 선봉으로 삼아 수군과 육군 30만 명을 이끌고 오나라 공격에 나섰다. 그러나 동오의 서성, 정봉, 손소 등 장수들이 일제히 기습을 감행하고, 촉한의 조운까지 양평관을 거쳐 장안으로 진격하자 조비는 당해 낼 수 없었다.

결국, 조비는 패하여 큰 피해만 보고 허도로 철수해야만 했다. 이 전투에서 위나라의 명장 장료가 위험에 처한 조비를 구하다가 정봉이 쏜 화살에 맞아 목숨을 잃었다. 조비는 조조 때부터 충성을 다하던 명장 장료를 잃은 것이 무엇보다 뼈아팠다.

손권이 조비의 30만 대군을 물리친 후 한동안 세 나라 사이에는 평화로운 나날이 이어졌다. 특히 촉한은 공명이 유선을 보좌하여 오로지 국력을 키우는 데 힘을 쏟은 결과 날이 갈수록 부강해졌다.

그러던 어느 날, 남만의 왕 맹획이 건녕 태수 옹개, 원중 태수 고정, 장가 태수 주포 등과 함께 10만 대군을 이끌고 촉한을 공격한다는 급보가 날아들었다.

공명은 50만 대군을 일으켜 조운과 위연을 선봉으로 삼고, 마대, 마속, 왕평, 장익 등의 장수와 함께 남만을 정벌하기 위해 나섰다.

이때 옹개도 공명이 몸소 50만 대군을 이끌고 온다는 소식을 듣고, 고정과 주포와 함께 5~6만의 군사를 일으켜 맞섰다. 고정의 선봉은 악환이라는 장수였는데 익주의 경계에서 위연과 마주쳤다. 위연은 장익과 왕평과 협공해 악환을 사로잡은 후 공명에게 데려갔다. 공명은 악환에게 술과 음식을 대접하며 말했다.

"원중 태수 고정은 충의가 깊은 사람이니 그대는 돌아가서 항복을 권하도록 하라."

공명이 돌려보내자 악환은 고정에게 돌아가 공명의 말을 전하며 항복을 권했다. 고정은 공명이 자신을 충의로운 사람이라고 칭찬하며 악환을 풀어 준 것을 보고 마음속으로 감격했다. 고정은 일찌감치 항복하여, 옹개와 주포를 죽이는 등 공명에게 적극 협조했다. 이에 공명은 고정을 건녕, 월준, 장가 세 고을의 태수로 임명했다.

이때 마속이 황제 유선이 내린 술과 비단을 가져왔다. 마속은 공명에게 남만 사람들의 마음을 복종시키는 것이 중요하다고 조언했다. 이는 공명의 생각과도 일치했다. 공명은 마속을 부장으로 삼아 계속 진군했다.

마침내 공명은 영창에 이르러 맹획과 대치했다. 맹획은 머리에 보석을 박은 관을 쓰고, 몸에는 여러 가닥의 실이 장식으로 달린 붉은 색 옷을 입고, 허리에는 사자 모양을 새긴 옥대를 찼다. 또 그는 보검을 두 자루 차고, 독수리 주둥이 모양의 가죽신을 신고, 적토마를 타고 있었다.

맹획은 금환삼결, 동도나, 아회남 등 삼동의 원수들로 하여금 세 방향으로 공명을 공격하게 했다. 그러나 금환삼결은 조운의 칼날에 목이 달아났고, 동도나와 아회남은 매복해 있던 촉한군의 기습을 받고 패하여 사로잡혔다. 공명은 그들의 결박을 풀어 주고 술과 음식을 대접한 후 다시는 변방을 노략질하지 말라고 타일러 돌려보냈다.

그 소식을 들은 맹획은 화가 나서 군사를 이끌고 가다가 마주 오는 왕평과 마주쳤다. 맹획은 왕평의 부대를 살핀 후 휘하 장수들에게 말했다.

"모두들 제갈량이 용병술에 뛰어나다고 하더니 오늘 보니 별거 아니구나. 누가 가서 촉한의 장수를 잡아 오겠느냐?"

그러자 망아장이란 장수가 말을 몰아 왕평을 향해 달려갔다. 왕평은 망아장을 맞아 몇 차례 공격을 주고받은 뒤 달아났다. 그러자 촉한군을 얕보고 있던 맹획이 큰 소리로 외쳤다.

"당장 저들을 모두 쓸어 버려라!"

맹획의 명이 떨어지자 남만의 군사들은 일제히 촉한군을 향해 달려들었다. 이에 촉한군은 겁을 먹은 듯 싸우지도 않고 달아났다. 이에 자신감을 얻은 맹획은 군사를 몰아 추격하기 시작했다. 그런데 갑자기 장의와 장익이 나타나 맹획의 퇴로를 끊었고, 달아나던 왕평도 돌아와 협공을 가했다. 여기에 조운까지 나타나 공격에 가담하자 맹획은 당해 내지 못하고 패했다. 겨우 목숨을 건져 달아나던 맹획은 매복해 있던 위연에게 사로잡혔다. 공명은 맹획의 부하들을 풀어 주고 술과 음식을 대접한 후 곡식까지 주어 돌려보낸 후 맹획을 불러 엄하게 꾸짖었다.

"맹획. 선제(유비)께서 너에게 많은 은혜를 베푸셨건만 너는 어찌 촉한을 공격한 것이냐?"

"이곳은 원래 나의 땅이다. 군사를 이끌고 침범한 것은 너희가 아니냐? 그런데 어떻게 나를 나무라는가?"

"그럼 나에게 붙잡혔으니 항복할 텐가?"

"산길이 험하고 좁아 사로잡혔을 뿐이다. 그런데 어찌 항복할 수 있겠느냐?"

맹획은 분하다는 듯 숨을 거칠게 내쉬며, 공명을 노려보았다. 이에 공명은 빙긋이 웃으며 말했다.

"너를 풀어 주면 진심으로 항복하겠느냐?"

"나를 풀어 주면 다시 군사를 정비하여 다시 싸울 것이다."

"그러다 다시 포로로 잡히면 어쩔 텐가?"

"만약 그렇게 된다면 그때는 항복할 것이다."

공명은 웃으며 맹획의 결박을 풀어 준 뒤 술과 음식을 대접한 후 돌려보냈다. 맹획이 돌아간 후 장수들이 걱정스럽게 말했다.

"승상. 맹획은 무서운 장수입니다. 어쩌자고 돌려보내셨습니까?"

"맹획을 붙잡는 일은 식은 죽 먹기처럼 쉬운 일이니 걱정하지 마시오. 그가 진심으로 굴복해야 비로소 이 땅을 평정할 수 있소. 그러니 나를 믿고 그때를 기다려 주시오."

맹획은 다시 여러 추장을 소집하여 병력을 수습한 뒤, 노수 남쪽에 토성을 쌓아 성루를 높이고 공명과 맞서려 했다. 노수는 물살이 세서 사람의 접근이 어려웠다. 성루 위에 궁노수와 무기로 쓸 바위까지 잔뜩 준비한 맹획은 촉한군의 공격을 막을 만반의 태세를 갖췄다. 이에 안심한 맹획은 술을 마시며 여유를 부렸다.

공명은 마대를 보내 비밀리에 노수를 건너 남만의 군량미 보급을 끊어 버리게 했다. 그 사실을 알게 된 맹획은 화들짝 놀라며 망아장에게 군사 3천 명을 주어 촉한군을 막게 했다. 그러나 망아장은 오히려 마대의 칼에 목숨을 잃고 말았다. 그러자 맹획은 다시 동도나에게 군사 3천 명을 주어 마대를 공격하게 했다.

동도나를 본 마대는 큰 소리로 꾸짖었다.

"네놈은 의리도 없고 은혜도 모르느냐? 우리 승상께서 너를 살려 주셨는데 다시 배반하다니, 부하들 보기에 부끄럽지 않으냐?"

마대의 꾸짖음에 스스로 부끄러움을 느낀 동도나는 싸우지 않고 물러갔다. 그 사실을 알게 된 맹획은 화가 나서 동도나에게 곤장 100대를 쳐서 벌을 주었다. 그러자 동도나는 아회남과 함께 다른 추장들과 모의하여 술에 취해 잠든 맹획을 사로잡아 공명에게 바쳤다. 이에 공명은 아회남 등 추장들에게 많은 상을 주고 위로하여 돌려보낸 후 포박당한 맹획을 향해 물었다.

"네가 지난번에 다시 붙잡히는 날에는 항복하겠다고 했으니 이제 약속을 지키겠느냐?"

"내가 잡힌 것은 싸워서가 아니고, 부하들이 배반했기 때문이다. 그런데 어찌 너에게 굴복할 수 있겠느냐."

"그럼 이번에 다시 너를 돌려보내 주면 어쩔 테냐?"

"내가 비록 남만 사람이지만 병법을 알고 있다. 다시 돌아갈 수 있다면 군사를 거느리고 와서 다시 승부를 낼 것이다. 그러고도 붙잡히면 그때는 두말없이 승복하겠다."

그러자 공명은 이번에도 맹획에게 술과 음식을 대접하며 좋은 말로 타이른 뒤 풀어 주었다.

87

칠종칠금

맹획은 자신의 진영으로 돌아오자마자 심복들을 시켜 동도나와 아회남을 죽이고, 동생 맹우와 함께 공명에게 대적하고자 했다. 맹획은 맹우에게 예물을 주어 군사 100명과 함께 공명의 진영으로 가서 예물을 바치게 했다. 맹우가 공명의 진영에 머무르며 안에서 소란을 일으키면 맹획 자신이 기습할 계획이었다. 하지만 공명과 마속은 이미 맹획의 계획을 간파하고 맹우와 그가 데리고 온 100명의 군사들에게 약을 탄 술을 마시게 했다. 그들은 이내 잠에 깊이 빠져들었다.

맹획은 맹우와 약속한 대로 그날 밤 야습을 감행했다. 하지만 제갈량이 머물던 막사는 텅 비어 있었고, 맹우와 그의 부하들만 술에 취해 쓰러져 있었다. 그제야 맹획은 자신이 제갈량의 계책에 오히려 당한 것을 알았다.

맹획은 촉한 군사들의 공격을 받고 노수를 향해 달아나 배에 오르는 순간 포박당하고 말았다. 마대의 군사들이 맹획의 부하들로 위장하여 배를 띄우고 기다리고 있었던 것이었다. 맹획이 포박된 채 끌려오자 공명이 다시 물었다.

"그대가 나를 속이고 기습하려 했지만, 그런 얕은 수작으로 나를 속일 수 없다. 어떤가? 이번엔 진실로 항복하겠는가?"

"아우가 술에 약 탄 것을 모르고 마셔 일을 그르쳤다. 내가 싸워서 진 것도 아닌데 어찌 항복하겠느냐?"

항복을 권하는 공명에게 맹획은 다시 한 번 결전에 임하겠다며 우겨 댔다. 그러자 공명은 이번에도 조건 없이 맹획을 놓아주었다. 세 번이나 공명에게 사로잡혔다가 풀려난 맹획은 고마워하기는커녕 분통을 터뜨렸다.

맹획은 은갱동으로 가서 보물을 가지고 남만 고을을 돌며 수십만의 병력을 모았다. 그리고 다시 촉한에 싸움을 걸었다. 그러나 공명은 싸우지 않고 지키고만 있었다. 그렇게 며칠이 흐르자, 남만 군사들의 기세는 흐트러졌고, 공명은 장수들에게 계책을 일러 주었다.

맹획은 다시 촉한의 주둔지를 공격했다. 그러나 그곳엔 군사들의 식량과 말의 먹이를 실은 수레만 수백 대가 버려져 있었고, 촉한군의 모습은 어디에도 보이지 않았다.

맹획은 촉한군이 갑자기 사라진 것을 이상하게 여기며 황급히 말을 몰아 추격에 나섰다. 맹획이 추격대를 이끌고 서이하 강변에 이르러 살펴보니 촉한군이 북쪽 언덕에 진을 치는 게 보였다. 맹획은 강을 건너기 위해 대나무를 베서 뗏목을 만들게 했다. 그런데 밤이 되자 갑자기 사방에 불이 훤하게 밝혀지며 촉한의 군사들이 쏟아져 나왔다. 기습을 당한 남만 군사들은 제대로 맞서지 못하고 본채로 도망쳤다. 그런데 본채에 도착하자 숨 돌릴 사이도 없이 한 떼의 군사들이 쏟아져 나오는데 조운이 거느린 군대였다. 맹획이 강을 건너기 위해 뗏목을 만드는 사이 어느새 조운이 본채를 차지한 것이다. 맹획은 놀라서 숲속으로 달아나는데 뜻밖에도 수레에 앉아 있는 공명과 마주쳤다. 맹획은 공명을 사로잡을 좋은 기회로 여겨 달려들었다. 하지만 그것은 착각이었다. 맹획은 공명이 미리 파 놓은 구덩이 속에 굴러떨어져 또다시 사로잡히고 말았다.

맹획이 결박당한 채 끌려오자 공명은 전과 달리 이번엔 얼굴에 노기를 띄었다.

"네가 아직도 할 말이 있느냐?"

그러자 맹획은 이번에도 태연하게 공명의 말을 받았다.

"이번엔 속임수에 당한 것이니 항복할 수 없다."

이에 제갈량은 군사들을 향해 명했다.

"당장 저놈을 끌고 가서 처형해라!"

맹획은 깜짝놀라서 다급하게 소리쳤다.

"잠깐, 기다려 주시오! 한 번만 더 기회를 준다면 반드시 네 번의 패배를 설욕하겠소."

"좋다! 한 번 더 기회를 주겠다. 마음껏 싸워 후회가 없도록 하라!"

공명은 이번에도 맹획과 부하들을 위로하고 풀어 주었다. 남만의 장수와 군사들은 공명의 관대한 처분에 모두 감동하여 돌아갔다. 하지만 맹획은 여전히 복종하지 않았다. 맹획과 맹우는 여러 차례 공명에게 패하자 분통을 터뜨렸다.

"형님, 우리가 번번이 패하기만 하니 저들과 맞붙어 싸워서는 승산이 없습니다. 차라리 시원한 곳으로 물러가 피하고 나오지 않으면 저들은 더위에 지쳐 저절로 물러가게 될 것입니다."

"우리가 머무를 만한 곳이 있겠느냐?"

"여기서 서남쪽으로 가면 산천으로 둘러싸인 곳이 하나 있는데 그곳 이름이 독룡동이요. 그곳의 동주 타사대왕은 저와 매우 절친한 사이니 그리로 갑시다."

이에 맹획은 타사대왕에게 맹우를 보내 도움을 요청했다. 그러자 타사대왕은 흔쾌히 승낙하고 군사를 거느리고 와서 맹획을 영접했다. 맹획은 독룡동에 들어가서 인사를 마치자 그동안 있었던 일을 설명했다. 그러자 타사대왕이 위로했다.

"대왕은 안심하십시오. 이곳으로 오는 길은 두 곳이 있는데 한 곳은 평탄하지만 한 곳은 사람이 다닐 수 없을 만큼 험합니다. 그곳엔 독사와 전갈이 우글거리고, 안개와 같은 독기가 서려 있어 물조차 마실 수 없습니다. 우리가 돌무더기로 평탄한 길을 막으면 적은 험한 길을 선택할 수밖에 없으니 백만 대군이 와도 살아 돌아갈 수 없습니다."

맹획은 그 말을 듣고 매우 기뻐하며 날마다 맹우와 타사대왕과 함께 잔치를 열어 술만 마셨다.

한편, 독룡동으로 향하던 공명은 척후병을 보내 지형을 살펴보고 오게 했다. 한참 후 그가 돌아와서 보고했다.

"맹획이 독룡동에 틀어박혀 나오지 않고 있습니다. 길이 두 곳이 있는 데 한 곳은 돌무더기와 나무로 막혀 있고, 남만의 군사들이 매복해 있습니다. 다른 길은 산이 험하고 고개는 높아서 도저히 앞으로 나아가기 힘이 듭니다."

그러자 장완이 말했다.

"맹획은 네 번이나 우리에게 사로잡혀 정신이 없을 것입니다. 더구나 날씨가 불처럼 뜨거워서 군사들과 말들이 지칠 대로 지쳤습니다. 이런 상황에서 적을 쳐부숴도 아무 소용이 없습니다. 차라리 군사들을 돌려 성도로 돌아가는 것이 어떻습니까?"

"그것은 곧 맹획의 계책에 걸려드는 것이다. 우리가 후퇴하면 저들은 즉시 우리 뒤를 칠 것이다. 여기까지 와서 어찌 이대로 돌아가겠는가?"

공명은 왕평에게 군사 수백 명을 주어 앞서 보내 길을 내게 하고, 항복한 남만 군사를 길잡이로 삼아 진군했다. 왕평의 군사들은 도중에 샘물을 마셨는데 갑자기 말을 하지 못하게 되었다. 공명이 와서 샘물을 살펴보니 물이 맑은데 그 깊이를 헤아릴 수 없어 섬뜩한 기분이 들었다. 그 물속에 어떤 독이 있다는 것을 짐작했기 때문이다.

공명은 주변의 땅을 살피기 위해 높은 언덕에 올랐는데 그곳에서 오래된 사당을 하나 발견했다. 오래전 한나라의 복파장군 마원이 남만 평정을 위해 왔었는데, 그 고장 사람들이 마원 장군을 기리며 지어놓은 사당이었다.

공명이 그 사당에 가서 절을 하며 기도하고 나오자, 맞은편 산에서 한 노인이 내려왔다. 공명은 군사들이 샘물을 마시고 중독된 사정을 말했다.

"혹시 노인장은 그 샘물에 대해서 아시는 것이 있습니까?"

"군사들이 마신 물은 아천이며 그 물을 마시면 말을 못 하다가 며칠 내로 죽게 됩니다. 그 외 샘물이 세 곳 더 있는데 각각 유천, 흑천, 멸천이라고 부르는 곳이지요. 유천의 물을 마시면 몸이 물렁물렁해져서 죽고, 흑천의 물은 몸에 닿기만 해도 손발이 검게 변해서 죽게 됩니다. 멸천의 물은 물속에 들어간 사람의 살이 모두 빠지고 뼈만 남게 됩니다. 이 네 곳의 샘에는 항상 독이 모여 있고 일단 중독되면 약으로 고칠 수 없습니다. 또한, 독한 안개가 일어나는 데 그 안개에 몸이 노출되기만 해도 죽게 됩니다."

노인의 말을 들은 공명은 모골이 송연해짐을 느꼈다.

"그렇다면 남만을 평정할 수 없겠군요. 저들을 평정하지 못하면 어떻게 위와 동오를 무찌르고 다시 한나라 황실을 일으킬 수 있겠습니까? 그 사명을 감당하지 못한다면 차라리 죽느니만 못합니다."

"승상은 근심하지 마십시오. 제가 방법을 알려 드리겠습니다."

공명은 표정이 밝아지며 노인에게 공손히 물었다.

"노인장께서 부디 가르침을 주십시오."

"저쪽 산골짜기를 따라가다 보면 만안계라는 계곡이 나옵니다. 그 위에 한 선비가 사는데 사람들이 그를 만안은자라고 부르지요. 그분이 거처하는 암자 뒤뜰에 안락천이라는 샘이 있습니다. 그 샘물은 독을 해독하는 효능이 있으며, 암자의 앞뜰에는 해엽운향이라는 약초가 있지요. 그 약초잎 하나를 따서 입에 머금으면 독기가 침범하지 못하니 어서 가서 구하십시오."

노인은 말을 마치고 사당 안으로 이내 사라졌다. 공명은 놀랍고도 신기해서 사당에 두 번 절하고 내려와 자신의 진영으로 돌아왔다.

이튿날, 공명은 향과 예물을 준비해서 왕평과 독에 중독된 군사들을 거느리고 만안계로 향했다. 계곡에 도착하자 노인이 알려 준 대로 암자가 하나 나왔다. 공명이 문을 두드리자 동자 하나가 나와 공명을 만안은자에게 안내했다. 공명으로부터 그간의 사정을 듣자 만안은자는 샘물과 풀이 있는 곳으로 안내했고, 공명은 군사들을 치료할 수 있었다. 또한, 약초를 마음껏 따서 가져가게 했다. 공명이 고마움을 전하고 만안은자의 이름을 물었다.

"나는 맹획의 형 맹절이라고 합니다. 두 동생 맹획과 맹우의 성미가 거칠고 악해서 형으로서 가르치고 이끌며 올바른 마음으로 살기를 바랐습니다. 그러나 동생들이 듣지 않아서 나는 이름을 버리고 이곳에 은거했던 것입니다."

공명은 탄식하며 맹절에게 제안했다.

"내 황제께 말씀 드려서 귀공을 남만왕에 삼고자 하는데 어떠시오."

"부귀영화가 싫어서 이곳에 숨어 사는 몸, 어찌 다시 부귀를 탐하겠소?"

공명은 가져온 예물을 선물했으나 맹절은 극구 사양하며 받지 않았다. 공명은 작별 인사를 나누고 암자를 떠났다.

타사대왕과 맹획은 촉한의 군사들이 독에 중독되지 않고 독룡동 근처까지 와서 진을 치자 매우 놀랐다. 맹획이 타사대왕과 함께 전투 준비를 마치고 막 출정하려고 할 때, 마침 은야동의 동주인 양봉이 3만 명의 부하들을 이끌고 그들을 돕기 위해 찾아왔다. 타사대왕과 맹획은 기뻐하며 잔치를 열어 양봉을 대접했다. 하지만 양봉은 맹획과 맹우, 타사대왕이 술에 취한 틈을 타서 사로잡아 공명에게 바쳤다. 공명이 맹획에게 물었다.

"어떠냐? 이번에는 항복하겠느냐?"

"나는 너에게 붙잡힌 것이 아니라 내 동족에게 사로잡힌 것이다. 죽어도 항복할 수 없으니 죽이고 싶으면 어서 죽여라!"

"내 너를 이번에도 돌려보낼 테니, 군사를 정돈하여 다시 승부를 가리자."

"우리는 조상 대대로 은갱산 속에서 살아왔다. 네가 만약 나의 본거지에서 나를 사로잡는다면 그때는 진심으로 승복하겠다."

"좋다. 그때도 항복하지 않는다면 네 가족은 물론 친척까지 모두 무사하지 못할 것이다."

공명은 다짐을 받고 이번에도 맹획을 풀어 주었다.

맹획은 자신의 근거지인 은갱동으로 돌아온 후 팔납동 동주 목록대왕에게 구원을 요청했다. 목록대왕은 술법에 능통했고, 맹수와 독사, 전갈을 부리며, 휘하에 날랜 군사 3만 명을 거느렸다. 또한 맹획은 타사대왕에게는 삼강성으로 가서 지키게 했다.

한편, 공명은 조운과 위연을 보내 삼강성을 공격하게 했다. 그들이 성 아래 도착하자 성 위에서 화살이 빗발치듯이 날아왔다. 원래 동중 사람들은 활 솜씨가 뛰어난데 그들이 쏘는 화살촉에는 독이 묻어 있었다. 촉한군은 완강하게 저항하는 적을 당해 내지 못하고 물러났다.

이에 공명은 군사들을 독려하여 삼강성 앞에 토성을 쌓게 한 후 다시 전투를 벌였다. 이 전투에서 타사대왕은 죽음을 당했고, 남만 군사들은 모두 달아났다. 패잔병이 와서 맹획에게 보고했다.

"삼강성을 빼앗기고, 타사대왕은 돌아가셨습니다."

이번엔 다른 군사가 와서 보고했다.

"촉한군이 이미 강을 건너서, 이곳 은갱동 앞에 와서 진지를 구축하고 있습니다."

맹획이 당황해서 어쩔 줄을 모르는데 그의 아내인 축융부인이 출전을 자원했다.

"사내들이 어쩌면 하나같이 그토록 약해 빠졌소. 이번엔 내가 나가서 촉한군과 맞서 싸우겠소."

축융은 맹획의 아내인 동시에 용맹스러운 장수였다. 또한 비수를 던졌다 하면 백발백중하는 명수였다.

축융부인이 군사를 이끌고 나가자 촉한의 장수 장의가 맞섰다. 두 사람은 몇 차례 서로 공격을 주고받더니 축융부인이 말 머리를 돌려 달아났다. 이에 장의가 그 뒤를 쫓는데 갑자기 축융부인이 몸을 돌려 비수를 던졌다.

장의는 급히 팔을 들어 막다가 왼쪽 팔에 비수를 맞고, 말 아래로 굴러떨어졌다. 그러자 남만 군사들이 우르르 달려들어 장의를 포박해서 끌고 갔다. 그 모습을 본 마충[9]이 장의를 구하기 위해 달려갔다가 남만 군사들이 설치한 줄에 말의 다리가 걸려 쓰러지는 바람에 그 역시 사로잡히고 말았다.

장의와 마충을 사로잡은 맹획은 축융부인과 함께 잔치를 열어 승리를 자축했다.

한편, 공명은 패잔병으로부터 장의와 마충이 사로잡혔다는 보고를 받고, 조운과 마대, 위연을 불러 작전을 지시했다.

이튿날, 다시 전투에 나선 그녀는 조운과 맞서 싸웠다. 조운이 싸우다가 달아나자 복병을 염려한 축융부인은 추격하지 않고 돌아왔다. 이번에는 위연이 와서 축융부인과 맞서 싸웠는데 그 역시 몇 차례 공격을 주고받다가 달아났다. 이번에도 축융부인은 추격하지 않았다. 그러자 위연이 욕설을 퍼부었다. 이에 축융부인이 참지 못하고 공격해 오자 위연은 좁은 숲길로 달아났다. 축융부인은 그 뒤를 쫓다가 마대가 설치한 올가미에 말 다리가 걸리면서 사람과 말이 함께 쓰러졌다. 결국, 사로잡힌 축융부인은 자신이 사로잡았던 장의, 마충과 교환되는 신세가 됐다.

이때 목록대왕이 맹획을 돕기 위해 왔다. 그는 흰 코끼리를 타고 호랑이, 표범, 이리 등 맹수들을 거느렸다. 목록대왕이 주문을 외우자 갑자기 거센 바람이 일어나더니 돌과 모래가 하늘에서 쏟아져 내렸다. 동시에 맹수들이 촉한 군사들을 공격하기 시작했다. 조운과 위연은 맹수들의 공격을 당해 내지 못하고 삼강성 경계까지 물러났다.

보고를 받은 공명은 빙그레 미소를 지었다.

"전부터 남만에는 맹수를 부리는 술법이 있다고 들었소. 그래서 준비해 온 것이 있소."

공명은 군사들에게 붉은 기름을 먹인 궤짝을 실은 수레 열 대를 가져오게 했다. 궤짝을 열자 그 안에서 나무로 조각한 짐승들이 나왔다. 공명은 날랜 군사 천여 명을 뽑아 나무 짐승 100마리를 거느리게 하고, 그 짐승 속에다 유황과 화약을 장착시켰다.

88

맹획이 마침내 복종하다

이튿날, 목록대왕은 다시 한 번 맹수를 앞세워 촉한군의 진영으로 쳐들어갔다. 그런데 공명이 부채를 한 번 흔들자 바람의 방향이 남만 군사들을 향해 바뀌었다. 동시에 나무로 만든 사나운 짐승들이 나타나 입에서 시뻘건 불을 토하고 검은 연기를 내뿜으며 방울 소리를 요란하게 냈다.

그러자 목록대왕이 길들인 맹수들은 겁을 집어먹고 남만 병사들을 향하여 도망쳤다. 촉한 군사들은 이 기회를 놓치지 않고 일제히 달려들어 공격을 퍼부었다. 이 전투에서 목록대왕은 목숨을 잃었고, 맹획은 달아났다. 이렇게 하여 은갱동은 촉한의 군사들에게 점령당했다.

공명이 여세를 몰아 도망친 맹획을 추격하려고 할 때, 맹획의 처남인 대래동주가 맹획 일족을 사로잡아 바치러 왔다. 그러나 이상한 낌새를 눈치챈 공명은 대래동주와 그의 부하들을 결박하여 몸을 수색하게 했다. 과연 그들의 품에 무기가 숨겨져 있었다. 그들은 잔꾀로 공명을 속이려 했다가 들통이 난 것이다. 이렇게 해서 맹획은 여섯 번째 사로잡히게 되었다.

"너희들이 그런 잔꾀로 나를 속일 수 있을 것 같으냐? 네가 전에 너의 본거지에서 붙잡히면 항복하겠다고 했었다. 이번엔 약속을 지키겠느냐?"

"오늘은 우리 스스로 붙잡힌 것이나 마찬가지다. 내 어찌 항복할 수 있겠느냐?"

"너는 그동안 나에게 여섯 번이나 사로잡혔고, 나는 너를 여섯 번이나 살려 주었다. 언제까지 계속 저항할 테냐?"

"이 맹획이 남만을 대표하여 맹세하겠다. 내가 만약 한 번 더 패배하여 일곱 번째 사로잡힌다면 그때는 깨끗이 승복하겠다. 또한, 다시는 저항하지 않고 촉한을 섬기겠다."

"내가 지금 너의 본거지까지 차지했는데 더 무엇을 걱정하겠는가. 하지만 나 역시 분명히 밝혀 둔다. 너를 풀어 주는 것도 이번이 마지막이 될 것이다."

공명은 다짐을 받은 후 이번에도 맹획을 풀어 주었다.

맹획은 패잔병을 수습한 후 대래동주와 앞일을 의논했다. 대래동주는 오과국의 주인 올돌골을 찾아가 도움을 요청하라고 권했다.

"올돌골은 몸이 거구이며, 살아 있는 뱀과 사나운 짐승만 먹고 삽니다. 그의 몸은 강하고 두꺼운 비늘이 감싸고 있어서 칼과 화살로도 뚫지 못합니다. 그리고 그의 군사들은 등갑으로 무장하고 있어서 천하무적이라고 할 수 있지요. 등갑은 등나무를 반년 동안 기름에 담가 두었다가 햇빛에 말리기를 10여 차례 거듭하여 만든 것입니다. 그래서 등갑을 입은 군사들은 물에 들어가도 가라앉지 않고, 등갑은 칼이나 창, 화살로도 뚫지 못할 만큼 단단합니다."

맹획은 기뻐하며 오과국으로 가서 올돌골에게 도움을 요청했다. 올돌골은 쾌히 승낙하고, 사안과 해니를 부장으로 삼아 3만 명의 군사를 일으켰다. 올돌골의 군대는 도화수라 불리는 강에 이르러 진을 쳤다.

한편, 공명은 귀순한 남만의 군사를 시켜 맹획의 소식을 염탐하게 했다. 그러자 그 군사가 돌아와 보고했다.

"맹획이 오과국에 가서 등갑군 3만 명을 지원받아 현재 도화수 근처에 주둔하고 있습니다. 또한, 각처의 군사들을 모아 전투 태세를 갖추고 있습니다."

공명은 보고를 받고 즉시 군사를 움직여 도화수로 나아갔다. 도화수 건너편에 등갑군이 주둔한 모습이 보이자 공명은 위연에게 진지를 구축하고 지키게 했다.

이튿날, 올돌골의 명령에 따라 등갑군이 도화수를 건너 촉한군의 주둔지로 공격해 왔다. 위연은 궁수들로 하여금 등갑군을 향해 화살을 쏘게 했다. 그러나 촉한군이 쏜 화살은 등갑을 뚫지 못하고 땅에 떨어졌다. 3만의 등갑군은 마치 파도가 모래사장을 휩쓸 듯이 촉한군의 진영을 덮쳤다.

촉한군의 칼과 창은 등갑을 뚫을 수 없었고, 등갑군의 칼은 사정없이 촉한군의 몸을 찌르고 벴다. 순식간에 촉한의 군사들은 피를 흘리며 쓰러졌다. 두려움에 사로잡힌 촉한군은 하나둘 달아나기 시작했고, 전열은 삽시간에 무너졌다. 전투는 촉한군의 패배로 싱겁게 끝났다. 올돌골은 달아나는 촉한군을 뒤쫓지 않고 도화수를 건너 자신들의 주둔지로 돌아갔다.

위연은 패잔병을 수습하여 돌아와 공명에게 보고했다. 공명은 미소를 지으며 말했다.

"내일이면 저절로 남만을 평정하게 될 것이다."

공명은 조운을 불러 위연과 함께 영채를 지키게 하고 절대 나가서 싸우지 말라고 당부했다.

이튿날, 공명은 귀순한 남만 군사를 길잡이로 데리고 주변 지형을 이곳저곳 살펴보았다. 공명의 눈에 골짜기가 하나 보이는데 모양은 뱀 같고, 높이 솟은 봉우리는 깎아지른 절벽에 나무는 하나도 없고 그 사이로 큰 길이 하나 나 있었다. 공명이 길잡이에게 물었다.

"저 골짜기의 이름이 무엇이냐?"

"저곳은 반사곡이라고 합니다. 저 골짜기를 나가면 바로 삼강성으로 통하는 큰 길이 있습니다."

공명이 혼잣말로 중얼거렸다.

"하늘이 마침내 이곳에서 승리를 안겨 주시려 하는구나."

공명은 영채로 돌아가서 마대에게 검은 기름을 먹인 궤짝을 실은 수레 열 대를 가져오게 했다. 그리고 반사곡으로 가서 골짜기에 유황과 화약을 묻고 주변에 불에 잘 타는 말린 풀 더미를 쌓아 두게 했다. 공명은 등갑이 물에는 강하지만 불에는 약하다는 점을 간파하고 화공으로 공격하려는 것이었다. 마대는 공명이 시킨 일을 마치고, 반사곡 양쪽 숲에 군사를 매복시켰다.

공명은 조운에게 군사를 이끌고 반사곡 뒤쪽 삼강대로 보내 지키게 했다. 또한, 위연에게는 도화수 나루 근처에 있다가 올돌골의 군사들이 공격해 오면 싸우지 말고 달아나기를 열다섯 차례 하고, 주둔지를 일곱 번이나 내어 주라고 지시했다. 공명은 또 장익과 마충을 불러 항복한 남만 군사 1천 명을 거느리고 자신의 계책대로 움직이라고 지시했다.

이튿날, 올돌골의 군대가 다시 쳐들어오자 위연은 공명의 지시대로 싸우지 않고 달아나기만 했다. 이러기를 열다섯 차례나 하자 맹획과 올돌골은 기고만장[10]해했다. 이윽고 열여섯째 되는 날, 위연은 다시 반사곡 골짜기로 달아났다. 처음엔 복병을 두려워하여 쫓지 않았던 올돌골은 이번엔 반사곡을 거의 벗어날 때까지 쫓았다. 그런데 촉군은 어느새 모두 사라지고 검은 궤짝이 실린 수레만 놓여 있었다.

이때 갑자기 절벽 위에서 바위와 나무가 쏟아져 내리더니 이내 길이 막혀 버렸다. 곧이어 숲속에 매복했던 촉한군이 불화살을 쏘아 댔다. 풀 더미에 붙은 불은 순식간에 수레에 실린 검은 궤짝들에 옮겨붙으며 커다란 불길이 일어났다. 길이 막혀 달아나지 못한 등갑군의 몸에는 불이 옮겨붙어 반사곡 전체가 생지옥으로 변했다. 얼마 지나지 않아 올돌골과 3만 명의 등갑군은 화염에 휩싸여 모두 타 죽고 말았다. 그야말로 아비규환의 참혹한 광경이었다. 산 위에서 그 광경을 지켜보던 공명은 깊이 탄식하며 눈물을 흘렸다.

"내 비록 승리는 거두었지만 저렇게 많은 생명을 빼앗았으니 나도 오래 살지는 못할 것이다."

한편, 맹획은 영채에서 승리의 소식을 기다리는데 남만 군사 1천여 명이 와서 보고했다.

"오과국 군사들이 촉한군을 반사곡 안에 몰아넣고 포위하고 있습니다. 속히 가서 힘을 보태십시오."

맹획은 기뻐하며 즉시 군사를 이끌고 반사곡으로 향했다. 그런데 반사곡 근처에 도착하자 유황 냄새가 코를 찔렀다. 맹획은 속임수에 걸린 것을 눈치채고 후퇴 명령을 내리는데 갑자기 왼쪽에서 장의가, 오른쪽에서 마충이 군사를 거느리고 공격해 왔다. 맹획이 맞서 싸우는데, 난데없이 함성과 함께 남만 군사들이 촉한군으로 돌변하여 맹획의 부하들을 모두 사로잡았다. 맹획은 놀라서 싸움을 포기하고 숲길로 달아나는데 맞은편에서 공명이 수레를 타고 나타났다.

"맹획아. 이제 네가 도망칠 곳은 어디에도 없다."

맹획은 놀라서 급히 말 머리를 돌려 달아나는데, 마대가 달려와서 맹획의 목덜미를 움켜잡았다. 이렇게 해서 맹획은 다시 사로잡힌 신세가 되었다.

공명은 맹획과 맹우, 축융부인, 대래동주 등 남만의 장수와 군사들에게 술과 음식을 대접한 후 모두 돌려보내게 했다. 그러자 맹획이 눈물을 흘리며 말했다.

"적을 일곱 차례나 사로잡았다가 모두 풀어 준 사례는 예로부터 지금까지 한 번도 없었다. 내 비록 한나라 백성은 아니지만, 적어도 예의가 무엇인지 아는데 어찌 염치마저 없겠느냐?"

맹획은 즉시 공명의 막사로 찾아가 윗옷을 벗고 꿇어앉아 사죄했다.

"승상의 하늘 같은 은혜를 입었으니 어찌 항복하지 않겠습니까? 앞으로 우리 남만 사람은 두 번 다시 촉한에 반역하지 않을 것입니다."

맹획이 눈물을 흘리며 말하자 공명은 그를 일으켜 세우며 당부했다.

"고맙소. 진심으로 우리의 뜻을 따른다면 그대를 남만의 왕으로 세우고 빼앗은 영토도 모두 돌려주겠소. 앞으로 백성을 사랑으로 다스리고 황제 폐하의 뜻을 따르도록 하시오."

맹획과 그 일족은 크게 기뻐하며 거듭 감사의 뜻을 표했다.

공명이 남만을 평정하고 위연을 선봉으로 삼아 본국으로 돌아갈 때였다. 그들이 노수에 이르자 갑자기 거센 바람이 불어오더니 하늘이 온통 먹구름으로 뒤덮였다. 이에 위연은 강을 건널 수 없었다.

공명이 맹획을 불러 까닭을 물었다.

"노수에는 원래 미친 신이 있어 재앙을 일으키니, 그곳을 건너려면 사람 머리 마흔아홉 개와 검은 소, 흰 양을 제물로 바치고 제사를 지내야 합니다."

이에 공명은 잠시 생각에 잠기더니 군사들에게 밀가루를 반죽해 사람 머리 모양을 만들게 했다. 그 사람 머리 모양 안에 소와 양을 잡아 고기를 넣게 하고 만두라고 이름을 붙였다.

만두를 제물로 올려 제사를 지내자, 노수의 물결은 신기하게도 잔잔해졌다. 이렇게 해서 촉한 군사들은 무사히 본국으로 돌아갈 수 있었다.

89
출사표

조비의 첫 부인 견씨는 본래 원소의 둘째 아들 원희의 아내였다. 조비가 그녀를 취하여 아내로 삼았는데, 두 사람 사이에 예라는 아들이 하나 있었다. 예는 어려서부터 총명하여 조비의 사랑을 독차지했다. 조비는 후에 곽영의 딸을 두 번째 부인으로 맞아들여 귀비로 삼았는데 그녀는 아이를 낳지 못했다. 곽귀비는 자신이 황후가 되고 싶어 견씨를 모함하여 죽였다.

황후가 된 곽씨는 다행히 견씨의 소생인 조예를 무척 사랑했다. 그러나 조비는 조예를 사랑하면서도 세자로 삼지는 않았다.

조예가 15세가 되던 해 봄, 하루는 조비가 아들을 데리고 사냥을 나갔다. 이 무렵 조예의 활 솜씨는 매우 뛰어났다. 조비가 아들을 데리고 사냥감을 찾아 숲속을 달리는데 어미 사슴이 새끼 사슴을 데리고 뛰어나왔다.

조비는 단숨에 활을 당겨 어미 사슴을 쓰러뜨리고 돌아보니, 새끼 사슴이 조예의 말 앞으로 달려갔다. 그러나 조예는 활을 쏘지 않았다.

"나의 아들은 어째서 활을 쏘지 않느냐?"

조예가 말 위에서 울면서 말했다.

"어미가 이미 죽었는데 어떻게 그 새끼마저 죽일 수 있겠습니까?"

그 말을 듣자 조비는 활을 땅에 던지며 탄식했다.

'나의 아들 예는 참으로 어질고 덕을 갖췄구나.'

조비는 황궁으로 돌아온 후 조예를 평원왕으로 세웠다.

황초 7년(226년) 5월, 갑자기 병에 걸린 조비는 약을 써도 낫지 않고, 시간이 지날수록 병세가 점점 심해졌다. 자신의 운명을 직감한 조비는 중군대장 조진, 진군대장 진군, 무군대장 사마의 등을 불러 조예를 후계자로 지명한 후 훗날을 부탁했다.

"나의 병이 위중하여 다시 회복할 수 없다. 이 아이가 아직 어리니 그대들은 잘 보좌하여 나의 부탁을 저버리지 말라."

유언을 마친 조비가 세상을 떠나니 이때 그의 나이 마흔, 황제에 오른 지 7년이 되던 해였다.

한편, 공명은 조비가 세상을 떠났다는 소식을 듣고 크게 놀랐다. 하지만 정작 공명을 더 놀라게 한 것은 사마의가 양주와 옹주 두 지역을 총괄하게 된 사실이었다. 사마의는 공명도 두려워할 만큼 매우 지략이 뛰어났다.

공명이 이 일로 고민하자 마속은 사마의에게 누명을 씌우자는 계책을 냈다. 이에 공명은 '사마의가 반역을 준비한다'라는 유언비어를 퍼뜨리고, 또 '천하에 고한다'라는 방문을 사마의가 작성한 것처럼 위조하여 널리 퍼뜨렸다. 조예는 방문을 보고 크게 놀라 신하들의 의견을 물었다. 화흠과 왕랑이 나서서 사마의가 반역을 일으켰으니 죽여서 후환을 없애야 한다고 주장했다. 이에 조예는 친히 군사를 이끌고 가서 사마의를 칠 준비를 했다. 그러자 대장군 조진이 말렸다.

"사마의는 문황제(조비)께서 특별히 신임하셨던 장수입니다. 유언비어나 방문을 그대로 믿으시면 안 됩니다. 촉한이나 동오에서 첩자를 풀어 유언비어나 거짓 방문을 퍼뜨렸을 가능성도 있습니다. 사실 확인도 하지 않고 군사를 일으킨다면 오히려 사마의에게 반역의 빌미를 제공할 수도 있습니다. 그러니 폐하께서는 신중하게 생각하십시오."

조예가 물었다.

"만약 사실이면 어떻게 하는 것이 좋겠소?"

조진이 대답했다.

"폐하께서 정 의심이 나시면 안읍 땅으로 행차하십시오. 그러면 사마의가 폐하를 영접하기 위해 나올 것입니다. 그때 그를 시험하여 반역의 기미가 보이면 즉시 사로잡으면 됩니다."

조예는 그 의견을 받아들여 친히 군사 10만 명을 일으켜 사마의를 찾아갔다. 그런데 사마의는 조예의 방문 목적을 모른 채 무장한 군사 수만 명을 거느리고 영접하러 왔다. 그 모습을 본 조예는 사마의가 반역할 마음을 품고 있다고 오해했다. 사마의는 조예에게 자신의 억울함을 호소했다.

"억울합니다. 이것은 동오와 촉한에서 유언비어와 거짓 방문으로 저를 모함하여 우리끼리 싸우게 만든 뒤 그 틈을 노려 쳐들어오려는 것입니다. 저에게 군사를 이끌고 저들을 공격하여 충성을 증명할 수 있도록 기회를 주십시오."

사마의의 말을 들은 조예가 혼란스러워하자 화흠이 옆에서 권했다.

"사마의에게 병권을 맡기시면 안 됩니다. 우선 그를 파면시켜 시골로 돌아가게 하십시오."

결국, 사마의는 관직에서 쫓겨나 고향으로 가야만 했다. 조예는 옹주와 양주를 조휴에게 다스리게 하고 낙양으로 돌아왔다.

공명은 자신의 계획대로 사마의가 관직을 잃고 쫓겨나자 크게 기뻐했다.

"내가 오래전부터 위나라를 칠 계획이었으나 사마의가 옹주와 양주의 군사를 거느리고 있어서 실행하지 못했다. 이제 그가 사라졌으니 걱정할 일이 무엇이냐."

위나라를 공격할 때가 왔다고 판단한 공명은 즉시 황제에게 출사표를 올렸다.

신 제갈량이 아뢰옵니다. 저는 본래 밭을 갈며 평범하게 살려고 했던 가난한 선비였습니다. 선제께서 세 번씩이나 저를 찾아 천하의 일을 물으셨습니다. 이에 저는 감동하여 선제를 모시고 천하통일의 대업을 이루고자 동분서주한 지 어느덧 스물한 해가 넘었습니다.

저는 선제께서 부탁하신 대사를 이루지 못하여 늘 근심하였는데, 마침내 북벌을 감행하여 선제의 뜻을 이룰 만한 때가 되었습니다. 부디 저에게 역적을 쳐서 없애라고 명하시고, 만일 실패하면 크게 벌을 내려 주십시오. 폐하께서는 부디 신하들의 바른말에 귀 기울이시고 선제의 뜻을 쫓는 일을 게을리하지 마옵소서.

제가 선제와 폐하로부터 받은 은혜를 어찌 말로 다 할 수 있겠습니까? 이제 멀리 출정하러 떠나기 위해 표문을 적으니 눈물이 앞을 가려 더 무슨 말씀을 드려야 할지 모르겠나이다.

표문을 읽은 촉한의 황제 유선은 깜짝 놀랐다.

"승상께서 남만을 정벌하고 돌아온 후 지친 몸과 마음을 회복하기도 전에 다시 북벌을 강행하는 것은 무리가 아니오? 그러다가 몸에 탈이라도 날까 걱정입니다."

공명이 대답했다.

"남만을 평정한 지금이야말로 역적을 쳐서 중원을 통일해야 할 가장 좋은 기회입니다."

유선은 공명의 충정에 눈물을 글썽였다.

"승상께서 이처럼 굳게 결심하셨으니 모든 일은 승상이 알아서 처리하십시오."

건흥 5년(227년) 3월, 공명은 30만 대군을 일으켜 마침내 위나라 공격에 나섰다. 위연을 상장군으로 삼고 관흥과 장포는 자신을 호위하게 했다. 그러자 조운이 선봉을 맡겠다고 나섰다.

"내 비록 늙었으나 젊은 장수 못지않은 힘이 있소이다. 승상은 어째서 이번 원정길에서 나를 뺄 것이오?"

공명이 대답했다.

"남만을 평정하고 돌아온 후 마초가 병이 나서 세상을 떠났소. 내 팔 하나를 잃은 것처럼 마음이 아픈데 이제 장군마저 불미스러운 일이 생기면 내가 그 아픔을 어찌 감당할 수 있겠습니까. 부디 이곳에 남아 후방을 안정시켜 주십시오."

"나는 선제를 따른 후 싸움에서 물러선 적이 없고, 적군을 만나면 늘 앞장서서 싸웠소. 장수가 전장에 나가 목숨을 잃는다면 이보다 더 큰 자랑이 없거늘 어찌 죽음을 걱정하겠습니까. 부탁이니 선봉에 서게 해 주십시오."

공명은 거듭 말렸으나 조운은 계속 선봉을 고집했다. 이에 공명은 설득을 포기하고 마지못해 허락했다. 조운은 선봉이 되어 군사 5천 명을 거느리고 등지와 함께 길을 떠났다. 공명은 30만 대군을 이끌고 그 뒤를 따랐다.

촉한의 대군이 한중으로 쳐들어오자 조예는 크게 놀라 신하들을 불러 대책을 세웠다. 그러자 하후무가 촉군을 막겠다고 자원했다.

"신의 부친이 한중 땅에서 목숨을 잃었지만 아직까지 그 원한을 갚지 못했습니다. 이제 촉한군이 스스로 우리를 침략하였으니 그들을 격파하여 가슴에 맺힌 한을 풀고자 합니다. 부디 허락하여 주십시오."

하후무는 하후연의 아들이며, 조조의 사위이기도 했다. 그는 병권을 잡고 있었으나 전쟁에 나선 경험이 없었다. 조예는 하후무를 대도독으로 삼고, 관서 일대의 모든 군사를 거느리고 촉한군과 맞서 싸우게 했다. 그러자 사도 왕랑이 만류했다.

"안 됩니다. 부마께서는 전투 경험이 없으셔서 이런 큰일을 맡을 수 없습니다. 더구나 제갈량은 꾀가 많고 병법에 능통하니 경솔히 대항해서는 안 됩니다."

그러자 하후무가 큰 소리로 꾸짖었다.

"왕 사도는 제갈량과 내통한 것이 아니오? 나는 어려서부터 아버지 밑에서 병법을 배웠고, 작전을 세우는 데 깊이 통달했소. 나를 어떻게 보고 그런 소리를 하시오? 만일 제갈량을 사로잡지 못하면 내 맹세코 돌아오지 않겠소."

하후무의 기세에 눌려 더는 나서는 신하가 없었다.

하후무는 즉시 군사 20만 명을 일으켜 서량의 맹장 한덕을 선봉으로 삼고, 촉한군과 맞서 싸우기 위해 달려갔다. 한덕은 네 명의 아들과 함께 8만 명의 서량군을 이끌고 봉명산에 이르러 조운이 이끄는 촉한군과 마주쳤다. 한덕은 네 아들을 거느리고 나와 조운에게 싸움을 걸었다.

조운이 달려 나와 한덕과 맞붙어 싸우자 큰아들 한영이 돕기 위해 나섰다가 조운의 창에 목숨을 잃었다. 그 모습을 본 둘째와 셋째, 넷째 아들이 한꺼번에 조운을 포위하여 공격을 퍼부었다. 그러나 조운은 한덕의 세 아들을 혼자서 물리치고, 위나라 진영을 돌파하니 감히 맞서는 자가 없었다. 졸지에 네 명의 아들을 모두 잃은 한덕은 얼마나 위급했는지 갑옷까지 벗어 던지고 달아나 겨우 목숨을 건졌다. 이때 조운의 나이는 이미 일흔을 넘겼다.

한덕은 복수심에 불타 다시 조운과 맞섰다가 목숨을 잃었고, 하후무는 크게 패하여 도망갔다. 사기가 오른 조운은 주위의 만류를 뿌리치고 하후무를 공격하다가 매복한 위나라 군사들에게 포위당했다. 조자룡은 좌충우돌하며 포위망을 뚫으려 했으나 위나라 군사가 워낙 많아서 위기를 맞았다. 조운은 하늘을 우러러 탄식했다.

"내 늙지 않았다고 용맹을 자랑하다가 이곳에서 최후를 맞게 되는구나."

바로 그 순간, 공명이 보낸 장비의 아들 장포와 관우의 아들 관흥이 나타나 조운을 구했다.

조운이 장포와 관흥과 함께 세 방면에서 공격하자 하후무는 당해 내지 못하고 남안성으로 도망쳤다. 촉군은 승리의 여세를 몰아 남안성을 여러 날 공격했지만, 별다른 성과를 거두지 못했다.

공명은 남안성과 닿아 있는 천수군의 태수인 마준과 안정군의 태수인 최량을 활용하는 계책을 세웠다.

안정군의 최량은 하후무로부터 구원을 요청하는 편지를 받았다. 하지만 그 편지는 공명이 작성한 거짓 편지였다. 그 사실을 모르는 최량은 군사를 이끌고 남안성으로 가던 도중에 매복해 있던 관흥과 장포에게 습격을 당했다. 최량은 안정으로 도망쳤지만 이미 그곳은 위연이 점령한 뒤였다. 최량은 앞에는 위연이, 뒤에는 관흥과 장포가 뒤쫓아오자 결국 항복했다. 공명은 최량을 극진히 대접한 후 물었다.

"그대는 남안성의 태수와 평소 친분이 있으시오?"

"남안 태수 양능은 저의 오랜 친구입니다."

"그렇다면 남안성에 들어가서, 하후무를 사로잡을 수 있도록 양능을 설득해 줄 수 있겠소?"

최량은 공명의 부탁을 받아들이고 남안성으로 가서 양능을 만나 자신이 온 까닭을 밝혔다. 그러자 양능이 말했다.

"우리는 위나라에 큰 은혜를 입은 신하이니 어찌 나라를 배반하겠소. 우리 쪽에서 제갈량의 계책을 역으로 이용합시다."

양능은 최량을 데리고 하후무에게 가서 대책을 세웠다. 양능이 먼저 의견을 냈다.

"성을 바친다고 속인 후 촉한군을 성안으로 유인한 후 모두 죽입시다."

최량은 그 계책대로 진행하기로 하고, 공명에게 가서 양능이 하후무를 사로잡도록 협조할 테니 군사 지원을 요청했다고 전했다. 이에 공명은 장포와 관흥을 최량의 부하들 사이에 섞어 보냈다.

최량은 은밀하게 그 사실을 남안성의 양능에게 전했다.

내가 남정성으로 돌아갈 때 부하들 사이에 촉한의 장수 장포와 관흥이 섞여 들어갈 것이오. 제갈량은 그들을 매복시켜 성안과 밖에서 동시에 공격할 계획이니, 일단 그들이 성안에 들어가면 무조건 죽이시오.

양능이 그 사실을 보고하자 하후무가 말했다.

"우리 계책대로 되어 가는구려. 일단 군사들을 매복시키시오. 관흥과 장포가 최량을 따라 성안에 들어오면, 성문을 닫고 그 두 놈부터 죽이시오. 장포와 관흥이 보내는 것처럼 신호를 보내 제갈량을 성안으로 유인한 후 매복한 군사들이 사로잡게 합시다."

양능이 군사를 매복시켜 만반의 준비를 마쳤을 때 최량이 남안성으로 돌아왔다. 양능이 성문을 열고 그들을 영접했다. 그러자 최량의 뒤에 서 있던 관흥이 갑자기 칼을 뽑아 양능을 죽였다.

최량이 놀라 몸을 피하자 어느새 장포가 앞을 가로막아 섰다.

"네놈들의 하찮은 꾀에 당할 우리 승상이 아니시다."

장포는 단번에 창으로 최량을 찔러 말 아래로 거꾸러뜨렸다. 그사이에 관흥이 성 위로 올라가서 불을 질러 신호를 보내자, 어느새 사방에서 촉한군이 파도처럼 성안으로 밀고 들어왔다.

하후무는 크게 놀라 싸울 생각도 못 하고 남쪽 성문을 열어 군사들과 함께 달아났다. 그러나 얼마 가지 못하고, 공명의 명을 받고 미리 대기했던 왕평에게 패하여 사로잡혔다.

한편 천수군의 마준도 하후무가 구원을 요청하는 거짓 편지를 받았다. 이미 안정군의 최량은 남안성으로 떠났다는 소식도 있었다. 이에 마준도 서둘러 군사를 수습하여 떠나려 했다. 이때 마준의 부장인 강유가 나서서 말렸다. 그의 자는 백약이며, 병법과 무예에 뛰어났다. 강유는 하후무가 보낸 편지가 공명이 보낸 거짓 편지임을 간파했다.

원래 공명의 계획은 거짓 편지에 속아 마준이 하후무를 돕기 위해 성을 비우면 조운이 주인 없는 성을 손쉽게 공격하여 차지하는 것이었다. 이에 강유는 군사를 이끌고 하후무를 돕기 위해 떠나는 것처럼 속여 조운을 유인한 뒤 성안과 밖에서 동시에 공격하여 큰 승리를 거두었다. 공명의 계책을 역으로 이용한 것이다. 믿었던 조운이 패하여 돌아오자 공명은 소스라치게 놀랐다.

90

강유 백약

공명의 놀라움은 컸다.

"위나라 장수 중에 나의 계책을 간파할 만큼 뛰어난 인재가 있으리라고는 생각하지 못했다."

공명은 직접 군사를 이끌고 천수성을 쳤다. 그러나 성안에서는 아무런 반응이 없었다. 이에 촉한군은 성벽을 기어오르기 시작했다. 이때, 갑자기 함성과 함께 사방의 성루와 성벽 위에서 화살과 돌이 비 오듯이 쏟아졌다. 공명은 군사를 물리고 밤이 되기를 기다렸다. 그런데 밤이 깊어지자 이번엔 사방의 숲과 성에서 군사들이 쏟아져 나왔다. 선봉에 선 장수는 강유였다. 이에 공명은 서둘러 후퇴를 명했다. 연이어 강유에게 패배한 공명은 속으로 감탄했다.

'적이지만 탐나는 장수다. 정면 승부보다 다른 계책이 필요하다.'

공명은 강유의 정보를 수집하여 그의 어머니가 기성에 살고 있다는 사실을 알아냈다. 또한, 강유가 보기 드문 효자라는 사실도 알아냈다. 공명이 기성을 공격하자 그 사실을 알게 된 강유는 즉시 어머니를 구하기 위해 기성으로 달려갔다. 도중에 위연을 만났으나 위연은 싸우는 척하다가 물러갔다.

강유가 기성에 들어가자 공명은 성을 포위했다. 그러고는 하후무에게 기성으로 가서 강유에게 항복을 권하라고 했다. 촉한군으로부터 풀려날 수 있겠다고 생각한 하후무는 공명의 말을 따랐다. 하후무는 기성으로 가는 도중에 마주친 백성에게 강유가 성을 버리고 항복했다는 말을 들었다. 그 백성은 공명이 보낸 변장한 촉한의 군사였다. 놀란 하후무는 그 말을 믿고 발걸음을 돌려 천수성으로 갔다. 천수성 태수 마준은 자신이 신뢰하던 강유가 항복했다는 하후무의 말을 듣고 탄식했다.

"강유가 제갈량에게 항복할 줄 몰랐소. 내 눈으로 직접 확인하기 전에 믿을 수가 없습니다."

그러자 공명은 군사 가운데 하나를 강유로 변장시켜 어둠을 틈타 천수성을 공격하게 했다. 천수성 태수 마준은 그제야 강유가 정말로 항복했다고 믿게 되었다.

이때 공명은 강유를 성 밖으로 유인한 뒤, 그 틈에 위연을 시켜 기성을 점령했다. 그러자 강유는 천수로 도망쳤는데, 그를 배신자로 오해한 천수성 태수 마준이 환영할 리 없었다.

"강유가 공명에게 우리 성을 바치려고 왔구나. 공격하라!"

이에 강유는 어쩔 수 없이 공명에게 투항했고, 공명은 훌륭한 인재를 얻게 되어 무척 기뻐했다.

"일찍이 집을 나선 후 지금까지 나의 재주를 물려줄 후계자를 찾지 못하여 한이었는데, 이제 그대를 만나 소원을 이루게 되었소."

이 말에 강유는 크게 감격하여 엎드려 절을 올렸다.

"과분한 칭찬에 몸 둘 바를 모르겠습니다."

항복한 강유가 자신과 친분이 있는 천수성의 양서와 윤상에게 밀서를 보내 투항할 것을 권하자 두 장수는 성문을 열고 촉한군을 맞아들였고, 상규성의 양건도 성에서 나와 항복했다. 그러자 마준과 하후무는 군사 수백 명을 데리고 도망쳤다.

조예는 하후무가 연전연패하여 달아났고 촉한 군사들이 기산을 지났다는 보고를 받고 크게 놀랐다. 조예는 신하들을 불러 대책을 세우고, 조진을 대도독, 곽회를 부도독, 왕랑을 군사로 삼았다. 왕랑의 나이는 76세였다. 조진은 20만 대군을 이끌고 촉한군을 막기 위해 출전했다.

조진이 이끄는 위나라 군대와 공명이 이끄는 촉한의 군대가 기산 앞에서 마주쳤다. 왕랑이 나서서 공명을 크게 꾸짖었다.

"그대는 옛사람이 '하늘에 순종하는 자는 번영하며, 하늘을 거영하는 자는 망한다'라고 한 말을 듣지 못했는가? 우리 위나라는 백만 대군을 보유하고, 뛰어난 장수만도 천여 명이다. 위나라가 밤하늘의 밝은 달이라면 촉한은 풀잎에 매달린 개똥벌레에 불과하다. 지금이라도 항복한다면 현재 누리는 지위와 권리를 보장하겠다. 그렇게 되면 나라는 편안하고 백성들이 모두 기뻐할 것이다."

공명이 대답했다.

"너는 역적을 도와 한나라를 멸망시킨 자가 아니냐? 내가 역적을 토벌하려고 하는데 너는 무슨 얼굴로 나타나 궤변을 늘어놓는 것이냐? 늙은 역적은 이만 돌아가서 한나라 황실을 배반한 역도들을 보내어 나와 승부를 결정짓게 하라."

공명이 준엄하게 꾸짖자 왕랑은 갑자기 숨이 막혀 말에서 떨어졌고 그 충격으로 곧 숨을 거두었다. 그날 밤, 조진은 공명이 어둠을 틈타 습격해 올 것을 예측하고 매복 작전을 세웠다. 군사를 네 방면으로 나누고, 두 방면의 군사는 산속의 좁은 길을 통해 촉한군 주둔지 근처에 대기했다가, 촉한군이 야습에 나서면 빈 영채를 공격하기로 했다. 그리고 나머지 두 방면의 군사는 주둔지 근처 숲속 좌우에 매복했다가 촉한군이 나타나면 협공을 하기로 했다. 그러나 공명은 조진의 계책을 간파하고 오히려 역이용했다. 공명은 위연과 조운을 불러 지시했다.

"그대들은 군사를 이끌고 기산 뒷길로 나가서 매복하시오. 그리고 위군이 우리의 영채를 치도록 내버려 두었다가, 불로 신호를 보내면 군사를 두 방면으로 나누어 적을 앞뒤에서 공격하시오."

위연과 조운이 길을 떠나자 공명은 관흥과 장포를 불러 조진의 영채를 치게 했다. 얼마 후 공명의 예상대로 조진이 보낸 군대가 영채를 공격했다. 조진의 군대는 조준과 주찬이 각각 군사를 이끌었다.

먼저 도착한 조준이 촉한군의 영채를 습격했는데 촉군은 그림자도 찾을 수 없었다. 그러자 갑자기 장막 안에서 불길이 치솟았다. 조준은 함정에 빠졌다는 것을 깨닫고 군사를 돌려 나오다가 주찬의 군대와 마주쳤다. 어둠 속에서 위나라 장수들은 서로 촉군이 공격해 오는 줄 착각해서 같은 편끼리 싸우다가 마대, 왕평, 장익, 장의 등이 사방에서 공격하자 뿔뿔이 흩어져 달아나기 바빴다. 도망치던 조준과 주찬의 군대는 미리 대기하고 있던 조운과 위연의 군대를 만나 다시 큰 타격을 입었다.

한편, 주둔지 근처에 매복했던 조진과 곽회는 조운과 위연에게 쫓겨 도망쳐 오던 조준과 주찬의 군대를 적으로 오인하여 공격을 가했다. 조진의 군대는 아군끼리 서로 싸우는데 갑자기 위연과 관흥, 장포가 세 방향에서 달려와 공격을 퍼부었다. 위군은 대패하여 10여 리 밖으로 달아났는데 이 전투에서 수많은 군사가 목숨을 잃었다.

곽회는 조조 때부터 해마다 조공을 바치던 서강국에 원군을 요청하자고 제안했고, 조진은 그의 의견에 따랐다. 서강국의 국왕 철리길은 25만 명의 군사를 일으켜 승상 아단과 장군 월길에게 조진을 돕게 했다.

서강병에게는 철거병으로 불리는 막강한 전차 부대가 있었다. 서강병은 철거병을 앞세워 서평관을 공격했다. 서평관을 지키던 촉한의 장수 한정은 급히 전령을 보내 공명에게 지원군을 요청했다. 이에 공명은 마대를 선봉으로 삼고 관흥과 장포에게 군사 5만 명을 주어 서강병을 막게 했다. 하지만 촉한군은 철로 만든 전차와 수레로 공격해 오는 서강병을 막아 낼 수 없었다. 마대와 장포가 거느린 군사들은 크게 패하여 후퇴했고, 관흥도 패하여 홀로 목숨을 구해 달아났다. 관흥이 영채로 돌아가자 마대는 관흥과 장포를 공명에게 보내 서강병을 물리칠 방법을 알아 오게 했다.

관흥과 장포의 보고를 받은 공명은 친히 군사 3만을 일으켜 마대의 영채로 가서 진을 쳤다. 공명은 높은 언덕에 올라 철거병의 모습을 살펴본 후 강유와 함께 철거병을 상대할 방법을 의논했다.

"철거병을 무찌를 좋은 방법이 있겠는가?"

"저들은 힘으로만 밀어붙일 뿐 전략이 없습니다. 승상께서 계책을 쓰시면 능히 물리칠 수 있습니다."

공명은 강유의 뜻을 알고 입가에 미소를 머금었다.

얼마 후 큰 눈이 내렸다. 공명은 서강병의 전차와 수레를 없애기 위해 구덩이를 파서 함정을 만들었다. 강유는 일부러 패한 척 달아나며 철거병을 함정이 있는 곳으로 유인했다. 그 사실을 모르는 철거병은 기세 좋게 추격에 나섰다가 철로 만든 전차와 수레가 모두 구덩이에 빠지고 말았다. 그러자 서강병은 우왕좌왕하며 혼란에 빠졌다. 이 순간 관흥과 장포, 장익과 강유, 마대 등 촉한의 장수들이 일시에 공격해 들어가자 서강병은 크게 패하고 말았다. 서강병을 이끌던 장군 월길은 관흥의 창에 목숨을 잃었고, 승상 아단은 사로잡혔다. 그러자 서강병은 모두 항복하고 말았다.

공명은 아단을 좋은 말로 위로하여 풀어 주고, 항복한 군사들도 모두 본국으로 돌려보내 주었다. 조진은 서강병의 승전 소식을 기다리다가 촉한 군사들이 주둔지를 떠났다는 보고를 받자 추격에 나섰다. 마침내 촉군을 따라잡은 조진은 총공세를 펼쳤다. 그러나 전투에서 패하여 부하 장수인 조준과 주찬을 잃고 조예에게 구원병을 요청해야만 했다.

조예는 전쟁 상황이 불리하게 돌아가자 고향으로 내쫓았던 사마의를 다시 불러들였다. 사마의는 평서도독이 되어 두 아들 사마사와 사마소를 데리고 출정했다. 이때 촉한군은 파죽지세로 연전연승을 거두며 금방이라도 장안을 점령할 기세였다.

촉한군의 기세가 하늘을 찌르자 촉한을 배신하고 위나라에 투항했던 신성 태수 맹달은 공명에게 촉한으로 되돌아가겠다는 뜻을 전했다. 공명은 기뻐하며 승낙하고 맹달과 협공을 펼치려던 중에 사마의가 다시 기용되어 출정했다는 소식을 들었다. 공명이 놀라며 표정이 창백해지자 마속이 물었다.

"승상은 어찌하여 이렇게도 놀라십니까?"

"사마의는 뛰어난 전략가라 신성이 낙양으로 들어가는 관문이라는 것을 잘 알고 있을 것이오. 만약 그가 맹달이 우리와 내통하고 있다는 것을 알면 반드시 신성을 공격할 것이오. 더욱이 맹달은 경솔한 사람이오. 그가 경거망동하다가 일을 그르치지 않을지 걱정이오."

"그럼 맹달 장군에게 어서 주의를 시키십시오."

공명은 즉시 맹달에게 편지를 보내, 비밀이 새어 나가면 사마의가 신성을 먼저 공격할 것이니 주의하라고 전했다. 그러나 맹달은 공명의 충고에 코웃음 치며 귀담아듣지 않았다.

"사람들은 제갈량이 너무 신중하다고 하더니 그 말이 맞구나. 사마의가 내가 배반한 것을 알게 되더라도 조예에게 허락을 받아 이곳에 오려면 적어도 한 달은 걸릴 것이다."

그러나 맹달의 생각은 오산이었다. 사마의는 맹달의 반역을 알게 되자 조예의 명을 기다리면 너무 늦을 것으로 판단했다. 이에 그는 서황을 선봉으로 세우고 두 아들과 함께 곧장 신성으로 쳐들어갔다. 그 사실을 모르는 맹달은 방비를 허술하게 한 채 금성 태수 신의, 상용 태수 신탐에게 거사 계획을 알리고 전투 준비를 갖추게 했다. 하지만 신의와 신탐은 거짓으로 응낙하고 차일피일[11] 거사 준비를 미루었다. 그들은 사마의가 도착하면 협조하여 맹달을 칠 계획이었다.

한편, 서황은 군사를 이끌고 마침내 신성에 도착했다. 보고를 받은 맹달은 깜짝 놀라 성곽 위로 달려갔다. 서황이 맹달을 보고 큰 소리로 외쳤다.

"역적 맹달은 속히 나와서 항복하라! 만약 거부하면 성을 부수고 네놈의 목을 칠 것이다."

이에 맹달은 화가 나서 활을 들어 서황을 향해 쏘았다. 화살은 바람을 가르고 날아가 서황의 이마에 정확하게 명중했다. 서황은 말에서 굴러떨어졌고, 조조 밑에서 전장을 누비며 뛰어난 전공을 세웠던 맹장 서황은 허무하게 그 자리에서 즉사하고 말았다.

지휘관을 잃은 위군이 우왕좌왕하는 사이 맹달은 급히 성문을 열고 나가 싸우려 했다. 그런데 이때 저 너머에 사마의가 이끄는 대군이 몰려오는 것이 보였다. 맹달은 그제야 하늘을 우러러보며 길게 탄식했다.

"과연 제갈량의 예측은 귀신같구나. 오늘 살아서 도망치긴 어렵겠구나."

맹달은 성문을 굳게 닫아걸고 싸우려 하지 않았다. 그러다가 신의와 신탐이 위군을 피해 군사를 이끌고 오자 자신을 도우러 온 것으로 착각했다. 맹달이 급히 성문을 열고 밖으로 나오자 그 틈에 사마의는 신성을 점령했다. 맹달은 뒤늦게 속은 것을 깨닫고 달아나려다가 신탐의 창에 목숨을 잃고 말았다. 사마의는 맹달의 목을 베어 장안으로 가서 조예에게 그동안 있었던 사실을 보고했다. 그러자 조예는 황금으로 만든 도끼를 하사하며 칭찬했다.

"장군, 앞으로도 그처럼 화급을 다투는 일의 경우엔 나에게 보고할 필요 없이 상황에 맞게 처리하시오."

조예는 20만 군사를 일으켜 사마의에게 장합을 선봉장으로 삼아 진군하도록 했다. 또한, 신비와 손례에게 따로 5만 명의 군사를 주어 조진을 돕게 했다.

사마의는 도중에 영채를 세우고 장합을 불러 말했다.

"가정은 한중에 이르는 목구멍 같은 곳으로 적에게 무척 중요한 곳이오. 제갈량은 조진 장군이 대비하지 않았으리라 여기고 틀림없이 군사를 그곳으로 보내 지키려고 할 것이오. 우리가 가정을 빼앗으면 적은 군량을 운반할 길이 없어져 결국 한중으로 달아나게 될 거요. 우리가 먼저 그들이 지나갈 길목에 매복했다가 공격하면 반드시 크게 이길 수 있소."

91

읍참마속

이 무렵 공명은 사마의가 가정으로 쳐들어올 것을 예상하고 장수들과 의논했다. 그러자 마속이 가정을 지키겠다고 자원하고 나섰다. 이에 공명이 주의를 주었다.

"가정은 비록 작은 곳이지만 우리에겐 생명줄과 같은 지역이다. 만일 그곳을 잃는다면 우리 군대는 무너지게 된다. 그곳엔 성도 없고 환경도 열악해서 지키기 어렵다."

그러자 마속이 말했다.

"승상께서는 안심하십시오. 저는 어려서부터 병법을 읽어 전략과 전술에 자신 있습니다. 제가 어찌 가정 하나도 지키지 못하겠습니까?"

"사마의는 위나라 장수 중 전략과 전술에 가장 뛰어나다. 더구나 선봉에 선 장수가 맹장 장합이다. 그래도 지켜 낼 자신이 있는가?"

마속이 자신에 찬 목소리로 대답했다.

"사마의와 장합이 아니라 조예까지 온다고 해도 자신 있습니다. 만약 가정을 잃게 되면 제 목을 베십시오."

"군법에는 농담이 없느니라."

"그럼 제가 군령장을 써 놓고 가겠습니다."

마속이 군령장을 써서 바치자 공명은 정예병 2만 5천을 주고 왕평을 데려가게 했다. 또 왕평을 따로 불러 당부했다.

"나는 그대가 매우 신중한 사람이기에 일부러 중요한 임무를 맡기는 것이다. 가정을 지키려면 반드시 길에 진지를 구축하고 주둔해야 한다. 그래야만 적의 기습을 막을 수 있다. 진을 친 후에는 즉시 지도를 그려 나에게 보이고 함부로 나서지 말라. 모든 일은 반드시 상의해서 결정하고 경솔히 처리하는 일이 없도록 하라."

공명은 다시 한 번 가정의 중요성을 인식시키고 당부한 후 마속과 왕평을 떠나보냈다. 그래도 마음이 놓이지 않은 공명은 고상에게 군사 1만을 주어 열류성 부근의 산모퉁이에, 위연에게는 가정의 오른쪽에 매복해 비상시 마속을 돕게 했다. 또한, 조운과 등지를 불러 가곡으로 나가 위군을 교란시키게 하고, 강유를 선봉으로 삼아 미성으로 향했다.

한편 가정에 도착한 왕평과 마속은 주둔지를 어디로 하느냐는 문제로 의견이 갈렸다. 왕평은 평지에 진을 치자고 했지만, 마속은 산꼭대기에 진을 치자고 했다. 왕평은 걱정스러운 표정으로 만류했다.

"위나라 군사들이 산을 포위하면 어떻게 하려고 그러십니까?"

"보시오. 길이 이렇게 좁지 않소? 나무꾼이나 다니면 모를까 어찌 위나라의 대군이 이런 길로 올 수 있겠소? 지나친 걱정이오."

마속은 왕평의 의견을 무시하고 기어이 산꼭대기에 진을 치려고 했다. 그러자 왕평은 거듭 만류했다.

"이 산은 달아날 곳이 없습니다. 만약 위군이 우리가 물을 길러 다니는 길만 끊어도 우리는 큰 낭패를 당하게 될 것입니다."

그러나 마속은 고집을 꺾지 않고 기어코 산꼭대기에 진을 쳤다. 왕평은 하는 수 없이 군사 5천을 달라고 요구했다. 이에 마속은 자신의 의견에 따르지 않는 왕평을 떼어 놓을 속셈으로 그의 요구를 들어주었다. 왕평은 산기슭에 진을 친 후 마속과 자신이 세운 영채의 지도를 그려 공명에게 보냈다.

한편, 사마의는 촉한군이 산 위에 진을 쳤다는 보고를 받자 쾌재를 불렀다.

"하늘이 우리를 돕는구나."

왕평이 걱정하던 일은 현실이 되었다. 사마의가 산을 포위한 것이다. 사마의는 장합에게 구원병이 오는 길목을 끊어 버리게 했다. 그러자 포위당한 마속의 군사들은 마실 물조차 없어서 고통을 당했다. 더구나 사마의가 산기슭에 불을 지르자 견디지 못한 마속은 겨우 포위망을 뚫고 서쪽으로 부하들과 함께 도망쳤다. 하지만 얼마 가지 못해서 추격에 나선 사마의와 그의 둘째 아들 사마소, 장합의 공격을 받고 위기에 처했다. 때마침 위연과 왕평이 마속을 구하기 위해 달려왔다. 그들은 간신히 마속을 구해 열류성으로 달아났다. 그러나 조진과 함께 기산에 포진했던 곽회의 공격을 받고 대패하여 열류성을 버리고 양평관으로 달아났다. 이 무렵 공명은 왕평이 보내온 지도를 보고 대경실색[12]했다.

"마속이 이렇게 어리석을 줄 몰랐다. 아까운 우리 군사들만 모두 죽이는구나."

공명은 황급히 양의를 보내 위군을 물리칠 방법을 알려 주려고 했다. 바로 이때 가정에서 급한 보고가 들어왔다.

"가정과 열류성을 잃었습니다."

사마의가 가정과 열류성을 점령했다는 보고를 받자 공명은 하늘을 우러러 길게 탄식했다. 공명은 관흥과 장포를 무공산으로 보내 북을 치고 함성을 질러 군사의 수가 많은 것처럼 보이게 했다. 또한, 장익에게 검각의 산길을 정리하여 돌아갈 길을 확보하도록 하고 모든 군사에게 짐을 꾸려 떠날 채비를 하게 했다. 마대와 강유에게는 뒤에서 위군의 추격을 막게 했다.

철수 준비를 마친 공명은 5천 명의 군사를 이끌고 서성으로 가서 군량미를 한중으로 옮기기 시작했다. 이때 사마의가 15만 대군을 거느리고 쳐들어온다는 보고가 들어왔다. 공명이 거느렸던 5천 군사 중 절반은 이미 군량미를 싣고 한중으로 떠난 후였다. 이제 성안에는 고작 2천 5백 명의 군사만 남아 있었다. 사마의가 마침내 서성에 도착하자 촉한의 군사들은 겁을 집어먹고 모두 사색이 되었다.

하지만 공명만큼은 태연자약했다.

"모든 깃발을 감추고 자기 자리를 지키되 소리를 내는 자는 목을 벨 것이다."

공명은 동서남북의 네 성문을 활짝 열어 두게 하고 군사 20명씩을 백성으로 변장시켜 각 문 앞에 나가 물을 뿌리고 길을 쓸게 했다. 그러고 나서 공명은 두 명의 소년에게 거문고를 들려 성 위의 망루에 올라가서 향을 피우며 거문고를 타기 시작했다.

사마의는 성벽 아래서 그 모습을 보고 덜컥 의심이 들었다. 사마의는 잠시 생각에 잠기더니 곧 말 머리를 돌려 군사들에게 철군을 명했다. 그러자 사마소가 나서며 말했다.

"아버님, 지금이야말로 제갈량을 사로잡을 기회인데 왜 철군을 명하십니까? 제 생각에 저것은 속임수 같습니다. 제갈량이 거느린 군사가 적어 일부러 여유를 부리는 척 가장하는 것이 아닐까요?"

그러자 사마의는 고개를 저었다.

"네가 아직 제갈량을 잘 몰라서 하는 소리다. 그는 매사에 무척 조심스럽고 빈틈이 없는 사람이다. 저렇게 성문을 열어 놓고 여유를 부리는 것을 보니 군사를 매복시킨 게 틀림없다. 일단 돌아가는 것이 좋겠다."

사마의가 물러가자 군사들은 공명의 지혜에 감탄했다. 공명은 머지 않아 사마의가 속은 것을 알고 다시 쳐들어올 것을 염려하여 서둘러 짐을 챙겨 한중으로 떠났다.

한편 사마의는 무공산으로 향했지만, 관흥과 장포가 함성을 지르며 기세를 올리자 그들의 숫자를 알지 못해 감히 공격에 나서지 못했다. 촉한군의 매복 공격을 염려한 사마의는 큰길로 나아가지 못하고 가정으로 돌아갔다. 이때 조진은 촉한군이 철수했다는 보고를 받고 추격에 나섰다가 도중에 강유와 마대의 매복병을 만나 크게 패했다. 조운을 추격하던 곽회도 패하여 부하 장수들만 잃고 말았다.

위나라는 천수, 남안, 안정 세 지역을 차지했지만, 촉한군에게 큰 타격을 주지는 못했다. 사마의는 조예 앞에 나아가 다시 한 번 출정을 자원했다. 그러자 손상이 나서 국경 지대의 요충지를 굳게 지키면서 동오와 촉한이 서로 싸우다가 그 힘이 떨어졌을 때 공격하자고 주장했다. 이에 사마의가 동의하자 조예는 손상의 의견을 받아들였다.

한중에 돌아온 공명은 조운과 등지가 무사히 돌아오자 가슴을 쓸어내리며 기뻐했다. 곧이어 마속과 왕평, 위연, 고상이 차례로 도착했다. 공명은 왕평으로부터 가정을 빼앗기게 된 경위를 듣고 마속을 불러오게 했다. 마속은 스스로 몸을 결박한 채 공명 앞에 무릎을 꿇고 처벌받기를 청했다. 공명은 마속을 엄하게 꾸짖었다.

"너는 왕평의 충고를 듣지 않고 패전을 자초했다. 그 결과 우리는 함락한 성을 모두 잃고, 수많은 군사가 아까운 목숨을 잃었다. 내 비록 너를 아끼지만, 군율에 따라 처벌할 수밖에 없다. 그러니 나를 원망하지 말라. 네가 죽은 뒤에도 가족들을 돌봐 줄 것이니 염려하지 말기 바란다."

마속은 고개를 떨구었다.

"승상께서 누구보다 저를 아끼신 것을 잘 압니다. 저 또한 승상을 아버지처럼 섬겼습니다. 저는 죽어 마땅합니다. 하지만 제 자식 놈들에게 아비의 허물을 씌우지 말아 주십시오. 그렇게만 해 주시면 죽어도 여한이 없겠습니다."

공명은 안타까워했다.

"너의 자식은 곧 나의 자식이나 다름없으니 걱정하지 마라."

이윽고 마속은 참수당했고, 공명은 목놓아 서럽게 울었다. 그리고 마속을 장사 지낸 후 그의 가족들을 위로하고 약속대로 편히 살 수 있도록 돌봐 주었다.

공명은 스스로 패전의 책임을 지고 자신의 관직을 세 등급 내려 달라고 황제에게 청했다. 황제 유선은 공명의 요청을 받아들여 관직은 내렸지만, 승상의 업무만은 계속 보게 했다.

이후 공명은 한중에 머물면서 군사 조련에 힘을 쏟고, 무기와 식량을 비축하면서 앞으로의 전쟁에 대비했다. 이 소식을 접한 조예는 한중을 공격하기로 했다. 그러나 사마의가 학소로 하여금 요충지를 지키게 하는 것으로 충분하다는 의견을 내자 한중 공격을 포기했다.

이때 양주의 대도독 조휴에게서 보고서가 올라왔다. 파양의 태수인 주방이 파양을 바치고 항복할 뜻을 밝혀 왔으니, 동오를 공격하자는 의견이었다. 조예가 장수들을 불러 이 일을 의논하자 건위장군 가규가 반대했다.

"오나라 사람은 변덕이 심해서 믿을 수가 없습니다. 더구나 주방은 꾀가 많은 자여서 우리에게 항복할 리가 없습니다. 분명 우리를 유인하려는 술책입니다."

그러나 사마의는 생각이 달랐다.

"그 말도 일리가 있소. 하지만 이런 기회를 놓쳐서는 안 되오."

조예는 사마의의 의견을 받아들여 동오를 칠 것을 명했다. 이에 조휴는 환성을, 가규는 양성을, 사마의는 동관을 각각 공격하기로 하고 진군에 나섰다. 그 소식을 들은 손권은 육손을 대장군으로 삼고 주환을 좌도독, 전종을 우도독으로 임명한 뒤 위나라 군대를 막게 했다.

92

후출사표

조휴가 환성 부근에 도착하여 진을 치자 주방이 성을 나와 영접했다. 조휴는 미심쩍은 눈빛으로 주방에게 물었다.

"그대 덕분에 강동 땅을 얻게 된다면 황제 폐하께서 큰 상을 내리실 것이오. 그런데 동오 사람들은 변덕이 심한 데다 그대는 꾀가 많아 거짓으로 투항한 것은 아닌지 의심하는 사람이 있소. 설마 귀공이 나를 속이지는 않으리라 믿소."

주방은 의심을 받자 목을 놓아 울더니 갑자기 칼로 자기 목을 찔러 거짓이 아님을 증명하려고 했다. 조휴가 놀라 말리자 주방은 자신의 머리칼을 잘라 맹세했다.

"나는 부모님께 물려받은 머리카락을 잘라 내 진심을 증명하겠소."

조휴는 그제야 주방을 신뢰하며 잔치를 베풀어 대접했다. 주방이 돌아가고 나서 얼마 지나지 않았을 때 건위장군 가규가 군사를 이끌고 조휴를 찾아왔다.

"그대가 갑자기 왜 여기로 왔소?"

가규가 대답했다.

"동오의 군사가 모두 환성에 와서 주둔하고 있을 것이오. 주방은 장군을 유인하여 함정에 빠트리려는 계획이니 말려들지 마십시오. 제가 군사를 두 방면으로 나누어 협공할 테니, 그 결과를 기다려 공격하시면 반드시 승리할 수 있습니다."

조휴는 화를 내며 버럭 소리를 질렀다.

"그대는 지금 내가 공을 세우려는 것을 가로채겠다는 것인가?"

가규는 동요 없이 충고를 계속했다.

"주방은 꾀가 많고 손권에 대한 충성심이 깊은 자입니다. 그런 자가 갑자기 항복하겠다고 하는데 어찌 의심하지 않습니까? 절대 믿지 마십시오."

"내가 적을 치려고 나가는 마당에 네가 어찌 쓸데없는 소리로 혼란을 주려는 것이냐?"

화가 난 조휴가 가규를 참하려 하자 장수들이 나서서 말렸다. 이에 조휴는 가규의 지휘권을 박탈하고 다른 임무를 맡긴 뒤 친히 군사를 이끌고 동관을 치기 위해 나섰다. 그 소식을 들은 주방은 가슴을 쓸어내렸다.

"조휴가 가규의 말을 들었다면 우리는 패배하게 되었을 것이다. 가규의 지휘권이 박탈당했다니 그야말로 하늘이 우리를 돕는구나."

주방은 기뻐하며 그 소식을 환성에 있는 육손에게 보고했다. 육손은 장수들을 불러 명했다.

"석정이 산길이지만, 군사를 매복시키기는 좋은 곳이다. 그곳으로 가서 넓은 곳을 차지하고 진지를 구축하라. 위군이 머지않아 거기에 도착할 것이다."

육손은 명을 마친 후 서성을 선봉으로 삼아 군사를 이끌고 출정했다.

한편 조휴는 주방의 안내를 받으며 석정에 도착하여 진을 쳤다. 그런데 주방의 말과 달리 전방의 산 앞에는 동오의 군사들이 먼저 와서 진을 치고 있었다. 더구나 주방은 어디론가 종적을 감추고 말았다. 그제야 조휴는 주방에게 속았다는 것을 깨달았다.

"가규의 말이 맞았구나. 주방을 믿지 말아야 했다."

조휴는 장보를 선봉으로 삼아 전투에 나섰으나 크게 패하고 말았다. 선봉장 장보는 목숨을 잃었고, 조휴 역시 가규가 군사를 이끌고 달려와서 구해 주지 않았다면 살아남지 못했을 것이다.

조휴가 패했다는 소식은 곧 사마의에게 보고되었다.

"우리가 패한 걸 알면 제갈량이 곧장 장안으로 쳐들어올 것이다. 어서 돌아가야 한다."

사마의는 그 길로 즉시 군사를 되돌렸다.

손권은 크게 잔치를 열어 승리하고 돌아온 육손과 주방을 위로했다. 육손은 손권에게 한 가지 계책을 냈다.

"지금 위나라는 대패하여 전의를 상실했습니다. 이때 촉한과 함께 위나라를 공격하면 능히 승리할 수 있습니다. 공명에게 편지를 보내 위나라를 공격하게 하십시오."

손권은 육손의 말을 옳게 여겨 공명에게 사자를 보내 위나라를 공격하라고 권했다. 편지를 읽은 공명은 위나라를 칠 좋은 기회로 여겼다.

공명은 잔치를 열어 장수들을 격려하고 위나라를 칠 일을 의논했다. 그런데 돌연 큰 바람이 불더니 뜰 앞 큰 소나무의 중간 부분이 뚝 부러졌다. 공명은 이상히 여겨 점괘를 뽑아 보더니 얼굴이 창백해졌다. 그 자리에 모였던 장수들이 의아한 표정으로 물었다.

"승상, 무슨 일이 있으십니까?"

공명이 나직이 신음하듯 대답했다.

"아무래도 조자룡 장군이 세상을 떠난 것 같소."

잠시 후 조운의 두 아들이 달려와서 절하고 울며 고하였다.

"아버님께서 돌아가셨습니다."

"아아! 나라의 기둥을 하나 잃고, 나의 한쪽 팔도 떨어져 나갔구나."

평소에 감정을 잘 내색하지 않던 공명도 이때만큼은 울음을 참지 못했고, 황제 유선도 옛일을 생각하며 큰 소리로 통곡했다.

"자룡이 나를 품에 안아 구해 내지 않았다면, 내가 난리 중에 어떻게 살아남을 수 있었겠는가?"

유선은 조운의 관직을 대장군으로 높이고 순평후로 시호를 내려 장례를 후히 지내고 사당을 세워 철마다 제사를 지내게 했다.

조운의 장례를 치르고 나서 공명은 다시 한 번 출사표를 올려 결전의 뜻을 간곡히 밝혔다.

"선제께서 역적을 쳐 없애기를 저에게 부탁하셨으니 그 뜻을 저버릴 수 없습니다. 적이 강하다고 해서 몸을 사리고만 있다가는 장차 큰 위기를 맞이할 수 있습니다. 앉아서 위기를 맞느니 나아가 싸우는 것이 현명한 방법입니다. 마침 역적의 무리가 동오와 싸우느라고 힘이 떨어졌다고 합니다. 적의 전력이 약화된 지금이야말로 나아가 싸울 때입니다."

마침내 공명은 30만 대군을 일으켜 위연을 선봉장으로 삼은 뒤 두 번째 위나라 정벌에 나섰다.

그러자 조예는 대장군 조진에게 용맹이 뛰어난 왕쌍을 선봉으로 삼아 15만 정예병을 거느리고 장안으로 가서 곽회와 장합의 군사와 합쳐 촉한군을 물리치게 했다.

공명은 선봉을 맡은 위연에게 진창으로 진격하여 성을 에워싸고 공격하게 했다. 그러나 촉한군은 학소가 지키는 진창을 20여 일이 넘도록 공격했지만, 학소의 방비가 워낙 튼튼하여 승기를 잡지 못했다. 이때 조진이 보낸 위나라 선봉장 왕쌍의 원군이 진창에 도착했다. 공명은 왕쌍이 이끄는 위나라 군대와 전투를 벌였으나 패하여 촉한의 장수만 여럿 전사하고 말았다. 이에 초조해진 공명은 강유를 불러 대책을 세웠다.

"진창을 돌파할 수 있는 좋은 계책이 없는가?"

"학소가 지키는 진창성은 수비가 워낙 견고하여 함락시키기 어렵습니다. 더구나 왕쌍까지 돕고 있으니 성을 함락하기는 더욱 어려워졌습니다. 그러니 이곳에 군사를 남겨 굳게 지키게 하고, 가정으로 넘어가는 길목에도 군사를 남겨 지키게 한 뒤 승상께서는 곧장 기산으로 쳐들어가십시오."

공명은 강유의 조언에 따라 위연을 진창 입구에 주둔시키고 자신은 기산으로 향했다.

왕쌍의 승전 소식이 전해지자 조진은 크게 기뻐하며 장군 비요를 비롯한 여러 장수에게 요충지를 지키게 했다. 그러던 어느 날 강유가 보낸 밀사를 자처하는 사람이 잡혀 왔다. 강유는 지난날 공명의 계략에 빠져 할 수 없이 항복했다며, 이제 공명을 사로잡아 지난날의 허물을 벗고 싶다는 뜻을 밝혔다. 그동안 사마의에게 번번이 공을 빼앗겨 분한 마음에 사로잡혔던 조진은 이를 좋은 기회로 여겼다. 비요가 공명의 계략일지 모른다고 만류했지만, 공명심에 사로잡힌 조진은 강유의 말을 믿고 비요에게 군사 5만 명을 주어 야곡으로 보냈다. 그러나 그것은 공명과 강유의 계략이었다. 비요는 촉한의 매복 공격을 받아 전사했고, 살아남은 군사는 도망치거나 항복했다.

조진이 크게 패하자 조예는 사마의에게 대책을 물었다. 사마의는 촉한 군사들은 식량이 고작 한 달치밖에 없으니 조진에게 길목을 굳게 지키면 걱정 없다고 말했다.

과연 한 달이 지나자 사마의가 예상한 대로 촉한의 진영에는 식량이 떨어졌다. 공명은 하는 수 없이 철군을 명했다. 왕쌍은 철군하는 위연을 추격했다. 그런데 자기 진영에서 갑자기 불길이 솟구치더니 어느새 위연이 나타나 기습해 왔다. 이에 왕쌍은 제대로 맞서지도 못한 채 죽임을 당했다.

조진은 왕쌍이 죽자 공을 세우지도 못한 채 장수와 군사들만 잃고 속앓이를 했다. 결국, 병이 든 조진은 낙양으로 돌아갔다.

93

공명 대 사마의

황룡 원년(229년), 동오의 손권도 문무백관의 추대를 받아 황제가 되었다. 손권은 큰아들 손등을 황태자로 세웠다. 그 소식을 듣게 된 촉한의 문무백관은 유선에게 동오와의 동맹을 취소해야 한다고 주장했다. 그러나 공명은 손권과 동맹 관계를 유지해서 위나라를 쳐야 한다고 주장했다.

한편 손권은 촉한과 동맹을 맺었지만, 위와 촉한의 싸움을 지켜보며 기회를 엿보고 있었다. 이때 공명은 진창성의 학소가 중병에 걸렸다는 정보를 얻었다. 공명은 절호의 기회로 여기고 강유와 위연에게 진창성을 공격할 준비를 시켰다. 위나라에서는 학소가 위독하다는 보고를 받고 성의 수비를 교대하기 위해 장합을 파견했다.

그러나 장합이 도착하기 전 진창성은 공명의 기습 공격을 받았다.

병상에 누워 있던 학소는 몸을 일으켜 성의 수비를 지휘하려고 했지만, 이미 성의 곳곳에서 불길이 치솟고 있었다. 그 모습을 본 학소는 그대로 쓰러져 숨을 거두었다. 학소가 없는 진창성은 공명의 공격을 막아 내지 못하고 결국 함락되었다. 공명은 위연과 강유에게 무도와 음평을 공격하라고 명한 뒤 기산으로 갔다.

동오와 촉한이 동맹을 맺고 위나라를 넘보자 조예는 사마의를 대도독으로 임명하여 촉한의 공격을 막게 했다. 사마의는 장합을 선봉으로 세워 10만 명의 군사를 거느리고 기산 아래의 위수 남쪽에 진을 쳤다. 공명이 음평과 무도를 공격하자 사마의는 곽회와 손례를 보내 두 고을을 돕게 했으나, 그 두 고을은 이미 위연과 강유가 차지한 뒤였다. 이에 사마의는 곽회와 손례에게 각각 미성과 옹성을 지키게 한 후 장합과 대릉을 불러 말했다.

"공명이 무도와 음평을 빼앗은 후 그곳에 머무르라고 본부를 비웠을 것이다. 오늘 밤 기습하여 적의 본부를 빼앗으라!"

장합과 대릉은 군사를 이끌고 촉한군의 본거지를 급습했다. 그러나 촉한군의 모습은 보이지 않고 나뭇잎을 가득 실은 수레들만 앞을 가로막고 있었다. 함정에 빠진 것을 직감한 장합과 대릉이 군사를 돌리려 할 때 요란한 함성과 함께 촉한군이 사방에서 쏟아져 나왔다. 촉한군이 장합과 대릉의 군대를 포위하자 공명이 모습을 드러내 호통을 쳤다.

"너희들은 모두 포위되었다. 저항해도 소용없으니 목숨이 아까우면 항복하라!"

"헛소리하지 마라!"

장합이 고함과 함께 창을 휘두르며 촉한군을 향해 돌격하자 그 맹렬한 기세에 겁을 집어먹은 촉한군의 포위망은 순식간에 흐트러졌다. 그 틈에 대릉 또한 장합의 뒤를 따라 달아났다. 공명은 삽시간에 포위망을 뚫고 달아나는 그 모습에 혀를 내두르며 감탄했다.

"장합이 용맹하다더니 결코 헛소문이 아니로구나. 살려 두었다간 장차 화근이 되겠구나."

한편 사마의는 장합과 대릉으로부터 상황을 보고받고, 자신의 계략을 간파하고 역이용한 공명의 통찰력에 놀라움을 금치 못했다. 사마의는 군사를 물리고 수비에 치중했다.

공명은 사마의가 수비를 굳건히 하며 싸움에 응하지 않자 장수들에게 각자의 진지에서 물러나게 했다. 그러나 사마의는 주둔지에서 움직이지 않았다.

공명은 10일 간격으로 30리를 물러나 진지를 구축하기를 세 번이나 거듭했다. 그러자 장합은 사마의에게 촉한군을 공격하자고 건의했다. 이에 사마의는 장합에게 군사 3만 명을 주어 선봉에 세우고 자신은 5천 명의 군사를 거느리고 뒤따랐다.

촉한군은 장합이 공격해 오자 싸우다 달아났다. 장합은 그 뒤를 맹렬하게 추격하는데, 갑자기 매복했던 촉한군이 나타나 오히려 장합군에게 역습을 가했다. 그러나 사마의도 촉한군의 매복 공격에 대비하고 있었기 때문에 오히려 촉한군을 포위했다. 이때 산 위에 매복했던 또 다른 촉한군이 사마의의 본진을 쳤다. 사마의는 놀라서 후퇴 명령을 내렸다. 그러자 촉한군은 혼란에 빠져 후퇴하는 위나라 군사를 공격하여 큰 승리를 거두었다.

공명이 승리의 기세를 몰아 다시 공격에 나서려고 할 때 전령이 달려와서 장포가 죽었다는 소식을 전했다. 이에 공명은 통곡하다가 피를 토하고 기절했다. 장포의 죽음에 충격을 받은 공명은 앓고 있던 병의 증세가 더욱 심해지자 어쩔 수 없이 군사를 거두어 한중으로 돌아갔다.

다음 해 7월, 위나라의 도독 조진은 촉한을 정벌하기 위해 조예에게 표문을 올렸다. 조예는 조진을 대사마에 정서부도독, 사마의를 대장군, 유엽을 군사로 삼아 40만 대군을 일으켰다.

이 무렵 공명은 병에서 회복되어 매일 군사들에게 팔진법을 가르치며 조련하고 있었다. 공명은 위나라 대군이 쳐들어온다는 보고를 받자 왕평과 장의에게 1천의 군사를 주어 진창을 지키게 했다.

"이달 안에 반드시 큰 비가 내릴 것이다. 위나라의 병력이 40만 대군이라고 해도 험한 산속까지 공격해 오지는 못할 것이다."

두 장수가 진창으로 떠나자 공명은 대군을 거느리고 한중으로 나아가면서 각 요충지마다 군량을 준비하게 하고 장마에 대비하게 했다.

한편 조진과 사마의가 진창성에 도착하고 나서 보름이 지났을 무렵, 갑자기 폭우가 쏟아지기 시작하더니 그칠 줄을 몰랐다. 한 달이 되었을 때 주둔지는 물에 잠기기 시작했다. 말은 먹을 풀이 없어 굶어 죽어 갔고 군사들은 원망의 소리를 그치지 않았다. 그 소식은 낙양에까지 전해졌고, 조예는 왕숙과 화흠 등 신하들의 상소에 따라 조진과 사마의에게 회군을 명했다. 이에 조진과 사마의는 진창에서 물러났다. 그러자 공명이 장수들에게 말했다.

"그들이 물러가도록 내버려 두었다가 야곡으로 나아가 기산을 차지하고 위군을 무찌를 것이오."

장수들은 공명이 기산에 집착하는 이유가 궁금했다.

"장안으로 진격할 길은 여러 곳이 있습니다. 어찌하여 기산만 고집하십니까?"

"기산은 장안의 머리와 같은 곳이오. 농서 지역에서 장안으로 가려면 반드시 기산을 거쳐야 하고, 앞으로는 위수가 흐르고 뒤로는 야곡에 접해 있어서 매복 작전을 펼치기에 더없이 좋은 곳이오. 그래서 기산을 먼저 차지하려는 것이오."

공명은 위연과 장의, 두경, 진식을 기곡으로 보내고 마대와 왕평, 장익, 마충을 야곡으로 보내 기산에서 다 함께 모이도록 했다. 그리고 공명은 관흥과 요화를 선봉으로 삼은 뒤 직접 대군을 거느리고 선발대를 뒤따라 출발했다.

한편, 조진은 촉한 군사들이 추격해 오지 않자, 자신들이 철수하는 사실을 모른다고 생각했다. 그러나 사마의는 공명이 기산을 노리

고 있다는 것을 간파했다. 조진과 사마의는 내기를 했다. 사마의가
말했다.

"만약 열흘 안에 적군이 나타나지 않으면 그 벌로 얼굴에 분을 바
르고 연지를 찍고 여자 옷을 입고 처벌을 받겠소."

조진도 호기롭게 말했다.

"좋소. 내가 지면 황제 폐하께서 나에게 선물하신 옥으로 만든 허
리띠와 말 한 필을 주겠소."

이에 군사를 두 방면으로 나누어 조진은 기산 서쪽 사곡 입구에
진을 치고, 사마의는 기산 동쪽 기곡 입구에 가서 진을 쳤다.

한편 위연과 장의, 진식, 두경이 기곡으로 향하고 있는데 등지가
와서 공명의 명을 전달했다.

"승상의 명이오. 기곡으로 갈 때 적군이 매복해 있을 것이니 수비
에 힘쓰고 공격하지는 말라고 하셨소."

진식은 공명의 명이 불만스러워 투덜거렸다.

"적들은 오랫동안 장마에 시달려서 도망치기도 바쁜데 매복할 여
유가 있겠소? 우리가 공격하면 크게 승리할 텐데 무엇이 두려워 수
비만 하라는 말씀이시오?"

위연도 진식의 말에 동조했다. 등지는 거듭해서 말렸으나 진식
은 고집을 꺾지 않고 몸소 군사 5천 명을 이끌고 급히 위군을 뒤쫓
았다.

적을 쫓기 시작한 지 7일째 되던 날, 사마의가 예상한 대로 진식
이 공격해 왔다. 진식은 사마의가 매복시킨 군사들에게 포위당하여

크게 패했고, 군사를 대부분 잃은 채 위연의 도움으로 겨우 목숨을 구했다. 진식이 패하여 돌아오자 공명은 명령을 어긴 죄를 물어 그를 처형했다.

한편 조진은 촉한군이 공격해 올 리가 없다고 여겨 방비를 소홀히 했다. 느긋하게 시간을 보내던 조진은 관흥과 요화, 오반, 오의 등 촉한의 네 장수가 동시에 공격해 오자 매우 놀랐다. 그런데 이번엔 마대와 왕평이 뒤쪽에서 쳐들어오고, 그 뒤로 마충과 장익도 군사를 이끌고 들이닥쳤다. 이에 위나라 군사들은 제각기 달아나기에 바빴다. 모든 장수가 조진을 호위하여 동쪽으로 달아나자 촉한군은 그 뒤를 바짝 추격했다. 때마침 사마의가 군사를 이끌고 와서 추격군을 물리쳐 주지 않았다면 목숨을 잃고 말았을 것이다.

사마의에게 목숨을 구원받은 조진은 부끄럽기 그지없었다. 결국, 그는 병이 들어 자리에 눕고 말았다. 공명은 그 소식을 듣고 조진에게 편지를 보냈다. 조진이 읽어 보니 자신을 비웃고 꾸짖는 내용이었다. 이에 조진은 울화가 치밀어 죽고 말았다.

사마의가 조진의 장례를 치르도록 시신을 낙양으로 보내자 조예는 사마의에게 촉한군을 물리치도록 독촉했다. 이에 사마의는 대군을 이끌고 공격에 나섰다.

공명과 사마의는 위수 기슭에 서로 진을 펼친 채 진법으로 승부를 겨루기로 했다. 사마의가 먼저 진법을 펼치자 공명은 그것이 혼원일기진이라는 것을 간파했다. 이번엔 공명이 진법을 펼쳤다. 사마의는 그 진법이 팔괘진이라는 것을 알았다.

공명은 사마의에게 자신의 진법을 깨뜨려 보라고 도발했다. 그러자 사마의는 장수들을 출정시켜 진 안으로 들여보냈지만, 그들은 빠져나오지 못하고 촉한 군사들에게 사로잡혔다. 그러자 사마의는 총공격을 감행했다. 그런데 갑자기 함성과 함께 관흥과 강유가 각자 다른 방향에서 기습해 왔다. 졸지에 포위당한 사마의는 필사적으로 활로를 찾아 달아나 위수 남쪽에 진을 치고 일체 싸움에 응하지 않았다.

공명이 승리를 거두고 기산으로 돌아왔을 때, 영안성에서 이엄이 보낸 군량미를 도위 구안이 운반해 왔다. 그런데 구안은 술을 무척 좋아해서 오는 동안 늑장을 부려 약속한 날짜보다 열흘이나 늦게 당도했다. 이에 공명은 크게 화를 냈다.

"전장에 나간 군사는 무엇보다 식량이 중요하다. 네가 그 중요한 임무를 수행하면서 늑장을 부렸으니 죽어 마땅하다. 이놈을 끌어내어 처형하라!"

그러자 장사 양의가 급히 나서서 말렸다.

"구안은 이엄이 손과 발처럼 부리는 수하입니다. 돈과 곡식이 서천 땅에서 많이 나는데 구안을 죽이면 앞으로 곡식을 운반해 올 사람이 아무도 없습니다."

공명은 그제야 화를 누그러뜨리고 구안에게 곤장 80대를 쳐서 내보냈다. 그러자 앙심을 품은 구안은 그 길로 사마의에게 가서 항복했다.

사마의는 구안에게 성도로 가서 공명이 황제의 자리를 **빼앗으려** 한다는 거짓 소문을 퍼뜨리게 했다. 그 소문은 환관들을 통해 황제 유선의 귀에도 들어갔다.

"믿을 수 없다. 승상의 충성심은 그 누구보다 내가 가장 잘 알고 있다."

"하지만 소문이 사실이면 어떻게 합니까? 일단 제갈량을 성도로 소환하고, 그가 가진 병권을 박탈해야 합니다. 이것은 반역을 예방 하기 위함입니다."

공명을 믿었던 유선도 환관들이 옆에서 부추기자 더럭 의심이 들 었다. 유선은 결국 조서를 내려 공명을 성도로 소환했다. 공명은 하 늘을 우러러 깊이 탄식했다.

"폐하께서 아직 나이가 어려 간신들의 모함에 넘어가셨구나. 마 침내 위나라를 무찌르게 되었는데 여기서 포기하다니, 이제 돌아가 면 나는 앞으로 두 번 다시 이런 기회는 얻기 힘들 것이다. 하지만 폐하의 명을 거역할 수 없으니 어쩔 수가 없구나."

강유가 침통한 표정으로 물었다.

"만일 우리가 회군하면 사마의가 이 기회를 놓치지 않고 뒤쫓아 와서 습격할 것이 분명합니다. 어찌하면 좋겠습니까?"

"나는 군사를 다섯 갈래로 나누어 철수할 것이다. 오늘 이곳의 군 사부터 철수시키되, 매일 밥 짓는 아궁이 수를 점차 늘려 갈 것이다. 군사가 천 명이면 아궁이는 2천 개를 만들고, 내일은 3천 개, 모레는 4천 개를 만드는 식이다. 사마의는 전략과 전술에 뛰어난 장수니 우리가 머물고 간 자리마다 와서 아궁이 수를 셀 것이다. 갈수록 아궁이 수가 늘어나면 그는 우리 군사의 수가 점점 늘어난다고 여겨 매복을 의심할 것이다."

공명의 예상대로 사마의는 촉한 군사들이 머물렀던 곳마다 아궁이 수가 점점 늘어나자 복병이 있다고 판단하여 추격을 멈추었다. 하지만 곧 공명의 계책이었음을 깨닫고 탄식하며 장안으로 철수했다. 그래서 촉한군은 한 명의 희생도 없이 무사히 귀환할 수 있었다.

성도로 돌아온 공명은 구안이 헛소문을 퍼뜨린 사실을 확인하고 관련자들을 찾아내어 처벌했다.

건흥 9년(231년) 봄, 공명은 다시 위나라를 공격하기 위해 출정했다. 그러자 조예는 사마의에게 촉한군을 막으라고 명했다. 이에 사마의는 장합을 선봉으로 삼고, 곽회에게 농서 지방을 지키게 했다.

공명은 농서 지방의 보리를 베어 군사들의 식량을 조달하려고 계획을 세웠다. 그러나 공명의 계획을 간파한 사마의는 장합에게 기산을 지키게 하고, 자신은 농서 지방을 돌며 촉한군이 보리를 베지 못하도록 방비를 튼튼히 했다. 공명은 자신의 계획이 간파당한 것을 알고 크게 놀랐다.

공명은 무슨 생각을 했는지 곧 목욕하고 옷을 갈아입은 후 사륜거 세 대를 내오게 했다. 이 사륜거들은 공명이 서촉을 정벌할 때 만든 것으로 모양이 똑같았다. 사륜거가 준비되자 공명이 명했다.

"강유는 군사 천 명과 북 치는 군사 5백 명을 거느리고 사륜거 한 대를 호위하여 상규 땅 뒤에 매복하라. 마대는 왼쪽, 위연은 오른쪽에 매복하되, 역시 각자 군사 천 명과 북 치는 군사 5백 명을 거느리고 사륜거 한 대씩을 호위하라. 그리고 사륜거 한 대마다 검은 옷을 입고 맨발에 머리를 풀고 칼을 찬 군사 스물네 명이 북두칠성기를 들고, 일제히 사륜거를 밀며 앞으로 나아가라."

세 장수가 각자 군사를 거느리고 사륜거를 밀며 떠나자, 공명은 군사 3만 명에게 보리 벨 낫과 밧줄을 준비하게 했다. 그리고 나서 공명은 검은 옷을 입고 맨발에 머리를 푼 군사 스물네 명에게 사륜거를 호위하게 한 뒤 직접 그 위에 앉았다. 관흥이 북두칠성기를 들고서 앞장서자 공명이 탄 사륜거는 위군의 진영을 향해 빠르게 나아갔다.

사마의는 사륜거 위에 앉은 공명을 보고 생각했다.

'제갈량이 또 요사스러운 짓을 꾸미고 있구나.'

사마의는 즉시 군사 2천 명에게 명했다.

"당장 가서 수레를 밀고 있는 자들을 잡아 오도록 하라."

명을 받은 2천 명의 군사들은 일제히 수레를 향해 말을 달렸다. 그러나 아무리 뒤쫓아도 사륜거는 잡힐 듯 말 듯하며 도무지 잡히지 않았다. 위군은 놀라서 추격을 멈추고 서로 얼굴을 마주 보며 말했다.

"괴상한 일이다. 우리가 수레를 뒤쫓아 30리를 달렸는데 거리가 조금도 좁혀지지 않으니 어찌 된 일인가? 어떻게 해야 저 수레를 따라잡을 수 있단 말인가?"

공명이 탄 수레는 위군이 추격을 멈추자 다시 방향을 돌려 위군 쪽으로 서서히 다가왔다. 이에 위군은 다시 수레를 향해 달려갔다. 그렇게 다시 추격한 거리가 20여 리나 되었다. 하지만 거리는 기이하게도 여전히 좁혀지지 않았다. 그러자 사마의는 공명이 축지법을 쓴다고 생각하여 추격을 멈추게 했다.

그런데 이때 요란한 북소리와 함께 여러 방향에서 동시에 수레에 탄 공명이 나타났다. 신출귀몰[13]하는 공명의 모습에 위나라 군사들은 크게 놀랐다. 두려움을 느낀 위군은 감히 맞서 싸울 생각도 못 하고 무기를 내던지며 달아나기에 바빴다. 사마의는 하는 수 없이 군사를 수습하여 상규로 달아나 성문을 걸어 잠근 후 나오지 않았다. 이때 공명의 명을 받은 촉한의 군사들은 이미 보리를 베어 노성으로 운반하고 있었다.

사마의는 그 사실을 알고 노성에서 보리를 타작하는 공명을 공격했지만, 공명은 성 동쪽과 서쪽 보리밭에 강유, 위연, 마충, 마대 네 장수를 매복시켜 두고 있었다. 결국, 사마의는 크게 패하고 말았다.

그런데 이 무렵 영평의 이엄이 편지를 공명에게 보내왔다. 동오의 손권이 낙양으로 사신을 보내 위나라와 화친을 맺었고, 위나라는 동오에 촉한을 공격하게 했다는 내용이었다. 이에 공명은 손권이 군사를 일으켜 쳐들어올 것을 염려하여 장수들을 불러 모았다.

"손권이 군사를 일으켜 우리 땅을 침략하면 한중에 남은 병력으로 막을 수 없다. 속히 돌아가야 한다. 기산에 주둔한 군사들에게 서천으로 철수하라고 전하라. 내가 노성에 있는 한 사마의는 감히 우리 군사를 뒤쫓지 못할 것이다."

공명의 지시를 전달받은 왕평과 장의, 오반, 오의는 즉시 기산에서 서천으로 물러났다. 그러자 장합은 촉한군의 계략은 아닌지 불안해서 감히 추격하지 못하고 사마의에게 보고했다. 사마의는 공명의 계략일 수 있으니 움직이지 말고 기다리라고 명했다.

한편 기산의 군사들이 안전하게 서천으로 철수하자 공명은 마충과 양의를 불러 지시했다.

"그대들은 먼저 궁노수 만 명을 거느리고 검각 땅 목문도로 가서 나무와 돌을 준비하라. 그곳 골짜기 위 양쪽에 매복했다가 적들이 추격해 오면 속히 나무와 돌을 굴려 길을 막고 고립된 적에게 활과 노를 쏘아라!"

명을 받은 두 장수는 즉시 군사를 이끌고 길을 떠났다. 공명은 또 위연과 관흥을 불러 뒤에서 위군의 추격을 막게 한 뒤 군사들을 모두 거느리고 목문도로 떠났다. 그러자 장합은 자원해서 공명을 추격하겠다며 나섰다. 사마의는 장합의 성격이 급한 것을 문제 삼아 만류했다. 장합이 거듭해서 추격에 나서기를 요청하자 사마의는 마침내 승낙하고, 촉한군의 매복을 조심할 것을 당부했다.

장합이 군사 5천 명을 이끌고 추격에 나서자, 사마의는 위평에게 군사 2만 명을 주어 장합의 뒤를 따르며 촉한군의 매복에 대비하게 했다. 그리고 자신은 군사 3천 명을 이끌고 그들을 지원했다.

장합이 급히 말을 달려 30여 리를 갔을 때, 갑자기 함성과 함께 숲속에서 위연이 군사를 이끌고 나타났다. 위연이 장합을 향해 달려들며 소리쳤다.

"역적 장합은 군사를 이끌고 어디를 가느냐?"

장합은 위연의 공격에 맞서 10여 합을 겨루었는데 갑자기 위연이 말을 돌려 달아났다. 장합이 위연을 추격하여 다시 30여 리를 갔을 때 이번엔 관흥이 나타나 장합을 공격했다.

"장합은 목숨을 내놓아라!"

다시 두 장수는 10여 합을 겨루었는데, 관흥도 장합을 이기지 못하고 패하여 달아났다. 장합은 이번엔 관흥의 뒤를 쫓아가다가 숲이 울창한 곳에 이르러 문득 의심이 나서 추격을 멈추었다. 군사들을 시켜 주변을 수색한 결과 매복은 없었다. 이에 안심한 장합은 다시 추격에 나섰는데 이번엔 위연이 앞에서 나타났다. 장합은 다시 위연과 싸웠고, 10여 합을 겨루었을 때 위연은 다시 달아났다. 장합이 그 뒤를 쫓아가는데 이번엔 관흥이 나타나 길을 막아섰다. 장합은 다시 관흥과 겨루는데 10여 합이 지나자 관흥은 말 머리를 돌려 다시 달아났다.

이렇게 관흥과 위연이 교대로 나타나 장합의 앞을 막아서자 장합은 화가 머리끝까지 치밀었다. 장합은 위연이 목문도 안으로 달아나자, 이를 갈며 추격에 나섰다. 한참을 뒤쫓는데 갑자기 산 위에서 불꽃이 치솟았다. 그와 동시에 골짜기 위 양쪽에서 나무와 돌이 굴러내려와 길을 막아 버렸다. 장합과 그의 군사들은 앞뒤의 길이 막혔고, 좌우는 높은 절벽이어서 앞으로 나갈 수도 되돌아갈 수도 없는 처지가 되었다. 장합은 크게 놀라 부르짖었다.

"내가 적의 계략에 당했구나."

이때, 양쪽 골짜기 위에서 화살이 빗발치듯이 쏟아졌다. 무방비 상태에서 화살 공격에 노출된 장합과 그의 군사들은 목문도에서 몰살당했다. 사마의는 장합이 죽자 슬픔을 참지 못하여 하늘을 우러러 탄식했다.

"장합이 죽음을 당한 것은 나의 불찰이다."

사마의는 결국 군사를 거두어 낙양으로 돌아갔다. 조예는 장합이 죽었다는 소식을 듣고 눈물을 흘리며 장합의 시신을 거두어 성대하게 장례를 치러 주게 했다.

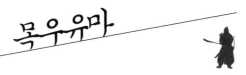

94

목우유마

한편 성도로 돌아온 공명은 손권이 위나라와 화친을 맺었다는 소식이 거짓이라는 걸 알게 되었다. 이엄이 약속한 날짜에 군량을 공급하지 못하자 처벌을 걱정하여 거짓 보고를 했던 것이었다. 이에 공명은 분노하여 이엄의 관직을 박탈하고 귀양을 보냈다.

그로부터 세월은 흘러 어느덧 3년이 지나 건흥 12년(234년)이 되었다. 공명은 그동안 군량과 마초를 비축하고 군사를 조련하여 다시 위나라 공격에 나섰다. 공명이 한중으로 가서 작전을 세우고 있는데, 관흥이 병으로 죽었다는 소식이 왔다. 뜻밖의 소식에 공명은 대성통곡하다가 기절한 뒤 한참 후에야 깨어났다. 장수들이 위로하자 공명은 깊이 탄식했다.

"아깝도다. 내가 출정하기도 전에 또다시 뛰어난 장수를 잃었구나."

공명은 관흥을 깊이 애도한 후, 34만 대군을 다섯 길로 나누어 진군시켰다. 사마의는 그 소식을 듣고 하후연의 네 아들 하후패, 하후위, 하후해, 하후화 등과 함께 40만 대군을 이끌고 공명을 막으러 출정했다.

공명은 북원을 공격하는 척하다가 위수 남쪽을 공격하여 장악하려는 전략을 세웠다. 그러나 사마의는 정탐꾼의 보고를 받고 공명의 계책을 간파했다. 공명은 그 사실을 모른 채 위연과 마대에게 북원을 치게 하고, 왕평, 장의, 강유, 마충, 요화, 장익 등 장수들을 주력군으로 삼아 위수 근처 위나라 군대의 주둔지를 공격하게 했다.

결국, 위연과 마대는 사마의가 펼친 매복 작전에 걸려 패했고, 위수를 공격한 군사들도 크게 패하여 전사자가 1만여 명에 달했다. 공명은 자신의 작전이 실패하고 크게 패하자 잠을 이루지 못하며 괴로워했다.

공명은 비의에게 편지를 써 주며 손권에게 보내 함께 위나라를 정벌하자고 제안했다. 이에 손권은 공명의 제안을 받아들여 30만 대군을 일으켰다. 손권은 거소문으로 나가 신성을 빼앗기로 하고, 육손과 제갈근에게는 강하와 면구로 나가 양양을 치게 하고, 손소와 장승은 강릉으로 보내 회양을 공격하게 했다.

한편 공명은 위수 동쪽의 지형을 살피다가 호로곡, 혹은 상방곡이라 부르는 호리병 모양의 골짜기를 발견하고 한 가지 계책을 떠올렸다.

공명은 군사 중 목공 기술에 능한 자를 따로 뽑아서 호로곡으로 보내 목우와 유마를 만들게 했다. 목우와 유마는 나무를 재료로 소와 말의 형태를 본떠 만든 수레였다. 이 수레는 공명이 발명한 것으로 마치 살아 있는 짐승처럼 움직이며, 많은 양의 군량과 마초를 실어 나를 수 있었다. 며칠 뒤 목우와 유마가 완성되자 공명은 우장군 고상에게 명하여 나무로 만든 말과 소들을 끌고 기산과 주둔지 사이를 오가며 곡식을 실어 나르게 했다. 그 사실을 알게 된 사마의는 크게 놀랐다.

"내가 적들이 도발해도 나가서 싸우지 않은 것은 식량이 떨어져 스스로 자멸하기를 기다렸던 것이다. 이제 그런 방법을 쓴다니 쉽게 물러갈 뜻이 없는 것이로구나. 이 일을 어찌하면 좋단 말인가."

사마의는 급히 장의와 악침을 불렀다.

"너희는 각기 군사 5백 명씩을 촉한군으로 변장시킨 후 사곡 골짜기로 가서 매복하라. 촉한군이 나무로 만든 말과 소를 끌고 그곳을 지나가면 더도 말고 서너 마리만 빼앗아 오도록 하라."

명을 받은 장의와 악침은 사곡 골짜기에 매복했다. 마침내 고상이 군사를 거느리고 나무로 만든 소와 말들에 곡식을 싣고 지나가자, 장의와 악침은 그들을 습격했다. 촉한군은 맞설 생각을 버리고 목우와 유마 몇 마리를 팽개친 채 달아났다. 장의와 악침은 목적을 달성하자 촉한군을 쫓지 않고 버려진 목마와 유마를 끌고 돌아왔다. 목마와 유마를 빼앗긴 고상은 울상이 되어 공명에게 그 사실을 보고했다. 그러자 공명은 화를 내기는커녕 오히려 웃었다.

"나는 그들이 목우와 유마를 빼앗아 가기를 바라고 있었다. 머지 않아 우리는 빼앗긴 것의 수십 배를 얻게 될 것이다."

장수들이 의아해서 물었다.

"어떻게 그런 일이 가능합니까?"

공명이 대답했다.

"사마의는 내가 잘 알고 있다. 그는 목우와 유마를 보기만 해도 반드시 그것과 똑같이 만들 것이다. 그때 내가 계책을 쓸 것이다."

한편 사마의는 빼앗아 온 목마와 유마를 유심히 살펴보았다.

"나무로 만든 말과 소가 자유자재로 움직이다니, 과연 살아 있는 동물 같구나. 공명이 이런 방법을 쓴다면 나라고 못 할 것도 없지."

사마의는 크게 감탄하며 그것을 본떠 목우와 유마를 만들게 했다. 솜씨 좋은 목공이 백여 명이 작업에 투입되자 위군은 보름이 못 되어 약 2천여 필을 만들었다. 사마의는 진원장군 잠위에게 군사 천 명을 주어 목우와 유마를 끌고 농서로 가서 곡식과 마초를 운반해 오게 했다.

촉한의 정탐꾼이 그 사실을 보고하자 공명은 왕평을 불러 지시했다.

"그대는 군사 천 명을 위군으로 변장시켜 적의 수송 부대에 침투한 뒤 곡식을 나르는 군사를 모두 죽여라. 그곳에 있는 목우와 유마를 북쪽 벌판으로 끌고 오면 반드시 위군이 추격해 올 것이다. 그때 목우와 유마의 혓바닥을 비틀면 움직이지 않을 것이니, 그냥 버려두고 달아나라. 적들은 목우와 유마를 끌고 가려고 해도 움직이지 않아서 어쩔 줄을 모를 것이다. 그때 다시 군사를 보낼 것이니 그들과 힘을 합쳐 위군을 물리쳐라. 그런 뒤 목우와 유마의 혀를 제자리로 돌려놓으면 다시 움직일 것이니 끌고 오도록 하라."

왕평이 군사를 거느리고 떠나자 공명은 이번엔 장의를 불렀다.

"그대는 군사 5백 명을 귀신으로 분장시켜 산길 옆에 매복하라. 화약이 든 호리병을 준비하고 있다가 목우와 유마가 오거든 호리병에 불을 붙여 터뜨리고 일제히 달려가 목우와 유마를 빼앗아라. 적은 귀신으로 분장한 우리 군사들의 모습을 보고 두려워 감히 뒤쫓지 못할 것이다."

장의가 군사를 거느리고 떠나자 이번엔 위연과 강유, 그다음엔 요화와 장익을 불러 서로 다른 임무를 주어 떠나보냈다.

한편 위나라 장수 잠위는 군사를 거느리고 목우와 유마를 몰고 곡식을 나르고 있는데 순찰병들이 나타났다. 그들은 위군으로 변장한 왕평과 그의 부하들이었다. 잠위는 별 의심 없이 그들을 수송 대열에 합류시켰다. 그들이 다시 출발했을 때 갑자기 함성과 함께 위군으로 변장한 왕평과 부하들이 잠위와 그의 부하들을 덮쳤다. 위군은 제대로 싸워 볼 겨를도 없이 촉한군의 칼날에 쓰러졌다. 잠위는 왕평과 맞서 용감히 싸웠으나 당해 내지 못하고 왕평의 칼에 목이 떨어졌다. 그 모습을 본 살아남은 위나라의 군사들은 뿔뿔이 흩어져 달아났다.

왕평은 달아나는 위군을 버려두고 목우와 유마를 끌고 자신의 주둔지로 향했다. 이때 도망쳤던 위군은 곽회에게 달려가서 목우와 유마를 빼앗겼다고 보고했다. 곽회는 크게 놀라며 군사를 이끌고 추격에 나섰다. 얼마 후 곽회에게 따라잡힌 왕평은 목우와 유마의 혓바닥을 비튼 뒤 그대로 달아났다. 곽회의 명에 따라 군사들이 우르르 달려가 목우와 유마를 끌어가려 했다. 그런데 어찌 된 일인지 아무리 밀고 당겨도 목우와 유마는 옴짝달싹을 하지 않았다.

곽회는 당황해서 어쩔 줄을 몰라 했다. 이때 산 뒤쪽에서 북소리가 울리며 위연과 강유가 나타나 공격해 왔다. 달아나던 왕평도 되돌아와 공격에 합류했다. 곽회는 앞과 뒤에서 촉한군이 쳐들어오자 자신이 계략에 빠졌다는 것을 깨닫고 서둘러 산속으로 길을 찾아 달아났다. 왕평이 빼앗은 목우와 유마의 비틀어진 혓바닥을 다시 원래대로 돌려놓자 움직이기 시작했다.

왕평이 목우와 유마를 끌고 가는 것을 본 곽회는 군사를 돌려 공격을 감행했다. 그 순간 산 뒤쪽에서 폭발음과 함께 연기가 자욱하더니 귀신으로 분장한 장의의 부하들이 나타났다. 이를 본 위나라 군사들은 혼비백산하여 더는 공격하지 못했다. 그러자 귀신으로 분장한 촉한군은 목우와 유마를 호위하여 바람처럼 달려갔다.

곽회는 놀랍고 두려워 창백해진 얼굴로 중얼거렸다.

"저것은 분명 귀신이 아닌가? 귀신까지 적들을 돕고 있다니 큰일이로구나."

곽회가 패했다는 소식을 듣고 사마의는 급히 구원에 나섰다. 그런데 도중에 장익과 요화가 나타나 기습 공격을 해 왔다. 위나라 군사들은 갑작스러운 공격을 받고 크게 패하여 달아나기에 바빴다. 사마의도 그 와중에 요화에게 쫓겨 홀로 숲속으로 달아났다. 요화는 쫓고 사마의는 쫓기는 추격전이 한참이나 이어졌다. 마침내 사마의를 바짝 뒤쫓은 요화는 칼을 들어 사마의를 향해 힘껏 내리쳤다. 그러나 사마의는 아슬아슬하게 몸을 피했고, 칼은 애꿎은 나무에 깊숙이 박혔다. 그사이 사마의는 요화의 추격을 무사히 벗어날 수 있었다.

이때 손권이 군사를 세 방면으로 나누어 위나라를 공격하자 위의 황제 조예는 군사를 일으켜 역시 세 방면에서 대항했다. 유소를 보내 강하를 지키게 하고, 전예에게는 양양을 방어하게 한 뒤 자신은 친히 대군을 거느리고 만총과 함께 합비를 향했다. 제갈근이 동오의 전함을 이끌고 소호 땅 어귀에 정박하자, 조예는 만총과 장구를 보내 야습을 감행했다. 별다른 방비 없이 어둠 속에서 기습 공격을 받은 제갈근의 군대는 크게 패하고 말았다. 위군은 사방에 불을 질러 전함과 곡식, 마초, 무기를 태웠고, 동오군의 전력에 막대한 타격을 입혔다. 제갈근이 패잔병을 거느리고 면구 땅으로 달아나자, 만총과 장구는 대승을 거두고 돌아갔다.

그 사실을 알게 된 육손은 싸워 봤자 별다른 이득을 얻기 어렵다고 판단하여 철수를 결정했다. 육손은 제갈근에게 위군과 대항하는 척 시키고, 자신은 양양으로 진격하는 것처럼 속여서 위군의 추격을 막은 뒤 천천히 후퇴했다. 육손의 전략 덕분에 동오군은 피해 없이 안전하게 철수할 수 있었다. 조예는 동오의 군사들이 모두 물러간 것을 알고 탄식했다.

"육손의 지략이 손자에 뒤지지 않는구나. 육손이 존재하는 한 동오를 평정하기가 쉽지 않겠구나."

조예는 군사를 돌려 장수들에게 각 요충지를 지키게 하고, 일단 합비로 돌아가 정세를 관망하기로 했다.

한편 공명은 기산에 주둔하면서 군사들에게 그곳의 농부들과 함께 농사를 짓도록 명했다. 촉한 군사들은 수확을 거두면 곡식량의 3분의 1을 가지기로 하고 농부들에게 3분의 2를 나눠 주겠다고 하자 농부들은 안심하고 농사를 지었다.

사마의는 공명이 장기전에 나서려는 계획임을 눈치채고, 성급하게 전투에 나서지 않고 굳건히 수비에 힘을 쏟았다. 이에 공명은 나무 울타리를 둘러 치고 그 안에 구덩이를 파서 마른 풀과 나무를 쌓아 두게 했다. 근처의 산에도 마른 풀과 나무를 이용해서 초막을 지어, 그 주위에 유황을 뿌리고 화약을 묻어 함정을 만들게 했다. 그리고 마대를 불러 호로곡 뒤편의 길을 끊고, 골짜기에 매복하게 했다.

95

하늘의 뜻을 구하는 공명

　하루는 하후혜와 하후화 형제가 촉한군 1백여 명을 사로잡아 왔
다. 사마의는 포로 중 한 명에게 물었다.

　"제갈량은 지금 어디에 있느냐?"

　"호로곡 서쪽 부근에 주둔하고 계십니다. 그래서 날마다 상방곡
에 군량을 날라다 쌓게 하고 계십니다."

　사마의는 사로잡힌 촉한군을 모두 돌려보낸 뒤 잠시 생각에 잠겼
다. 이윽고 그는 촉한군의 본거지인 기산을 쳐서 촉한군의 주력을
유인한 뒤 호로곡을 친다는 계획을 세웠다. 위나라 군사들이 기산의
촉한군 진영을 공격하자 공명은 장수들에게 명을 내렸다.

　"적들이 모두 기산으로 모여든 지금, 적의 주둔지를 빼앗고 내친
김에 위수 남쪽 땅을 모두 빼앗으라."

공명의 명을 받은 촉한군은 기산을 구원하러 가는 척 함성을 지르며 달려 나갔다. 그 모습을 본 사마의는 급히 두 아들과 함께 호로곡으로 군사를 이끌었다. 마침내 사마의가 세운 작전이 성공을 거둘 참나였다. 이때 호로곡 어귀에 매복해 있던 위연이 달려와 전투가 벌어졌지만, 그는 얼마 안 가서 달아나 버렸다. 사마의는 그 뒤를 맹렬하게 추격하여 골짜기로 들어섰는데 위연의 모습은 어디에도 보이지 않았다.

골짜기 안에 지어진 움막들을 살펴보니 그곳엔 마른 나뭇가지와 마른 풀잎만 가득 채워져 있었다. 사마의가 뭔가 수상한 점을 느끼는 순간 갑자기 산 위에서 횃불이 떨어져 내리며 골짜기는 순식간에 불바다가 되고 말았다. 좁은 골짜기 안에서 초막과 나뭇더미에 불이 옮겨붙자 불길은 하늘을 찌를 듯한 기세였다. 엎친 데 덮친 격으로 산 위에서는 촉한군이 쏘아 대는 불화살까지 비 오듯 쏟아졌다.

사마의와 두 아들은 부둥켜안고 통곡했다.

"우리가 이제 여기서 죽게 되는구나."

그런데 갑자기 하늘에 먹구름이 몰리더니 뇌성벽력[14]이 치면서 굵은 비가 쏟아지기 시작했다. 골짜기 안의 불길은 쏟아지는 빗물에 순식간에 꺼졌다. 사마의와 두 아들은 구사일생으로 목숨을 구했다. 이에 공명은 깊이 탄식했다.

"사람이 계획을 세우고 실행에 옮겨도 일을 성사시키는 것은 하늘의 뜻이구나."

사마의는 군사를 이끌고 골짜기 밖으로 허둥지둥 달려 나갔다. 이때 마대는 그 모습을 지켜보면서도 거느린 군사가 사마의의 군사에 비해 월등히 적어 감히 추격하지 못했다.

사마의는 위남의 본거지로 돌아갔으나 그곳은 이미 촉한군의 차지가 되어 있었다. 이에 사마의는 촉한군이 뒤쫓아오지 못하도록 부교[15]를 불태운 후 위수 북쪽의 언덕에 주둔했다.

공명은 오장원에 진을 치고 연일 싸움을 걸었지만, 사마의는 일절 응하지 않았다. 이에 공명은 여인들이 쓰는 두건과 흰 상복을 상자에 넣고 사마의를 조롱하는 편지까지 보냈다. 하지만 사마의는 평정심을 잃지 않았다. 사마의가 공명이 보낸 상자와 편지를 가져온 사자에게 물었다.

"공명께서는 요즘 잠자리와 음식을 어떻게 하시며 일은 어떻게 처리하시는가?"

사자가 대답했다.

"아침 일찍 일어나 밤늦게 주무시며 작은 형벌을 내리는 일까지 직접 주관하십니다. 식사는 적게 드시는 편입니다."

사마의가 웃으며 말했다.

"먹는 것은 적고 일은 많으니 오래 버티실 수 있겠는가?"

한편 성도에서 비의가 와서 공명에게 소식을 전했다.

"동오군이 위나라로 쳐들어갔다가 제갈근이 만총의 습격을 받았습니다. 전함과 식량은 물론 마초와 무기까지 불타서 막대한 피해만 보고 철수하였답니다."

공명의 계획이 한순간에 물거품이 되고 마는 순간이었다. 공명은 허탈한 마음을 감추지 못하여 길게 탄식하다가 그만 정신을 잃고 쓰러졌다. 그의 병이 다시 심해진 것이다. 한참이 지나서야 겨우 정신을 차린 공명이 힘없이 말했다.

"아아, 나의 운명도 이제 다한 것 같구나."

이에 강유는 안타까운 마음을 달래지 못해 액운을 막는 술법을 사용해 볼 것을 권했다.

"그 방법을 모르는 것은 아니지만, 하늘의 뜻을 헤아릴 수가 없구나. 내가 장막 안에서 하늘에 기도를 올려 목숨을 빌어 보겠다. 만일 7일 동안 장막 안의 등불이 꺼지지 않으면 앞으로 12년은 더 살 수 있을 것이다. 하지만 등불이 꺼지면 나의 목숨도 다한 것이다."

공명은 목욕재계하고 장막 안으로 들어가 제단을 쌓고 일곱 개의 등불을 밝혔다. 그러고는 절을 올린 후 기도하기 시작했다.

한편 밤하늘을 살피던 사마의는 공명의 명이 다했음을 느끼고 하후패에게 오장원의 동정을 살피게 했다. 공명이 세상을 떠나면 혼란에 빠진 촉한군을 기습할 생각이었다.

그날 밤은 공명이 기도를 올린 지 여섯째 되는 날이었다. 이때까지 등불은 모두 밝게 타오르며 꺼질 기미를 보이지 않았다. 공명은 자신의 기도가 통한다고 생각해 속으로 매우 기뻐했다. 그런데 장막 밖에서 함성이 일어나더니 갑자기 위연이 장막 안으로 급히 뛰어들었다.

"위나라 군사들이 쳐들어왔습니다."

순간 위연의 발에 가운데 등불이 걸려 넘어지면서 그만 불이 꺼지고 말았다. 공명은 깜짝 놀라며 길게 탄식했다.

"사람이 죽고 사는 것은 하늘의 뜻에 달린 법, 기도로 목숨을 연장하지는 못하겠구나."

위연은 놀라서 엎드려 처벌을 청했고, 화가 난 강유는 칼을 뽑아 위연을 베려고 했다. 공명은 손을 들어 강유를 만류했다.

"그만두어라. 내 명이 다한 것이지 위연의 잘못은 아니다."

강유는 칼을 도로 칼집에 꽂았다. 공명은 기침과 함께 몇 번 피를 토하더니 침상에 누워 위연에게 말했다.

"사마의는 아마도 내가 병든 줄 알고, 정탐꾼을 보낸 것이다. 그대는 속히 나가서 적을 무찔러라!"

위연이 명을 받고 나가자 공명은 강유에게 책을 건네며 말했다.

"이제 내 목숨은 얼마 남지 않았다. 이 책은 내가 평생에 걸쳐 배운 것을 스물네 편의 글로 정리한 것이네. 그대만이 이 책의 주인이 될 자격이 있으니 부디 소중하게 활용하게. 그리고 쇠뇌 하나로 열 개의 화살을 쏠 수 있는 연노라는 것을 고안해서 설계도를 그려 놓았으니 나중에 만들어서 사용하게."

강유는 울면서 절하고 책을 받았다. 강유에게 다시 몇 마디 당부의 말을 전한 공명은 이번엔 마대를 불러 귓속말로 무언가 계교를 일러 주었다.

"내가 죽은 뒤 그대는 내가 알려 준 계책대로만 시행하게."

마대가 나가고 조금 뒤에 양의가 들어왔다. 공명은 양의에게 비단 주머니 하나를 건네며 은밀히 당부했다.

"내가 죽고 나면 위연이 반드시 배반할 것이다. 그때가 되면 이 주머니를 열어 보라. 그러면 위연을 처치할 사람이 나타날 것이다."

96
오장원에 떨어진 별

　공명은 자기가 죽고 난 뒤의 일까지 모두 대비한 다음 정신을 잃고 쓰러졌다. 그리고 저녁이 되어서야 겨우 깨어났다. 공명은 자신의 병이 위독함을 알리는 편지를 써서 유선에게 보냈다. 유선은 깜짝 놀라 즉시 상서 이복을 보내 공명의 병세를 살피게 하고 만약의 경우를 대비하여 뒷일을 묻게 했다. 그러자 공명은 눈물을 흘리며 말했다.

　"내가 불행히 큰일을 이루지 못하고 세상을 떠나게 되어 천하에 큰 죄를 짓게 되었소. 내가 죽은 후 그대들은 폐하에게 충성을 다해 주시오. 그리고 나라의 제도를 함부로 고쳐서는 안 되며, 내가 임명한 관리들을 물러나게 해서도 안 되오. 나의 모든 병법은 강유에게 물려주었으니 그는 내 뜻을 이어 힘써 나라를 지킬 것이오.

내 목숨이 이제 다하였으니 황제 폐하께 표문을 올려 모든 것을 아
뢸 것이오."

공명이 당부하자 이복은 눈물을 흘리며 그 길로 걸음을 재촉하여
성도로 돌아갔다. 이복이 돌아가자 공명은 병든 몸을 가까스로 일으
켰다. 그러고는 좌우의 부축을 받으며 수레에 올라 주둔지를 둘러보
았다. 그 모습을 본 장수들은 소매로 눈물을 닦았다. 이때 차가운 가
을바람이 불어와 공명의 얼굴을 스치자, 그의 온몸에 싸늘한 기운이
뼛속까지 스며들었다. 공명은 몸을 부르르 떨며 길게 탄식했다.

"아, 이제 다시는 전장에 나가 적을 무찌를 수 없겠구나. 하늘은
저토록 높고 넓은데 사람의 수명은 어찌 이리도 짧다는 말인가?"

공명은 한동안 탄식하다가 장막으로 돌아온 뒤 병세가 더욱 심해
졌다. 이에 공명은 양의를 불러 명했다.

"문방사보[16]를 가져다주게."

공명은 곧 붓을 잡고, 황제에게 올리는 마지막 표문을 써 나갔다.

신 제갈량이 엎드려 바라건대, 폐하께서는 마음을 맑게 하시고 욕
심을 누르며 늘 검소하게 지내소서. 백성을 사랑하시되 은혜를 널
리 베푸셔서 선제의 뜻을 받드소서. 숨은 인재를 찾아 등용하시고
간사한 무리를 멀리하소서. 신의 집에는 뽕나무 800그루와 밭 50
마지기(약 5000평)가 있으니 제 자손의 생계는 걱정 마시옵소서. 신
은 업무를 수행하는 동안 모두 나라의 물건을 사용했으며, 따로 살
림과 재산을 늘린 것이 없나이다. 이는 신하의 도리를 저버리지 않

기 위함이었습니다.

공명은 표문을 작성한 후 다시 양의에게 부탁했다.

"내가 세상을 떠나면 죽음을 알리거나 장례를 치르지 말게. 내 시신을 사당 안에 앉히고, 쌀 일곱 알을 입안에 넣고 다리 밑에 등불을 하나 밝혀 주게. 그렇게 하면 나의 영혼이 나의 별을 받쳐 떨어지지 않게 할 것이며, 사마의는 놀라며 의심할 것일세. 사마의가 나의 생사를 알 수 없어 주저하는 동안 주둔지 후방의 군사부터 차례로 철수시키게. 만약 사마의가 추격해 오면 깃발을 세운 뒤 북을 울리고 내 모습을 본뜬 목상을 수레에 실어 추격대를 향해 전진하게. 사마의는 내가 살아 있는 것으로 착각하여 놀라 달아날 것이네."

그날 밤 공명은 밖으로 나와 북두성을 바라보며 그 가운데 한 별을 가리켰다.

"저것이 바로 나의 별이다."

그 별은 희미하게 빛나며 금방이라도 떨어질 것 같았다. 공명이 쓰러져 혼수상태에 빠졌을 때 이복이 다시 돌아와 누구에게 중책을 맡겨야 할지 물었다.

"장완이 적임자니 큰일은 그에게 맡기시오."

이복이 다시 물었다.

"장완의 뒤는 누가 계승하는 것이 좋겠습니까?"

공명이 힘겹게 대답했다.

"비의가 계승하는…… 것이 좋겠소."

"그럼 비의 다음엔 누가 계승해야 합니까?"

"……."

그러나 더는 대답이 없었다. 장수들이 가까이 가서 살펴보니 공명은 이미 숨져 있었다. 때는 건흥 12년(234년) 8월 23일, 공명의 나이 54세였다.

강유와 양의는 공명의 유언대로 공명의 죽음을 숨기고 시신을 염하여 사당에 안치하고, 심복 장수와 군사 3백 명을 시켜 지키게 했다.

그날 밤 사마의는 밤하늘을 올려다보고 있었다. 그때 큰 별 하나가 붉은빛을 뿜으며 촉한군의 주둔지로 떨어지는 것이 보였다. 사마의는 기뻐하며 말했다.

"마침내 공명이 죽었구나."

사마의는 즉시 군사를 이끌고 촉한군을 공격하려고 했다. 그러나 곧 그의 마음속에 의심이 일어났다.

'공명이 일부러 술법을 사용하여 죽은 체하고 나를 유인하려는 술책이 아닐까? 내가 섣불리 공격에 나섰다가는 공명의 계책에 말려들 수 있다.'

사마의는 일단 공격을 미루고, 하후패를 보내 오장원을 정탐하게 했다.

다음 날, 비의는 위연의 장막으로 찾아가 공명이 죽었다는 사실을 알리고, 군사를 이끌고 사마의가 추격해 올 것에 대비하라고 일렀다. 그러자 위연은 크게 놀라 물었다.

"승상의 업무는 앞으로 누가 맡기로 했소?"

비의가 대답했다.

"승상의 유언에 따라 임시로 양의가 맡게 되었소. 또한, 병법은 모두 강유에게 전수하셨소. 지금 장군께 명령을 내린 것도 양의요."

그러자 위연은 화를 벌컥 냈다.

"나는 정서대장군 남정후요. 그런데 어찌 한낱 장사 벼슬인 양의가 내게 명령을 내린단 말이오? 양의에게 승상의 관을 모시고 서천으로 가서 장례나 치르라 하시오. 나는 몸소 대군을 이끌고 사마의를 공격하겠소. 승상 한 분이 돌아가셨다고 해서 국가의 큰일을 중단할 수는 없소."

위연이 뜻밖에 혈기를 부리자 비의는 일단 그를 진정시키기로 했다.

"장군의 말이 옳소. 하지만 신중하게 행동하여 적군의 비웃음을 사지 않도록 주의하시오. 내가 즉시 양의를 찾아가 군대의 지휘권을 장군에게 양보하도록 설득해 보겠소. 내가 승낙을 받아 올 때까지 기다려 주시오."

위연은 비의의 제안을 받아들이기로 했다. 비의는 그 길로 양의에게 가서 위연이 했던 말을 전했다. 양의는 한숨을 내쉬었다.

"승상께서 돌아가시기 전 내게 '위연은 반드시 배반할 것'이라고 말씀하셨소. 내가 그에게 명을 내린 것도 그의 마음을 떠보기 위해

서였소. 과연 승상의 말씀대로요. 나는 승상의 유언대로 강유를 시켜 사마의의 공격을 막도록 하겠소."

양의는 곧 공명의 관을 수레에 싣고 먼저 떠나고, 강유에게 사마의의 추격을 막게 했다. 그리고 공명이 시킨 대로 각 곳의 군대를 차례로 철수시켰다.

한편 위연은 비의의 소식을 기다리고 있었으나 아무리 기다려도 연락이 없었다. 문득 의심이 든 위연은 마대를 보내 상황을 살펴보고 오게 했다. 잠시 후 마대가 돌아와서 보고했다.

"군사들은 이미 절반이나 철수했고, 나머지는 강유가 지휘하고 있습니다."

그제야 위연은 비의에게 속았다는 것을 알고 분노했다.

"하찮은 선비 놈이 어찌 나를 속일 수 있느냐! 내가 반드시 그놈을 잡아 죽이고 말겠다."

화가 난 위연이 마대를 돌아보며 물었다.

"그대는 나를 도와주지 않겠소?"

"나도 양의에게 원한이 있소. 장군을 도와 그를 없애겠소."

위연은 기뻐하며 즉시 군사를 이끌고 남쪽을 향해 떠났다.

한편 오장원에 도착한 하후패는 촉한 진영에 군사가 하나도 없자 급히 돌아가 사마의에게 보고했다. 그러자 사마의는 분함을 참지 못하고 소리쳤다.

"그렇다면 공명이 죽은 것이 틀림없구나."

사마의는 두 아들과 함께 즉시 군사를 이끌고 추격에 나섰다. 한참을 추격한 끝에 마침내 촉한군을 따라잡을 수 있었다. 그런데 갑자기 산 뒤에서 함성과 함께 촉한군이 기습해 오는데 그 가운데 '한 승상 무향후 제갈량'이라는 깃발이 펄럭이고 공명이 사륜거 위에 앉아 있는 것이 보였다. 사마의는 크게 놀라 공명의 계책에 걸려들었다고 생각하여 달아나기 시작했다. 그러자 강유가 그 뒤를 쫓으며 소리쳤다.

"역적 사마의는 달아나지 말라! 너는 이미 우리 승상의 계책에 당해 놓고 그 사실을 아직도 모르는가?"

사마의의 군대는 강유가 이끄는 촉한군의 공격에 제대로 맞서 싸워 보지도 못하고 도망치느라 바빴다. 우왕좌왕하며 제 살길만 찾아 도망치다가 서로 밟고 밟혀서 목숨을 잃은 군사만도 그 수를 헤아리기 힘들었다. 사마의도 한참을 정신없이 도망치다가 뒤따라온 두 장수가 말고삐를 멈춰 세우는 바람에 겨우 정신을 차렸다.

사마의는 그들이 하후패와 하후혜임을 알아보고 그제야 마음을 놓았다. 사마의는 그들과 함께 자신의 진영으로 돌아온 후 장수들을 보내 촉한군의 동정을 살피게 했다. 그들이 정찰을 마치고 돌아와 보고했다.

"이 고장 백성들에 따르면 촉한군이 철수할 때 흰 깃발을 앞세우고 관을 실은 수레를 끌고 갔다고 합니다. 그것을 보면 공명이 죽은 것이 틀림없습니다. 또한, 우리가 오장원을 습격한 날 수레에 앉아 있던 공명은 나무로 깎아 만든 가짜 공명이었다고 합니다."

사마의는 길게 탄식했다.

"나는 공명이 살아 있다는 것만 헤아리고, 죽었다는 것은 미처 헤아리지 못했구나."

이 일이 있은 후 사람들 사이에서 '죽은 제갈량이 살아 있는 사마의를 달아나게 했다'는 소문이 유행했다. 사마의는 뒤늦게 추격에 나섰으나 촉한군은 이미 멀리 떠나서 따라잡지 못했다. 이에 사마의는 추격을 포기하고 장안으로 돌아갔다.

이 무렵, 양의와 강유는 군사들을 차례로 철수시켜 마침내 잔도 근처에 도착했다. 양의는 그곳에서 군사들에게 상복으로 갈아입게 한 후 흰 깃발을 내걸어 공명의 죽음을 애도했다. 군사들이 슬픔에 잠겨 크게 통곡하자, 그 소리가 골짜기 전체에 메아리치며 퍼져 나갔다.

그들이 다시 길을 나서는데 갑자기 앞쪽에서 불길이 치솟으며 함성이 하늘을 찌르고 땅을 뒤흔들었다. 양의는 급히 정탐꾼을 보내 무슨 일인지 알아 오게 했다. 잠시 후 정탐꾼이 돌아와 보고했다.

"위연 장군이 잔도를 불태운 뒤 군사들을 거느리고 앞길을 막고 있습니다."

양의는 크게 놀라 장수들을 돌아보며 말했다.

"승상께서 살아 계실 때 '위연이 언젠가는 반드시 배반할 것이다' 라고 말씀하셨소. 나는 설마 했는데 정말 그렇게 되었소. 그가 우리가 돌아갈 잔도까지 끊었으니 이제 어쩌면 좋겠소?"

그러자 비의가 나서며 양의에게 권했다.

"그자는 틀림없이 폐하께 우리가 반란을 일으켰다고 거짓 표문을 올린 후 잔도를 끊고 우리를 막아섰을 것입니다. 우리도 폐하께 표문을 올려 위연이 반역한 사실을 아뢴 후 그자를 쳐야 합니다."

옆에 있던 강유도 비의의 말에 찬성했다.

"잔도가 끊겼으니 다른 샛길로 가야 합니다. 차산이란 곳인데, 비록 험난한 길이지만, 그곳으로 가면 잔도 뒤로 빠져나갈 수 있습니다."

양의는 곧 표문을 써서 황제에게 보낸 후 군사들을 이끌고 차산의 샛길로 나아갔다.

한편 위연은 잔도를 불사른 후 남곡 산골짜기에 진을 치고 양의와 강유가 그곳에 도착하기를 기다렸다. 그런데 기다리던 양의와 강유는 시간이 흘러도 나타나지 않았다. 이상하게 생각한 위연은 정탐꾼을 보내 알아보게 했다. 잠시 후 정탐꾼이 돌아와 보고했다.

"양의와 강유가 샛길을 이용하여 남곡 뒤로 빠져나가고 있습니다."

한편 양의는 위연이 한중을 차지할지도 모른다는 걱정에 사로잡혔다. 이에 선봉장 하평에게 군사 3천을 주어 앞서게 한 후 자신은 강유와 함께 공명의 관을 모시고 곧장 한중으로 들어갔다. 하평은 군사를 이끌고 남곡 뒤쪽에 이르자 일제히 북을 울리며 위연에게 싸움을 걸었다. 위연이 말을 달려 오자 하평은 큰 소리로 호통을 쳤다.

"위연은 들어라! 승상께서 세상을 떠나신 지 며칠이나 되었다고 벌써 배반을 하는 것이냐?

위연도 하평을 향해 마주 호통을 쳤다.

"네놈이 건방지게 무슨 자격으로 감히 나를 꾸짖는 것이냐?"

그러자 하평은 이번엔 위연의 군사들을 향해 큰 목소리로 꾸짖었다.

"너희는 모두 서천 땅 출신들이 아니냐? 승상께서 살아 계실 때 너희들을 특별히 아끼셨는데 어찌하여 역적 짓을 돕고 있는가? 그대들은 각자 고향으로 돌아가 상이 내려지기를 기다려라."

하평의 말이 끝나자 군사들 사이에 큰 소동이 일어나더니 순식간에 절반이나 흩어져 달아났다. 그 모습을 본 위연은 화가 머리끝까지 치밀어 곧장 말을 달려 하평을 덮쳐 갔다.

하평도 창을 치켜들고 위연의 공격에 맞서 싸웠다. 그러나 하평은 채 3합을 겨루지 못하고 말 머리를 돌려 달아났다. 위연이 추격하자 하평의 군사들이 일제히 활을 쏘아 댔다. 그러자 위연은 더는 쫓지 못하고 말 머리를 돌렸다.

위연이 자신의 진영으로 돌아오는데 눈앞에서 자기편 군사들이 뿔뿔이 흩어져 달아나는 모습이 보였다. 화가 난 위연은 말을 달려 도망치는 군사들의 목을 베었다. 하지만 흩어져 달아나는 군사들을 일일이 막을 수는 없었다. 하지만 마대가 거느린 군사들만은 한 명도 이탈하는 자가 없었다. 이 일로 위연은 마대를 더욱 신임하게 되었다.

"그대만은 나를 진정으로 돕는구려. 내 반드시 그대의 도움을 잊지 않겠소."

위연은 마대와 함께 군사들을 이끌고 한중을 차지하기 위해 남정으로 향했다. 이때 양의와 강유는 이미 남정성에 도착하여 머무르고 있었다. 위연과 마대가 남정성으로 쳐들어오자 그들은 공명이 남겨 준 비단 주머니를 열어 보았다. 주머니 안에는 봉해진 편지가 있었는데 겉봉에는 이런 글귀가 적혀 있었다.

위연과 싸울 때 말 위에서 뜯어 보라.

97

제갈량이 남긴 비단 주머니

공명이 계책을 남긴 것을 확인한 강유는 기뻐하며 즉시 군사 3천을 거느리고 성을 나섰다. 강유는 위연의 진영을 마주 보며 진을 친 후 큰 소리로 꾸짖었다.

"역적 위연은 듣거라! 승상께서는 일찍이 너를 한 번도 소홀히 대접한 적이 없었다. 그런데 어찌하여 반역을 일으킨 것이냐?"

위연은 강유의 꾸짖음을 듣더니 말을 탄 채 앞으로 달려 나왔다.

"그대는 이 일에 나서지 말고 양의에게 나오라고 전해라."

이때 강유를 뒤따라 나온 양의는 공명이 남긴 편지를 읽고 입가에 미소를 머금었다. 양의는 말을 몰아 위연의 앞으로 가서 소리쳤다.

"승상께서 이미 네가 반역할 것을 알고 나더러 경계하라고 유언을 남기셨다. 과연 승상의 말씀이 어긋남이 없구나. 만약 네가 말 위에서 '누가 나를 죽일 수 있겠는가?' 하고 세 번을 외친다면 나는 두말없이 한중을 너에게 바칠 것이다."

그러자 위연이 가소롭다는 듯 껄껄 웃으며 말했다.

"공명이 살아 있을 때는 내가 그를 조금 두려워하기는 했었다. 하지만 그가 죽고 없으니 천하에 누가 감히 나와 맞서겠느냐? 네가 한중을 바치겠다니 세 번이 아니라 3천 번이라도 외쳐 주마."

위연은 잠시 호흡을 가다듬은 후 큰 소리로 외쳤다.

"누가 감히 나를 죽일 수 있겠느냐?"

그 외침이 끝나기도 전에 갑자기 위연의 등 뒤에서 누군가 큰 소리로 호통을 쳤다.

"내가 너를 죽여 주마!"

위연이 미처 뒤돌아보기도 전에 칼날이 번득이더니 어느새 위연의 머리는 땅에 떨어져 나뒹굴었다. 모두 놀라서 바라보니 위연의 목을 벤 사람은 다름 아닌 마대였다. 알고 보니 공명은 숨을 거두기 전 마대를 불러 만약 위연이 '누가 감히 나를 죽일 수 있느냐'고 외치면 가차 없이 그의 목을 베라고 한 것이다. 장수들은 모두 공명의 지혜에 감탄했다.

'참으로 승상의 계책은 치밀하여 조금의 빈틈도 없구나.'

양의는 성도로 사람을 보내 위연이 죽은 사실을 알렸다. 황제 유선은 양의가 올린 표문을 읽고 나서 분부했다.

"위연이 비록 죄를 지었으나 이미 죽음으로 그 죄를 씻었으니, 지난날 그가 세운 공을 생각하여 장례를 치러 주어라."

양의는 유선의 명령대로 위연의 장례를 치러 준 후 공명의 관을 모시고 성도로 갔다. 유선은 문무백관을 거느리고 상복을 입은 채 성도 밖 20리까지 마중을 나갔다.

유선은 공명의 관을 보자 목을 놓아 울었다. 그러자 문무백관은 물론 남녀노소 백성에 이르기까지 모두 슬피 울어 온 나라가 울음바다가 되었다. 유선은 공명의 관을 승상의 집무실로 모시게 하고 아들 제갈첨으로 하여금 장례를 치르게 했다. 그리고 공명의 유언에 따라 정군산에 안장하고 충무후라는 시호를 내렸다. 양의는 공을 인정받아 중군사가 되었고, 마대는 위연의 관직을 이어받아 정서대장군이 되었다.

유선이 공명의 장례를 마치고 성도로 돌아왔을 때, 동오의 군사 수만 명이 파구 경계에 진을 쳤다는 보고가 들어왔다. 유선은 급히 종예를 동오로 파견하여 상황을 파악하게 하고, 백제성의 군사를 늘려 만약의 사태에 대비하게 했다. 그런데 종예가 동오에 도착해 보니 손권은 공명의 죽음을 이미 알고 상복을 입고 애도하고 있었다. 손권이 종예에게 따져 물었다.

"우리 오나라와 촉한은 이미 한 집안인데 어찌하여 백제성의 군사를 늘린 것인가?"

이에 종예가 대답했다.

"동오가 파구 땅으로 군사를 파견했다는 소식을 듣고 우리도 백제성에 군사를 늘린 것뿐입니다."

손권은 종예의 대답을 듣고 껄껄 웃으며 말했다.

"나는 제갈 승상이 돌아가셨다는 소식을 듣고 밤낮으로 눈물을 흘리며 슬퍼하고 있었소. 또한, 모든 관원에게 상복을 입고 애도하게 했소. 그런데 이 틈을 타서 위나라가 촉한을 노리는 것은 아닌지 걱정이 되었소. 그래서 파구에 군사를 파견하여 만일의 경우 촉한을 돕고자 한 것이오."

말을 마치자 손권은 자신이 아끼는 황금 화살을 꺾더니 하늘을 우러러 맹세했다.

"이 손권이 지난날 촉한과 맺은 동맹을 저버린다면 내 자손은 대를 잇지 못하고 끊어지게 될 것이오!"

이에 종예는 손권에게 절하고 물러나 성도로 돌아와 유선에게 손권이 한 말을 전했다. 유선은 크게 기뻐하며 안심했다. 그리고 공명의 유언을 따라 장완을 승상으로 삼고, 비의는 상서령을 맡아 승상이 된 장완의 일을 돕게 했다. 또 오의는 거기장군, 강유는 보한장군 평양후로 삼아 모든 군사를 지휘하게 했다. 그러나 양의는 이번 승진에서 제외되었다.

'나는 관직에 근무한 경력이 장완보다 앞서는데 그보다 지위가 더 낮고, 지난날 내가 세운 공도 가볍지 않은데 어째서 나만 이번 승진에서 제외되었단 말인가?'

공을 세우고도 승진에서 제외된 양의는 비의를 만나 불평을 늘어놓았다.

"승상이 돌아가셨을 때 내가 모든 군사를 이끌고 위나라에 투항했더라면 차라리 나을 뻔했소."

비의가 그 사실을 고하자, 유선은 양의를 옥에 가두고 그의 목을 베려고 했다. 그러자 장완이 나서서 간청했다.

"양의의 죄는 죽어 마땅하나, 지난날 승상을 받들어 많은 공을 세웠습니다. 그러니 관직을 박탈하되 부디 목숨만은 살려 주십시오."

유선은 장완의 청을 받아들여 양의의 벼슬을 빼앗고 한중의 가군으로 쫓아냈다. 평민이 된 양의는 자신의 신세를 한탄하다가 스스로 목숨을 끊었다.

건흥 13년(235년), 위, 촉, 오 삼국은 전쟁 없이 오랜만에 평화로운 나날을 보냈다.

위나라의 황제 조예는 사마의를 무인으로서 최고 직위인 태위로 삼아 모든 군사를 지휘하게 했다. 그러고 나서 허도와 낙양에 큰 궁전과 건물을 세우는 대공사를 시작했는데, 여기에 동원된 인력만도 장인 3만여 명, 백성 30만 명이었다. 심지어 조예는 공사를 빨리 진행하기 위해 관원들까지 동원하여 흙을 져 나르게 했다. 밤낮으로 이어진 무리한 공사 때문에 백성의 원망은 물론 신하들의 불만도 커졌다. 그러나 조예는 아랑곳하지 않고 사치와 향락에 빠져 그 정도가 날이 갈수록 심해졌다. 또한, 조예는 후궁인 곽부인을 총애하여 황후인 모씨에게 사약을 내려 죽이고 곽부인을 황후로 삼았다.

이 무렵 유주 자사 관구검으로부터 요동의 공손연이 스스로 연왕을 자칭하며 반란을 일으켰다는 표문이 올라왔다. 공손연은 지난날 조조가 원상을 치기 위해 요동으로 향했을 때 원상의 목을 베어 바쳤던 공손강의 둘째 아들이었다.

공손강이 죽은 뒤 그의 동생인 공손공이 직위를 계승했지만, 조카 공손연이 반란을 일으켜 숙부 공손공의 자리를 빼앗았다. 이후 오나라의 황제 손권은 사신을 보내 공손연에게 금은보석을 선물하며 그를 연왕에 임명하려고 했다. 그러나 공손연은 위나라의 황제 조예가 두려워 그 사신들의 목을 베어 조예에게 바쳤다. 이에 조예는 공손연에게 대사마 낙랑공의 벼슬을 내렸다. 그러나 공손연은 조예가 내린 벼슬에 불만을 품고 스스로 연왕이라 칭하며 난을 일으킨 것이다.

98

사마의와 손권이
세상을 떠나다

공손연이 15만 대군을 일으켜 쳐들어오자 조예는 사마의에게 맞서 싸우게 했다. 사마의는 촉한과 오나라가 쳐들어올 것을 염려하여 방비책을 마련한 뒤 군사 4만 명을 이끌고 출정했다.

사마의가 선봉장으로 삼은 호준이 요동 땅에 이르자, 공손연은 비연과 양조 두 장수에게 군사 8만 명을 주어 맞서게 했다. 비연과 양조는 진지를 구축한 뒤 위군의 공격을 방어하기 위해 주위 20여 리에 이르는 긴 참호를 팠다. 호준이 전령을 보내 그 사실을 보고하자 사마의는 웃으며 장수들에게 말했다.

"적들이 싸움보다 방어에 치중하여 우리를 지쳐 돌아가게 만들 계획이구나. 그렇다면 우리는 적의 소굴인 양평을 칠 것이다. 적의 병력이 모두 전투에 나섰으니 분명 그들의 소굴은 비었을 것이다.

우리가 양평을 치면 적들은 반드시 자신들의 본거지를 지키러 올 것이다. 그때 우리는 길목에 매복해 있다가 적을 궤멸시킬 것이다."

사마의는 그 길로 방향을 바꾸어 양평으로 향했다. 그 소식을 들은 비연과 양조는 크게 놀랐다.

"사마의는 양평에 군사가 얼마 남지 않았다는 걸 알고 우리 본거지를 치려는 것이구나. 양평을 잃으면 이곳을 지켜도 아무 소용이 없다."

그들은 군사를 이끌고 서둘러 양평으로 향했다. 이 일은 정탐꾼에 의해 사마의에게 보고되었다. 사마의는 즉시 하후패와 하후위 형제에게 군사를 이끌고 요동군이 지나가는 길목에 매복하게 했다.

그 사실을 모르는 비연과 양조는 서둘러 양평으로 가다가 하후패와 하후위의 기습 공격을 받고 크게 패하여 달아났다. 그들은 수산까지 달아났다가 마침 군사를 이끌고 오던 공손연을 만나 군사를 합쳤다. 그리고 말 머리를 돌려 추격해 오는 위군과 맞섰다. 그러나 선봉에 섰던 비연이 하후패의 칼 아래 목숨을 잃자 요동군은 사기가 떨어져 큰 혼란에 빠졌다.

위군이 기회를 놓치지 않고 파상 공격을 펼치자 요동군은 크게 패하여 도망쳤다. 공손연은 패잔병을 거느리고 양평성 안에 들어가 성문을 굳게 닫아걸고 저항했다. 그러나 시간이 지나 성안에 곡식이 떨어져 사람들이 굶주리게 되자 민심이 흉흉해졌다. 이에 불안해진 공손연은 군사 1천여 명을 선발한 뒤 어둠을 틈타 성문을 열고 달아났다.

그러나 얼마 가지 못해서 사마의가 이끄는 위나라 군사들이 앞을 가로막았다. 공손연은 놀라 말 머리를 돌려 달아나는데 어느새 호준이 앞을 가로막고 하후패와 하후위가 왼쪽에서, 장호와 악침이 오른쪽으로 들이닥쳤다. 공손연은 위군에 의해 포위당하자 어쩔 수 없이 항복했다. 그러나 사마의는 공손연과 그의 아들을 모두 처형했다. 이렇게 해서 공손연의 반란은 진압되었다.

한편, 위나라 황제 조예는 모황후의 원혼에게 시달리는 꿈을 꾼 후 병이 들어 시름시름 앓기 시작했다. 병이 깊어지자 조예는 자신의 친척인 조진의 아들 조상과 사마의를 불러 뒷일을 부탁했다.

특히 사마의의 손을 붙잡고 어린 태자를 잘 보필해 달라고 간곡하게 부탁한 뒤 세상을 떠났다. 이때 그의 나이 36세였다. 그리고 경초 3년(239년), 조예가 죽고 조방이 8세의 나이로 위나라 황제의 자리에 오르니 그가 소제이다.

처음에 조상은 모든 일을 사마의와 상의하여 처리했다. 하지만 시간이 흐르자 자신의 심복들을 중요한 관직에 앉혀 놓고 권력을 독점하며 부와 사치를 누리기 시작했다. 하지만 사마의가 누구인가? 그는 지혜로 제갈량과 겨루어 백중지세[17]였고, 위나라 영토를 확장하는 데 누구보다 크게 기여했다. 또한, 오랫동안 장수로 활약하여 군사들의 신임이 두터웠고, 장수 중에는 그의 심복이 많았다.

조상은 그런 사마의를 경계하여 사마의를 태부로 승격시켜 사실상 병권을 빼앗았다. 그러자 사마의는 병을 핑계로 바깥출입을 삼갔고, 그의 두 아들 사마사와 사마소도 관직에서 물러나 한가롭게 지냈다. 하지만 조상은 여전히 사마의에게 경계심을 풀지 않았다. 하루는 조상이 관리를 보내 사마의의 병세가 어느 정도인지 정탐하게 했다. 그러자 큰아들 사마사는 화가 치밀었다.

"아버님 저놈들이 우리를 정탐하려는 수작입니다. 당장 죽여 버리겠습니다."

그러자 사마의가 고개를 저었다.

"무슨 일이든지 충동적으로 처리하면 안 된다. 그가 우리의 허실을 염탐하려고 왔다면 우리는 그것을 역이용해야 한다. 내 병이 위중한 것을 보여 주면 저들도 경계를 풀게 될 것이다."

사마의는 관리가 도착하자 침상에 누워 금방이라도 숨이 멎을 것처럼 연기했다. 그 모습을 본 관리는 조상에게 가서 사마의의 병세가 워낙 위중하여 살날이 얼마 남지 않았다고 보고했다. 이에 조상은 안심하며 비로소 사마의에게서 경계심을 풀었다.

그로부터 얼마 후 조상은 소제를 모시고 조예의 묘에 제사를 지내고 사냥을 하기 위해 황궁을 나섰다. 조상의 세 동생과 심복 부하인 하안 등은 황제의 친위대인 어림군과 함께 황제의 수레를 호위했다.

이때 대사농 환범이 달려와 조상에게 권했다. 환범은 사마의도 두려워할 만큼 지략이 뛰어난 인물이었다.

"주공께서 어림군을 모두 거느리고 동생들과 함께 떠나는 것은 불안합니다. 만일을 대비하여 군사들을 황궁에 남겨 두시는 것이 어떻습니까?"

그러자 조상은 손을 내저었다.

"이제 내 세상인데 황궁에 무슨 위험이 있겠느냐? 그대는 걱정하지 말고 돌아가라."

조상이 자신의 의견을 물리치자 환범은 어쩔 수 없이 발길을 돌렸지만, 마음속의 불안감마저 떨쳐 내지는 못했다.

한편 사마의는 조상이 황제를 모시고 황궁을 떠났다는 소식을 듣자 마침내 자신이 기다리던 기회가 왔다고 기뻐했다. 그는 즉시 자신의 심복 장수들을 불러 모아 황궁의 무기고를 점령하고 황궁을 장악했다. 그리고 황태후의 조서를 위조하여 조상을 대장군 지위에서 파면했다. 상황이 갑작스럽게 변화하자 조상은 아무런 대책을 세우지 못하고 허둥댔다. 이때 황궁에서 환범이 말을 달려 왔다.

"사마의가 반란을 일으켰는데 주공은 왜 군사를 소집하여 사마의를 토벌하지 않습니까?"

조상이 대답했다.

"내 가족이 모두 황궁 안에 있네. 이미 사마의가 황궁을 장악했으니, 내가 군사를 일으키면 사마의가 내 가족을 살려 두겠는가?"

환범이 답답한 듯 말했다.

"그렇다고 이대로 계시면 가족들은 물론 주공까지 목숨을 보장할 수 없습니다."

환범이 조상을 설득하고 있을 때 조정에서 사마의가 사람을 보내 조상에게 항복을 권했다. 군의 지휘권만 내놓으면 안전과 지위를 보장하겠다는 조건이었다. 환범은 항복을 받아들이면 목숨을 잃게 될 것이라고 경고했지만 조상은 듣지 않았다.

"사마의의 약속을 믿고 항복하겠다. 벼슬을 모두 버리고 부잣집 늙은이로 편안하게 살면 나는 그것으로 족하다."

환범은 조상의 앞날을 예측하고 길게 탄식했다.

환범의 예상은 적중했다. 사마의는 조상과 그의 형제는 물론 그 일족을 모두 잡아다가 처형했다. 또한, 조상의 심복으로 활동했던 이들도 모두 잡아들여 처형했다. 이때부터 사마의는 승상이 되어 위나라의 권력을 독점했고, 그의 두 아들 사마사와 사마소도 무소불위의 권력을 휘둘렀다. 그러나 사마의는 마음 한구석에 불안감을 떨치지 못했다. 조상의 친척인 하후패가 여전히 건재했기 때문이다.

'조상의 일가는 모두 처형했지만, 그들의 친척인 하후패는 지금 옹주 일대를 지키고 있으니 마음을 놓을 수 없다. 그놈이 갑자기 반란이라도 일으키면 큰일이니 속히 없애야겠다.'

사마의는 황제 조방에게 청하여 옹주로 조서를 보냈다. 하후패를 황궁으로 유인하여 죽이기 위해서였다.

정서장군 하후패는 중대 문제를 의논해야 하니 속히 낙양으로 달려오기 바란다.

하후패는 조서를 받고, 이것이 자신을 죽이려는 사마의의 계략임을 눈치챘다. 그는 즉시 군사 3천 명을 거느리고 반역을 일으켰다. 그러나 하후패는 옹주 자사 곽회와 진태의 협공을 받고 패하여 군사를 대부분 잃은 채 촉한으로 도망쳤다. 강유는 하후패를 맞아들여 잔치를 베풀어 위로했다.

하후패로부터 위나라의 실상을 듣게 된 강유는 다시 한 번 위나라 정벌에 나섰다. 그러나 옹주 자사 곽회의 수비에 막혀 결정적인 승리를 거두지 못하고 일진일퇴를 거듭한 끝에 철수하고 말았다.

가평 3년(251년) 8월, 사마의는 병을 앓다가 세상을 떠났다. 이때 그의 나이 73세였다. 황제 조방은 사마의의 큰아들 사마사를 대장군, 둘째 사마소를 표기장군에 임명했다. 이 무렵 위나라의 권력은 모두 사마씨에게 넘어갔다.

이듬해인 적오 4년(252년) 4월에는 동오의 손권이 71세의 나이로 세상을 떠나고, 그의 셋째 아들 손랑이 제위를 이었다. 이 무렵 육손도 제갈근도 모두 죽고 동오의 국정은 제갈각이 처리했다.

손권이 죽었다는 소식이 위나라에 전해지자 사마사는 왕창, 호준, 관구검 등에게 군사 10만을 주어 동오를 공격하게 했다. 이에 제갈각은 정봉을 보내 위나라 군사들을 막게 했다. 정봉이 불과 3천 명의 병사를 100명씩 30척의 배에 나눠 태우고 진격하자, 위나라 장수 호준은 동오의 병력이 적음을 보고 비웃었다. 더구나 때는 눈이 내리고 땅이 얼어붙은 겨울이었다.

"모두 합쳐야 겨우 3천 명에 불과하다. 저 병력으로 무엇을 하겠느냐?”

그는 군사들을 시켜 동오의 배들을 감시하게 한 후 장수들과 함께 술을 마시며 여유를 부렸다. 그러나 정봉은 3천 명의 군사와 함께 단도만 지닌 채 언덕에 올라 위나라의 주둔지를 급습했다. 방심하고 있던 위나라 군사들은 목숨을 걸고 달려드는 동오의 군사들을 당해 내지 못하고 부교 위로 도망쳤다. 그러나 부교는 이미 동오의 군사들에 의해 중간쯤 끊겨 있었고, 위나라 군사들은 절반 이상이 차가운 강물에 빠져 목숨을 잃었다. 또한, 눈 내린 땅 위에서 전사한 자도 얼마나 되는지 그 수를 헤아리기 어려웠다.

사마소와 왕창, 관구검은 호준이 패했다는 충격적인 소식을 듣고 곧 군사를 돌려 물러갔다. 제갈각은 위나라를 공격할 좋은 기회라고 여겨 촉한의 강유에게 편지를 보내 협공을 제안했다.

황제 조방이 폐위되다

제갈각은 촉한과 점령지를 절반씩 나누기로 강유와 약속한 후 20만 대군을 이끌고 위나라 공격에 나섰다. 그들은 먼저 위나라의 요충지인 신성을 에워싸고 총공격을 퍼부었다. 그러나 동오의 공격을 이미 알고 대비했던 위나라 군사들은 화살을 빗발처럼 퍼부었고, 이때 제갈각은 이마에 화살을 맞고 말 위에서 굴러떨어지고 말았다. 제갈각이 상처를 회복하는 사이 많은 군사가 무더위에 병이 들어 앓았다. 그 와중에 도독 채임이 군사를 이끌고 위나라에 투항했다. 그러자 제갈각은 결국 동오로 퇴각하고 말았다.

이후 제갈각은 독선적인 성격으로 변하여 공포 정치를 펼쳤고, 관리들은 모두 그를 두려워했다. 이에 태상경 등윤은 황실의 종친인 손준에게 제갈각을 제거하라고 권했다. 손준이 승낙하자 등윤은 황제 손양에게 나아가 제갈각을 없애려는 계획을 밝혔다.

"폐하께서 잔치를 베풀어 제갈각을 초청하십시오. 저는 군사들을 매복시켰다가 폐하께서 술잔을 던져 신호를 보내시면 그 자리에서 놈을 죽여 후환을 없애겠습니다."

며칠 후 손양은 등윤의 계획대로 잔치를 베풀고 제갈각을 초청했다. 술잔이 몇 차례 돌고 난 후 손양은 잠시 자리를 비웠다. 그 틈에 손준이 칼을 뽑아 들고 제갈각의 목을 베었다. 제갈각이 죽자 손양은 손준을 승상에 임명하고 대장군을 겸하게 했다. 이렇게 해서 동오의 권력은 손준에게 넘어갔다.

한편 제갈각의 편지를 받은 강유는 강족과 동맹을 맺고, 군사 20만 명을 일으켜 위나라 공격에 나섰다. 강유는 하후패의 조언에 따라 먼저 남안 땅을 점령하기로 했다. 이때 강족의 왕 미당도 강유를 돕기 위해 군사 5만 명을 일으켜 남안 땅으로 향했다.

사마사는 동생 사마소를 대도독으로 임명하고 서질을 선봉장으로 삼아 강유를 막게 했다. 사마소가 지휘하는 위나라 군대는 동정 땅에 이르러 촉한군과 마주쳤다. 서질이 말을 달려 나와 싸움을 걸자 촉한군에서 요화와 장익이 차례로 나서 서질과 맞서 싸웠다. 그러나 그들은 서질을 당해 내지 못하고 패하고 말았다.

강유는 목우와 유마로 군량을 운반하게 하여 서질을 유인한 후 함정에 빠뜨렸다. 서질은 크게 패하여 겨우 달아났으나 얼마 가지 못해서 매복한 강유에게 죽임을 당했다. 강유는 승리의 여세를 몰아 사마소의 주둔지를 총공격했다.

이 전투에서 크게 패한 사마소는 철롱산으로 달아났다. 그런데 철롱산에는 군사들이 마실 물이 부족했다. 이때 사마소가 거느린 군사는 모두 6천 명이었는데 산 위에 샘은 단 하나뿐이었고, 그 샘물은 군사 백여 명이 마시기에도 부족했다. 사정이 이렇다 보니 군사와 말들이 모두 갈증에 허덕였다. 이때 주부 왕도가 말했다.

"옛날 경공은 적에게 포위당했을 때 우물에 절하여 시원한 물을 얻었다고 합니다. 장군은 왜 그렇게 해 보지 않습니까?"

사마소는 왕도의 의견에 따라 산꼭대기 샘가에 올라가서 절하며 기도했다. 그러자 신기하게도 샘에서 물이 펑펑 쏟아지기 시작했다. 이렇게 해서 위나라 군사들은 갈증에서 벗어날 수 있었다.

한편 곽회는 사마소가 철롱산에서 곤경에 처했다는 소식을 듣고, 먼저 강족을 쳐서 무찌른 후 철롱산으로 달려갔다. 곽회는 항복한 강족을 이용해서 촉한군과 싸워 승리를 거두었다. 강유가 패하여 달아나자 곽회는 그를 추격하다가 도리어 강유가 쏜 화살을 얼굴에 맞고 목숨을 잃었다. 강유는 그 길로 패잔병을 수습하여 하후패와 함께 한중으로 돌아갔다.

사마소는 낙양으로 돌아온 후 형 사마사와 함께 조정을 장악하고 무소불위의 권력을 휘둘렀다. 그들의 권력은 이제 황제의 권위를 무색하게 만들 정도였다. 이에 울분을 참지 못한 황제 조방은 하후현과 이풍, 자신의 장인인 장집에게 비밀리에 피로 쓴 조서를 내려 사마씨 형제를 토벌하라 명했다.

그런데 이 세 사람은 궁밖으로 나오다가 뜻밖에도 사마사와 마주쳤다. 사마사는 세 사람의 태도에서 이상한 점을 느끼고 군사들을 시켜 몸을 뒤지게 했다. 이윽고 장집의 몸에서 황제가 피로 쓴 조서가 나왔다.

"너희가 우리 형제를 모함해서 죽이려 했구나."

화가 난 사마사는 세 사람을 처형한 후 즉시 궁궐로 들어가 장황후를 흰 비단으로 목을 졸라 죽였다. 이튿날 사마사는 문무백관이 모인 자리에서 황제 조방을 폐위시켰다. 그리고 조비의 손자인 조모를 황제로 추대했다.

정원 2년(255년), 진동장군 관구검과 양주 자사 문흠은 황제를 제멋대로 폐위시킨 사마사의 죄를 묻기 위해 군사를 일으켰다. 이때 사마사는 왼쪽 눈에 종양이 생겨 치료를 받던 중이었다. 그는 동생 사마소에게 낙양을 지키도록 한 후 병을 무릅쓴 채 군사를 이끌고 출정했다. 문흠은 아들 문앙과 함께 어둠을 틈타 좌우에서 사마사의 주둔지를 기습하기로 했다.

기습을 당한 위나라의 군사들은 큰 혼란에 빠졌고, 문앙은 닥치는 대로 적을 베어 쓰러뜨리며 사마사의 주력 부대에 큰 타격을 입혔다. 그런데 시간이 지나도 협공을 하기로 한 문흠이 나타나지 않았다.

문앙은 아버지를 찾아 나섰다가 등애가 이끄는 군대와 마주쳐 한

바탕 전투를 치렀다. 그러나 뒤이어 도착한 위군이 등애의 군대에 합류하여 협공을 가하자 문앙의 부하들은 견디지 못하고 흩어져 달아났다. 이에 문앙도 하는 수 없이 퇴로를 뚫고 달아났다. 그러자 위나라 장수들이 문앙을 추격했다. 하지만 문앙은 말 머리를 돌려 오히려 추격해 오는 위의 장수들을 공격하여 쓰러뜨렸다.

한편 문흠과 부하들은 밤이 새도록 험한 산골에서 길을 잃고 헤맸다. 그러다가 날이 밝자 겨우 길을 찾아 사마사의 주둔지로 갔다. 그런데 문앙의 모습은 어디에도 보이지 않았다.

위나라 군사들이 공격해 오자 문흠은 전투를 포기하고 수춘 땅을 향해 달아났다. 하지만 수춘성은 이미 제갈탄이 점령한 뒤였다. 문흠은 다시 항성으로 돌아가다가 호준, 왕기, 등애의 공격을 받게 되자 동오의 손준에게 투항했다.

관구검은 사마사와 여러 차례 싸웠지만 그때마다 패했다. 이제 그를 따르는 군사는 10여 명에 불과했다. 관구검은 부하들을 이끌고 신현성으로 갔다. 신현성의 현령 송백은 관구검을 맞아들였다. 그러나 사마사의 대군이 두려워 관구검을 술에 취하게 한 뒤 목을 베어 위나라에 넘겼다. 이렇게 해서 관구검과 문흠의 거사는 실패로 끝났다.

한편 회남을 평정한 사마사는 제갈탄을 진동장군으로 삼아 양주 일대를 총괄하게 하고, 허도로 철수했다. 사마사는 자신의 병이 더

340

욱 심해지자 회복될 가망이 없음을 깨닫고 동생 사마소를 불러 전권을 넘긴 뒤 세상을 떠났다. 이제 위나라 권력은 모두 사마소 한 사람에게 집중되었다.

사마사가 세상을 떠난 소식은 촉한의 강유에게도 전해졌다. 강유는 위나라를 칠 좋은 기회로 여겨 하후패와 함께 위나라를 공격했다. 이 소식을 듣고 옹주 자사 왕경이 군사 7만을 일으켰다.

이때 강유는 장익, 하후패와 함께 배수진의 계책을 세우고 강을 등진 채 왕경과 맞서 싸웠다. 강유는 싸우다가 일부러 달아나기 시작했고, 왕경은 전군을 몰아 추격에 나섰다. 강유는 강가에 이르자 군사들을 향해 큰 소리로 외쳤다.

"앞은 강물이고 뒤에는 적군이다. 이렇게 위급한 때 장수들은 어찌 죽기를 각오하고 싸우지 않는가?"

촉한 군사들은 강유의 말에 모두 돌아서서 왕경의 군사들과 맞서 싸웠다. 왕경의 군사들은 죽음을 각오하고 덤벼드는 촉한 군사들을 당해 낼 수 없었다. 장익과 하후패는 사전에 계획한 대로 위나라 군대의 등 뒤로 돌아가 공격했다. 강유군의 작전에 휘말린 왕경의 군사들은 크게 패하여 태반이 죽고, 강물에 빠져 죽은 군사도 헤아릴 수 없이 많았다.

100

제갈탄이 반기를 들다

강유는 왕경의 군사들을 물리친 후 적도성을 포위했다. 그 소식을 들은 위의 정서장군 진태와 연주 자사 등애가 대군을 이끌고 달려왔다. 강유는 장익에게 적도성 공격을 맡기고, 자신은 하후패와 함께 진태와 등애를 공격하기 위해 나아갔다. 그런데 얼마 가지 못해 매복한 위나라 군사와 마주쳤다.

위군의 함성과 함께 북소리가 땅을 진동하고 불길이 하늘로 치솟았다. 강유가 놀라서 바라보니 사방에 위나라 군대의 깃발이 펄럭이고 있었다. 등애가 선발대를 보내 깃대를 여기저기 꽂아 위나라 군대가 사면을 에워싸고 있는 것처럼 강유를 속인 것이다. 하지만 그 사실을 모르는 강유는 싸움을 포기하고 검각으로 후퇴했다.

검각에서 전열을 재정비한 강유는 이번에는 위의 요충지인 남안의 무성산을 공격했다. 하지만 등애는 이미 그 사실을 알고 먼저 무성산에 진을 치고 있었다. 강유는 무성산을 차지하기 위해 등애의 군대와 몇 차례 전투를 벌였으나 병력 손실만 입게 되었다. 이에 강유는 하후패를 무성산 아래 주둔시키고, 자신은 촉한의 주력군을 이끌어 상규 땅을 치기로 했다. 그러자 등애는 직접 군사들을 지휘하여 세 방향에서 촉한군을 공격하게 했다.

협공을 당한 촉한군은 크게 패하여 위기에 처했으나 때마침 하후패가 군사를 이끌고 달려와 강유를 구했다. 강유는 패잔병을 이끌고 돌아가던 중 뒤쫓아 온 등애의 부하들에게 포위당해 다시 위기에 처했다. 이번엔 장의가 군사를 이끌고 달려와 위군의 포위망을 뚫고 강유를 구출해 냈다. 그 과정에서 장의는 위군이 쏜 화살에 맞아 목숨을 잃었다. 한중으로 돌아온 강유는 패전의 책임을 지고 스스로 자신의 직위를 대장군에서 후장군으로 낮추었다.

이 무렵 사마소는 대도독이 되어 황제에게 보고도 하지 않고 제멋대로 모든 업무를 처리했다. 더 나아가 황제의 자리를 빼앗으려는 마음까지 품게 되었다. 사마소는 심복 가충을 시켜 동쪽 지방 장수들의 마음을 떠보게 했다.

가충은 먼저 회남 땅의 진동대장군 제갈탄을 찾아갔다. 가충은 제갈탄에게 사마소가 황제가 되는 것이 어떻겠냐고 슬며시 물었다. 그러자 제갈탄이 가충을 꾸짖었다.

"그대는 위의 신하 된 자로서 어찌 그런 불충한 말을 입에 담느냐? 만약 조정에 변고라도 생긴다면 나는 목숨을 걸고 나라의 은혜에 보답할 것이다!"

그러자 가충은 돌아가서 사마소에게 제갈탄을 제거하여 후환을 없애라고 권했다. 이에 사마소는 양주 자사 악침에게 밀서를 보낸 후 제갈탄의 벼슬을 사공으로 변경하여 소환하는 조서를 내렸다. 이에 제갈탄은 돌아가는 상황을 짐작하고 조서를 가져온 사자를 가두고 고문했다. 그러자 사자는 견디지 못하고 실토했다.

"사마 장군께서 사람을 양주로 보내 악침에게 밀서를 내렸습니다."

화가 난 제갈탄은 사자를 처형한 후 즉시 군사를 이끌고 양주성으로 쳐들어갔다. 성을 점령한 제갈탄은 악침을 죽이고, 사마소의 죄목을 조목조목 열거하여 표문을 올렸다. 그리고 12만 대군을 일으켜 진군할 준비를 하는 한편 아들 제갈정을 볼모로 동오에 사람을 보내 함께 사마소를 치자고 제안했다.

이 무렵 동오에서는 손준이 죽고, 그의 사촌동생인 손침이 실권을 쥐고 있었다. 제갈탄의 제안에 응한 손침은 군사 7만 명을 일으켜 위나라 공격에 나섰다. 이에 제갈탄은 기뻐하며 전투에 나설 준비를 서둘렀다. 그 소식을 들은 사마소는 낙양과 장안 두 도성의 군사 26만 명을 모두 이끌고 회남을 향해 진군했다. 이때 동오의 군사들이 사마소의 진군을 막자 두 진영 간에 전투가 벌어졌다. 그러나 동오군은 위나라 군사들을 막아 내지 못하고 크게 패하여 달아났다.

제갈탄은 오나라 장수 주이와 문흠을 좌우에 포진시킨 후 위나라 진영을 공격했다. 그러자 위군은 제대로 싸워 보지도 않고 달아났다. 제갈탄은 달아나는 위나라 군사들을 추격하다가 종회의 계책에 말려들어 크게 패한 뒤 패잔병을 이끌고 수춘성으로 달아났다.

제갈탄은 수춘성을 지키며 나와서 싸우지 않았다. 사마소는 성을 포위한 채 성안의 곡식이 떨어지기를 기다렸다. 마침내 성안의 식량이 줄어들어 굶어 죽는 군사까지 생겼다. 그러자 모사 장반과 초이가 제갈탄에게 권했다.

"성안에 곡식은 적고 군사는 많아서 오래 지킬 수 없습니다. 차라리 군사들을 모두 이끌고 위군과 사생결단을 내십시오."

그러자 제갈탄이 버럭 화를 냈다.

"나는 성을 지키려는데 너희는 나가서 싸우자고 하느냐? 다시 그런 말을 한다면 즉시 처형하겠다."

장반과 초이는 길게 탄식한 후 어둠을 틈타 성 밖으로 나가 위군에 항복했다. 이후 수춘성 안에는 오해를 사고 싶지 않아서 나가서 싸우자는 이가 없었다. 하지만 시간이 흐를수록 식량난은 더욱 심해져 굶주림에 쓰러지는 군사가 늘어났다. 보다 못한 문흠이 제갈탄에게 말했다.

"군량미가 떨어지고 굶어 죽는 군사가 속출하고 있습니다. 이럴 바에야 북방 군사들을 모두 내보내 각자 주린 배나 채우게 하십시오."

제갈탄이 노하여 소리쳤다.

"북방 군사를 모두 내보내라니, 네가 나를 없애려는 수작이냐?"

제갈탄은 군사들에게 명하여 문흠을 처형시켰다. 그것을 본 문흠의 두 아들 문앙과 문호는 그 길로 성을 나가 위군에 투항했다. 사마소는 그들에게 말과 비단옷을 선물하고 편장군으로 임명했다.

그 사실을 알게 된 성안의 군사와 장수들은 동요했다. 그들의 사기는 땅에 떨어졌고, 삼삼오오 모여 항복을 주장하는 일들이 잦아졌다. 제갈탄은 그럴수록 군사들을 탄압했고, 의심이 가면 즉시 처형했다. 제갈탄이 군사들의 신뢰를 잃게 되자, 종회가 사마소에게 권했다.

"지금이야말로 성을 공격해야 합니다."

사마소는 종회의 권유대로 군사들을 모두 동원하여 수춘성을 총공격했다. 그러자 제갈탄의 휘하 장수 증선이 항복하고, 북쪽 성문을 열어 위군을 성안으로 끌어들였다. 위군이 성안으로 쏟아져 들어오자 당황한 제갈탄은 친위대 수백 명을 거느리고 성 밖으로 달아났다. 그러나 얼마 가지 못해 호준에게 따라잡혔다. 제갈탄은 호준과 맞서 싸웠지만 당해 내지 못하고 목숨을 잃었다.

회남을 평정한 사마소는 철수하던 중 강유가 장성을 공격하러 온다는 보고를 받았다. 장성을 지키는 장수는 사마소의 친척 형인 사마망이었다. 사마소는 즉시 장성을 향해 말 머리를 돌렸다.

강유가 쳐들어오자, 사마망은 왕진과 이붕 두 장수를 거느리고 성을 나가 맞서 싸웠다. 그러나 왕진과 이붕이 차례로 패하여 목숨을 잃자 장성으로 들어가 문을 굳게 닫고 나오지 않았다.

성을 포위한 촉한군은 불화살을 성안으로 마구 쏘아 댔다. 또한, 성 아래 마른 장작을 무더기로 쌓고 불을 질렀다.

성안의 초가는 모두 불타고, 당황한 위군은 어쩔 줄 모르고 허둥 댔다. 촉한군은 잠시의 여유도 주지 않고 쉴 새 없이 공격을 퍼부으니 장성의 함락은 시간 문제였다. 하지만 등애가 군사들을 이끌고 나타나는 바람에 강유는 장성 함락에 실패했다. 더구나 사마소가 수춘성을 점령하고, 동오의 군사들까지 항복했다는 소식이 들어왔다.

사마소가 대군을 이끌고 장성을 구원하기 위해 온다는 소식에 강유는 눈물을 머금고 군대를 철수시켰다.

101

진법 대결

한편 동오에서는 손침이 권력을 장악하고 폭정을 일삼았다. 황제 손량은 손침의 횡포를 보다 못해 황후의 오빠 전기에게 밀서를 내려 손침을 죽이게 했다. 그러나 이 일은 손침의 귀에 들어갔고, 화가 난 손침은 손량을 폐위시켰다. 그 뒤를 이어 동오의 황제가 된 이는 손 권의 여섯째 아들 손휴였다.

그런데 손침은 무소불위의 권력을 휘두르면서도 만족하지 못하고 황제의 자리까지 넘봤다. 이에 손휴는 손침을 궁궐로 유인한 후 노 장 정봉에게 명하여 죽이게 했다.

이때 촉한에서는 중상시 황호가 권력을 잡고 국정을 농단했다. 조 정에 충신은 보기 드물었고, 백성들은 굶주림에 시달렸다. 그러한 상황에서도 강유는 20만 대군을 일으켜 요화, 장익, 하후패와 함께 다시 위나라 공격에 나섰다.

강유가 기산의 골짜기 부근에 진을 치자 등애는 몹시 기뻐했다. 촉한군이 진을 칠 만한 장소에 미리 땅굴을 파서 공격 준비를 마쳤기 때문이었다. 밤이 되자 등애는 땅굴을 통해 군사를 이동시켜 야습을 감행했다. 그러나 강유는 당황하지 않고 궁수들로 하여금 활과 쇠뇌로 공격하여, 위나라 군사들의 습격을 막아 냈다.

다음 날 강유는 등애와 진법을 펼치며 맞섰다. 강유가 팔진법을 펼치자, 등애도 팔진법을 펼치며 맞섰다. 그러자 강유가 외쳤다.

"네가 나의 팔진을 흉내 내는구나. 그럼 진을 변화시킬 줄도 아느냐?"

그러자 등애는 군사들을 지휘하여 진문을 64개로 바꾸어 보였다. 이에 강유가 다시 외쳤다.

"네가 우리 진영을 포위할 수 있느냐?"

"내가 못 할 것 같으냐?"

등애는 호기롭게 소리치며 군사를 이끌고 강유의 팔진을 포위해 들어갔다. 그러자 강유는 깃발로 신호를 보내 진을 변화시켰다. 진이 변화하자 공격을 펼치던 등애는 오히려 촉한군에게 첩첩이 포위당하고 말았다. 당황한 등애는 포위망을 뚫기 위해 필사적으로 노력했지만 허사였다.

"큰일이다. 강유의 계책에 걸려들고 말았구나!"

등애가 절망에 빠져 있을 때 마침 사마망이 군사를 이끌고 등애를 구출해 냈다. 등애는 패잔병을 이끌고 위수 남쪽으로 물러나서 진지를 구축했다. 다음 날 전열을 재정비한 등애는 사마망과 작전을 세웠다.

"귀공은 오늘 강유에게 진법 대결을 하자고 제안하시오. 나는 군대를 이끌고 기산 뒤로 돌아가서 촉한군을 습격하겠소. 우리가 협공하면 강유를 물리칠 수 있소."

등애가 군사를 이끌고 떠나자, 사마망은 계획대로 강유에게 진법 대결을 펼치자고 제안했다. 강유는 사마망의 제안을 받아들였다. 하지만 그는 등애의 계책을 간파하고 장익과 요화에게 군사 1만 명을 주어 산 뒤에 매복하게 했다. 그 사실을 모르는 사마망은 강유와 진법 대결을 펼쳤다가 크게 패하여 달아났다. 등애 역시 산 뒤로 쳐들어오다가 매복해 있던 장익과 요화의 협공을 받고 크게 패했다.

등애는 몸에 화살을 네 대나 맞고 위수 남쪽으로 도망치다가 패잔병을 이끌고 오던 사마망과 만났다. 두 사람은 다시 촉한군을 물리칠 계획을 세웠다. 사마망이 의견을 냈다.

"요즘 촉한의 황제 유선이 중상시 황호를 신임하여 그에게 정사를 맡기고, 밤낮 주색잡기[18]에 빠져 지낸다고 합니다. 우리가 황호를 매수하여 강유를 소환하게 만들면 어떻겠습니까?"

"좋은 계책이오. 그렇게 합시다."

등애는 즉시 당균에게 금은보화를 주어 성도로 가서 황호를 매수하게 했다. 얼마 후 성도에는 강유가 황제를 원망하며 곧 위에 투항할 것이라는 유언비어가 퍼졌다. 황호는 그 소문을 유선에게 보고했다. 그러자 유선은 기산으로 전령을 보내 강유에게 회군하라는 조서

를 전했다. 이에 강유는 영문도 모른 채 군사들을 물려 성도로 돌아
갈 수밖에 없었다.

강유가 울분을 삼키다

한편, 사마소의 전횡을 참지 못한 황제 조모는 친위대를 이끌고 사마소를 치려고 했다. 그 사실을 알게 된 사마소는 가충에게 황제를 없애라고 지시했다. 가충은 군사 수천 명을 이끌고 황궁으로 쳐들어갔다. 이에 조모가 군사들을 향해 꾸짖었다.

"나는 이 나라의 황제다! 너희는 어찌 무장을 한 채 황궁으로 쳐들어온 것이냐? 나를 죽이려고 하는 것이냐?"

그러자 가충이 거느리고 온 군사들은 감히 누구 하나 움직이는 자가 없었다. 이에 가충이 지휘관인 성제를 돌아보며 호령했다.

"사마 공께서 무엇 때문에 너를 기르신 줄 아느냐? 바로 오늘 이일을 위해서다! 사마 공의 명령이시니 당장 황제를 죽여라!"

이에 성제는 창을 부여잡고 조모를 향해 달려갔다. 조모가 큰 소리로 꾸짖었다.

"네 이놈. 너도 이 나라 백성이거늘 어찌 이렇게 무례하단 말이냐?"

그러나 그 말이 끝나기도 전 성제는 단번에 창으로 조모의 가슴을 찔러 쓰러뜨렸다. 성제는 쓰러진 조모의 가슴을 다시 창으로 찔러 살해했다.

사마소는 거짓으로 황제의 죽음을 슬퍼하며 모든 죄를 성제에게 뒤집어씌웠다.

"폐하를 죽인 성제는 대역무도[19]한 놈이다. 성제와 그의 일가족 모두 잡아다가 처형하라!"

사마소 앞에 끌려온 성제는 억울해서 분통을 터뜨렸다.

"나는 잘못이 없다. 가충이 너의 명령이라고 해서 따랐을 뿐이다. 그러니 너야말로 대역무도한 놈이 아니냐?"

당황한 사마소는 즉시 명령을 내려 성제의 혀를 잘랐다. 그러나 성제는 죽는 순간까지 사마소를 저주하며 짐승처럼 으르렁거렸다. 사마소는 성제에게 황제를 죽인 죄를 물어 그 일가족까지 모두 처형 시켰다. 그리고 조환을 황제로 추대했다. 조환은 조조의 손자이며 연왕 조우의 아들이었다. 조환은 사마소를 승상 겸 진공으로 삼고, 상을 내린 뒤 문무 관원들도 각기 관직을 높이거나 상을 주었다.

강유는 사마소가 황제 조모를 죽이고 새로이 조환을 세웠다는 소식을 듣자 크게 기뻐했다.

"마침내 위나라를 공격할 명분이 생겼구나."

15만 대군을 일으킨 강유는 요화와 장익을 선봉으로 세워 세 방향에서 등애가 주둔하고 있는 기산을 공격했다. 그러자 등애는 휘하 장수 왕관을 거짓으로 강유에게 투항하게 했다. 하지만 강유는 왕관의 계책을 간파하고 오히려 역으로 이용했다.

등애는 그 사실을 모르고 전투에 나섰다가 크게 패하여 도망쳤다. 왕관은 자신의 계획이 탄로 나자 촉한군의 군량과 마초에 불을 지른 후 한중으로 쳐들어가며 잔도를 불태웠다. 이에 강유가 추격에 나서자 왕관은 강물에 몸을 던져 죽었다. 강유는 등애와 싸워 크게 이겼으나 군량과 마초를 많이 잃은 데다가 잔도까지 불타자 하는 수 없이 한중으로 돌아갔다.

한편 등애는 패잔병을 이끌고 기산의 주둔지로 돌아온 후 표문을 올려 패배의 책임에 대한 죄를 청했다. 그러나 사마소는 등애가 그동안 세운 공을 생각하여 벌하지 않고 오히려 많은 상을 내렸다.

또한, 촉한군이 다시 쳐들어올 것에 대비하여 등애에게 군사 5만 명을 추가로 보냈다.

경요 5년(262년) 10월, 강유는 다시 군사를 일으켜 위나라 공격에 나섰다. 강유는 하후패를 선봉장으로 삼아 사마망이 지키는 조양을 공격하게 했다. 그런데 조양에 도착해 보니 사방의 성문이 모두 열려 있고 위나라 군사들의 모습은 보이지 않았다. 하후패는 더럭 의심이 생겨 성안으로 들어가지 못하고 장수들에게 물었다.

"이건 속임수가 아닐까?"

"겉으로 보기에는 성이 텅 비었습니다. 남아 있던 백성들조차 우리가 왔다는 소문을 듣고 모두 성을 버리고 달아났다고 합니다."

하후패는 믿기지 않아서 친히 말을 달려 성 뒤쪽으로 가 보니, 남녀노소 백성이 성문을 나와 달아나고 있었다. 그제야 하후패는 의심을 거두었다.

"과연 빈 성이로구나."

하후패는 안심하고 앞장서서 성안으로 달려 들어갔다. 그러자 갑자기 성곽 위에서 북과 징 소리가 울리며 무수한 깃발이 바람에 나부꼈다.

"아차, 적의 계략에 걸렸구나!"

하후패는 깜짝 놀라 후퇴하려고 했다. 하지만 미처 돌아서기도 전에 성곽 위에서 화살과 돌이 빗발치듯이 쏟아졌다. 결국, 하후패와 그의 부하 5백여 명은 모두 목숨을 잃고 말았다. 뒤늦게 강유가 도착해서 사마망을 물리친 후 성 아래 진을 쳤다. 그는 하후패가 죽었다는 사실을 알고 길게 탄식했다.

이날 밤 등애가 강유의 진영을 기습 공격하자, 사마망이 성안에서 군사를 이끌고 나와 협공했다. 군사들이 잠이 든 상황에서 공격을 받자 촉한군은 제대로 대항도 못한 채 크게 패하여 20여 리 밖으로 달아났다. 강유는 전열을 재정비하고 장수들과 대책을 세웠다. 장익이 나서서 의견을 말했다.

"위나라 군사들이 모두 이곳에 모여 있으니 지금 저들의 본거지인 기산이 비어 있을 것입니다. 장군은 등애를 상대하여 조양성과 후하성을 공격하십시오. 저는 군사를 이끌고 기산을 공격하여 저들의 본거지를 점령하겠습니다. 그 뒤에 일제히 군사를 이끌고 장안으로 쳐들어가는 것이 좋겠습니다."

강유는 그 말을 쫓아 장익을 기산으로 보낸 후 자신은 등애에 맞서 조양성과 후하성을 공격했다. 그러나 등애는 강유의 계책을 간파하고, 아들 등충을 불러 지시했다.

"적이 나에게 패하고도 도발하는 것을 보니, 분명 군사를 나누어 기산을 습격하려고 보냈을 것이다. 나는 오늘 밤 기산을 구원하러 갈 것이니 너는 촉한군이 싸움을 걸어와도 절대 나가서 싸우면 안 된다. 명심하여라."

그날 밤, 등애는 군사를 이끌고 강유의 진영을 습격했다. 이에 촉한군이 맞서 싸우려 하자 등애는 즉시 군사를 물려 기산으로 떠났다. 등애는 촉한군에게 혼란을 주어 자신이 기산으로 떠나는 것을 숨기고자 한 것이다. 하지만 강유 역시 등애의 속셈을 간파했다.

'등애는 밤에 우리를 습격하는 체하고서 몰래 기산을 지키기 위해 갔을 것이다.'

강유는 휘하 장수 부첨을 불러 당부했다.

"너는 이곳을 굳게 지키되 경솔하게 적군과 맞서 싸워서는 안 된다."

강유는 즉시 군사 3천 명을 거느리고 장익을 돕기 위해 기산으로 떠났다. 한편 기산에 도착한 장익은 위군 주둔지를 공격하여 승리를 눈앞에 두고 있었다. 그런데 갑자기 후방에서 등애가 나타나 기습 공격을 해 왔다.

　장익은 갑작스러운 공격에 패하여 위기를 맞이했다. 이때 갑자기 군사들의 함성과 함께 북소리가 천지를 진동했다. 강유가 장익을 구하기 위해 달려온 것이다.

　등애는 졸지에 강유와 장익의 협공을 받아 오히려 크게 패하고 말았다. 그러자 등애는 기산의 주둔지에 들어가 다시 나오지 않았다. 이에 강유는 등애의 주둔지를 포위한 채 맹공격을 퍼부었다.

　"승리가 눈앞이다. 이번에야말로 등애를 없애고 장안을 공격해서 위나라를 점령할 것이다."

　강유가 승리를 눈앞에 두고 있을 때, 갑자기 성도에서 황제가 보낸 칙사가 하루 동안 연이어 세 명이나 와서 '회군하라'라는 칙명을 전했다. 강유는 영문을 알 수 없었지만, 황제의 명을 어길 수는 없었다.

　승리를 눈앞에 둔 강유는 눈물을 머금고 군사를 물려 철수했다. 이렇게 해서 등애는 절체절명의 위기를 벗어났지만, 강유는 위나라를 정복하여 제갈량의 한을 풀 절호의 기회를 놓치고 말았다.

　한중에 도착한 강유는 군사들을 쉬게 하고 성도로 갔지만, 황제는 10일 동안이나 조회를 열지 않았다. 강유는 자신에게 회군을 명한 황제의 뜻을 알 수 없어서 답답했다. 하루는 동화문 부근을 지나다가 비서랑 극정을 만나게 되었다. 강유가 극정에게 물었다.

　"혹시 그대는 황제께서 날 갑자기 소환하신 이유를 아시오?"

극정이 웃으며 대답했다.

"대장군은 아직도 그 내막을 모르시오? 중상시 황호가 우장군 염우에게 공을 세울 기회를 주려고 황제께 아뢰서 장군을 소환한 것이오. 그런데 염우는 적장 등애가 전략 전술에 뛰어나다는 소문을 듣고 겁이 나서 출정 계획을 포기한 것이오."

강유는 모든 내막을 알게 되자 화가 머리끝까지 치밀었다.

"내 이 환관 놈을 반드시 없애겠다."

이튿날, 강유는 황제를 찾아가 절하고 눈물을 흘리며 말했다.

"신이 기산에서 등애를 공격하여 승리를 눈앞에 두었는데, 폐하께서 연달아 세 번이나 칙사를 보내 저를 소환하신 이유가 무엇인지 말씀해 주십시오."

황제는 아무런 대답도 하지 못했다. 그러자 강유가 간청했다.

"황호는 영제 때 권력을 장악하고 국정을 농단했던 십상시와 같은 자입니다. 당장 황호를 죽여 조정의 기강을 바로잡으셔야 합니다. 지금 황호를 살려 두면 머지않아 나라에 큰 불행이 닥쳐올 것입니다."

그러나 황제는 황호를 불러 강유에게 사죄시키는 것으로 황호의 잘못을 무마했다. 이에 강유는 울분을 삼키며 황제 앞에서 물러나 곧장 극정을 찾아갔다. 강유의 이야기를 듣고 난 극정이 말했다.

"장군에게 머지않아 재앙이 닥쳐올 것이오. 장군에게 만약 변고가 생긴다면 이 나라도 저절로 망할 것이오."

"그럼 어떻게 하는 게 좋겠소? 나에게 방법을 알려 주시오."

"농서 지방의 답중으로 가서 둔전[20]을 경작하시오. 농사를 지으면 군량에 도움이 될 것이며, 변방에 있어도 병권을 장악함으로써 안전을 도모할 수 있으니 재앙을 피할 수 있소. 그렇게 하면 장군의 안전도 보장받고, 나라도 지킬 수 있으니 속히 떠나시오."

103

촉한이 멸망하다

이튿날, 강유는 황제 앞에 나아가 답중 땅에 가서 둔전을 경작하겠다고 청했다. 황제는 두말하지 않고 허락했다. 강유는 즉시 8만 명의 병력을 이끌고 답중으로 들어갔다.

한편 사마소는 등애와 종회에게 각기 다른 방향에서 촉한을 공격하게 했다. 그런데 종회는 동오를 친다는 거짓 소문을 퍼뜨리고, 청주, 연주, 예주, 형주, 양주 다섯 지방에 큰 배를 만들게 했다. 이 일을 알게 된 사마소는 종회를 불러들여 그 까닭을 물었다.

"우리가 촉한을 치면 분명 동오에 구원을 청할 것인데 동오를 친다는 소문을 퍼뜨려야 동오가 함부로 움직이지 못합니다. 촉한을 치는 동안 배가 완성되면 그때는 동오를 공격할 때 사용할 수 있습니다."

종회의 거침없는 대답에 사마소는 크게 기뻐했다. 종회는 허저의 아들 허의를 선봉장으로 삼아 한중의 산과 골짜기에 병력이 이동하기 쉽도록 길을 뚫게 했다. 그리고 자신은 10만 대군을 거느리고 뒤따라 출병했다. 그 소식은 곧 강유에게 들어갔다.

강유는 장익에게 양평관을 지키게 하고, 요화는 음평교를 지키도록 지시했다. 또한, 사람을 동오로 보내 도움을 요청했다. 그러나 강유가 올린 표문은 황호가 중간에서 가로채 황제에게 전해지지 않았다.

종회의 10만 대군은 질풍처럼 한중으로 내달았다. 그런데 위나라의 선봉장 허의는 남정관에 이르러 수비병이 많지 않다고 판단되자 공을 세우고 싶은 욕심이 생겼다.

"이 남정관만 지나면 한중 땅이다. 관문에 적군이 많지 않으니, 우리 병력으로 충분히 무찌를 수 있다. 모두 힘을 내라!"

허의가 쳐들어가자 남정관을 지키는 촉한의 장수 노손은 의미심장한 미소를 지었다. 그는 위군의 공격에 대비해서 이미 관 앞의 다리 밑에 군사를 매복시켜 두고 있었다. 허의의 군사들이 관 아래 이르자 노손이 쇠뇌를 들어 위군을 향해 발사했다. 그것을 신호로 매복해 있던 촉한군은 일제히 쇠뇌를 쏘아 댔다. 공명이 고안한 쇠뇌는 한 번에 화살 열 발을 쏠 수 있었다. 어느새 허의의 부하 10여 명이 화살에 맞아 쓰러졌다. 결국 허의는 크게 패하여 달아났다. 종회는 허의가 패하여 돌아오자 크게 꾸짖었다.

"네 임무는 산을 만나면 길을 내고 물을 만나면 다리를 놓아 군사들의 편리를 제공하는 것이다. 하지만 공을 세울 욕심에 군령을 어겼으니 군법으로 다스릴 것이다."

종회는 장수들의 만류에도 불구하고 패배의 책임을 물어 허의를 처형했다. 그리고 남정관 공격에 나섰다. 촉한의 장수 노손은 쇠뇌를 쏘며 사력을 다해 싸웠으나 결국 패하여 목숨을 잃었고, 지휘관을 잃은 군사들은 모두 도망쳤다.

남정관을 손에 넣은 종회는 양평관으로 쳐들어갔다. 이곳은 군량과 마초는 물론 무기도 많이 보관하고 있어 촉한군에게 매우 중요한 곳이었다. 양평관을 지키던 부첨은 종회의 10만 대군이 몰려오자 부장 장서와 의논했다. 장서는 나가서 싸우기보다, 성을 지키는 것이 더 좋겠다고 의견을 냈다. 하지만 부첨은 고개를 저었다.

"위군은 먼 길을 달려왔으니 지쳐 있을 것이다. 적이 10만 대군이어도 우리가 두려워할 이유가 전혀 없다. 당장 나가서 싸우자."

부첨은 장서에게 관을 지키게 하고 군사 3천 명을 거느리고 위군에 맞서 싸우기 위해 나갔다. 그러나 워낙 병력의 차이가 커서 당해 내지 못하고 다시 관으로 돌아갔다. 그런데 장서가 관문을 닫아걸고 열어 주지 않았다.

"나는 이미 위나라에 항복했다."

부첨이 화가 나서 꾸짖었다.

"은혜를 잊고 의리를 저버린 놈아! 네가 무슨 면목으로 황제 폐하를 뵙겠느냐!"

관으로 돌아갈 수 없게 된 부첨은 하는 수 없이 다시 위군과 맞서 싸웠다. 부첨은 좌충우돌하며 사력을 다해 싸웠으나 결국 포위되고 말았다. 그의 부하들도 이미 대부분 전사했다.

"나는 촉나라 신하로 살아왔으니, 죽어서도 촉한의 귀신이 될 것이다."

부첨은 필사적으로 싸우다가, 온몸에 부상을 입자 스스로 목숨을 끊었다.

양평관을 점령한 종회는 많은 군량미와 마초, 무기까지 얻게 되자 매우 기뻐했다. 그날 밤 종회는 꿈에서 공명을 만났다. 공명이 종회에게 당부했다.

"한나라의 운수가 다했으니 하늘의 뜻은 거스를 수 없겠지만, 서천과 동천의 촉한 백성들이 난리를 겪게 되니 슬프고 불쌍하구나. 그대는 촉한 땅에 들어가면 절대로 백성을 함부로 해치지 말게."

종회는 꿈에서 깨어난 후 깃발에 보국안민[21]이라는 네 글자를 써서 군사들 앞에 세우게 하고 함부로 백성을 해치지 말라고 엄명을 내렸다.

강유는 요화, 장익, 동궐에게 격문을 보내 위군을 막게 하고, 자신도 군사들을 이끌고 전투에 나섰다. 그런데 종회와 등애가 거느린 위의 대군이 10여 길로 나누어 공격해 온다는 정탐꾼의 보고를 받자 후퇴하여 검각을 지키기로 했다. 때마침 요화와 장익이 합류했고, 검각에는 이미 동궐이 와서 지키고 있었다.

한편, 등애는 종회가 한중을 점령하여 큰 공을 세우자 시기심이 발동했다. 두 사람의 직위가 같다 보니 경쟁심도 불붙었다. 등애는 종회가 검각을 공격하는 동안 자신은 지름길을 이용하여 성도를 치기로 했다.

등애는 아들 등충에게 군사 5천 명을 이끌고 성도로 가는 길을 뚫게 했다. 자신은 3만여 명의 군사를 이끌고 뒤를 따르며 1백여 리마다 진지를 구축했다. 그렇게 7백여 리를 행군하며 구축한 진지마다 군사 3천 명씩을 주둔시켰다. 등애가 마천령에 도착했을 때 그가 거느린 군사는 2천여 명에 불과했다.

마천령은 하늘을 찌를 듯이 높고 험준해서 말을 타고 갈 수가 없었고, 사람도 기어서 올라갈 수밖에 없었다.

등애가 군사들을 이끌고 힘겹게 마천령 위에 올라가 보니 선발대로 떠났던 등충이 군사들과 함께 울고 있었다. 등애가 그 까닭을 물었다.

"이 고개 아래는 깎아지른 절벽이어서 더는 길을 낼 수 없습니다. 여기까지 힘겹게 왔는데 고생한 보람이 없어져 울고 있습니다."

그러자 등애는 등충과 군사들의 노고를 위로했다.

"호랑이 굴에 들어가지 않고 어찌 호랑이 새끼를 얻겠느냐? 우리가 여기까지 왔으니, 성공하면 모두 평생 부귀를 누리게 될 것이다."

등애의 말에 군사들이 결의를 다지며 호응했다.

"장군의 뜻에 따르겠습니다."

등애는 군사들에게 먼저 무기를 절벽 아래로 던지게 했다. 그다음 자신부터 먼저 털가죽 옷으로 몸을 감싼 뒤 가파른 절벽 아래로 굴러 내려갔다. 장수들과 군사들이 그 뒤를 따랐다. 위험을 무릅쓰고 마천령을 넘은 등애는 거칠 것이 없었다. 그들은 강유성을 향해 내달렸다.

　한편 강유성을 지키던 촉한의 장수 마막은 강유가 검각을 지키고 있는 것을 믿고 태평하게 지냈다. 더구나 위군이 강유성으로 오려면 험준한 마천령을 넘어야 했다. 마막은 현실적으로 그런 일이 일어날 가능성은 아예 없다고 여겼다. 이날도 그는 아내와 함께 술을 마시며 여유를 부리는데 갑자기 한 군사가 달려와서 보고했다.
　"위나라 장수 등애가 군사 2천여 명을 이끌고 쳐들어왔습니다!"
　마막은 너무 놀라서 등골에 땀이 흐르고 얼굴은 순식간에 창백해졌다. 그는 싸울 의지를 잃고 그대로 항복했다. 강유성을 점령한 등애는 마막을 길잡이로 삼아 이번엔 부성으로 쳐들어갔다. 그러자 부성 역시 관리와 군사들이 모두 나와 항복했다.

　강유성과 부성이 등애에게 함락된 사실은 곧 황제 유선에게 보고되었다. 유선은 당황하여 황호를 불러 대책을 물었다. 그러자 황호가 태연히 말했다.
　"폐하, 잘못된 보고이니 걱정하지 마십시오."
　그러나 황호의 말과 달리 멀고 가까운 곳에서 사태가 위급하다는 보고가 쉴 새 없이 이어졌다. 그제야 사태의 심각성을 느낀 유선은 신하들을 불러 대책을 세웠다. 그러나 신하들은 서로 눈치만 볼 뿐

누구 하나 의견을 내지 못했다. 이에 극정이 나서서 말했다.

"폐하께서는 행군 호위장군 제갈첨을 불러 의논하시면 좋겠습니다."

제갈첨은 공명의 아들이었다. 또한, 황제 유선의 사위이기도 했다. 그는 황호가 국정 농단을 일삼자 핑계를 대고 조정 일에 관여하지 않고 있었다.

유선이 극정의 말을 쫓아 황궁에 입궁하라는 조서를 내렸으나 그는 오지 않았다. 이에 유선은 연이어 세 번이나 조서를 내렸고 제갈첨은 그제야 유선 앞에 나타났다.

"강유성과 부성이 이미 적의 수중에 떨어졌다. 이곳 성도도 언제 적이 들이닥칠지 불안하구나. 자네는 부친을 생각해서라도 적의 위협에서 황실을 지켜 주기 바란다."

"저희 부자는 선제(유비)와 폐하로부터 많은 은혜와 특별한 대우를 받았으니 어찌 그 은혜를 다 갚을 수 있겠나이까? 저에게 성도의 군사를 모두 주시면 목숨을 걸고 적과 싸워 결판을 내겠습니다."

유선은 즉시 성도에 있는 모든 장수와 군사 7만 명을 제갈첨에게 주어 지휘하게 했다. 제갈첨은 아들 제갈상을 선봉으로 삼아 위군과 일전을 치르기 위해 성도를 떠났다.

한편 등애는 마막이 바친 지도를 살펴보고 아들 등충과 장수 사찬을 불렀다.

"너희는 밤낮없이 면죽 땅으로 달려가서 촉한군을 막아라. 적이 먼저 요충지를 차지한다면 우리는 끝장이다. 만약 실패하면 너희를 처벌할 것이다."

등충과 사찬은 군사를 이끌고 면죽 땅으로 달려갔다. 때마침 제갈 첨도 면죽 땅에 도착했다. 양군은 서로 마주 보며 진을 쳤다. 마침내 양군이 격돌하자 촉한군은 팔진을 펼쳤다. 이윽고 북소리가 세 번 울리더니 장수 수십 명이 사륜거를 에워싸고 나오는데, 수레 위에 공명이 단정하게 앉아 있었다. 그 모습을 본 위나라 군사들은 크게 놀랐다.

"제갈공명이다! 제갈량이 살아 있다!"

위나라 군사들이 혼란에 빠지자 촉한군은 맹렬한 공격을 퍼부었다. 이에 위군은 크게 패하여 달아났다.

등충과 사찬이 패하여 돌아와 등애에게 공명이 살아 있다고 보고했다. 등애는 정탐꾼을 보내 등충과 사찬의 말이 사실인지 진위 여부를 알아 오게 했다. 얼마 후 정탐꾼이 돌아와서 보고했다.

"수레 위의 제갈량은 나무로 만든 가짜였습니다."

"똑똑히 들었느냐? 제갈량은 이미 죽었으니 두려워할 필요가 없다. 너희는 당장 군사 1만 명을 거느리고 적을 격파하라! 이번에도 실패하면 목숨을 내놓아야 한다."

등애는 등충과 사찬을 다시 전투에 내보냈다. 그러나 그들은 또다시 패하여 돌아왔다. 더구나 등충과 사찬은 중상을 입은 채였다. 등애는 부상을 당한 그들을 차마 벌하지 못하고 이번엔 직접 전투에 나서기로 했다. 그는 천수 태수 왕기와 농서 태수 견홍에게 매복을 지시한 뒤 제갈첨을 그곳으로 유인했다. 복병을 예상하지 못한 제갈첨은 크게 패하여 면죽성으로 후퇴했다. 등애가 면죽성을 포위하자 제갈첨은 동오의 손휴에게 도움을 요청했다.

"촉한의 운명이 위태로운데 어찌 돕지 않겠는가."

손휴는 곧 노장 정봉에게 군사 5만 명을 주어 제갈첨을 돕게 했다. 정봉이 면죽 땅을 향해 가는 동안 기다리다 지친 제갈첨은 구원병이 오지 않는 것으로 판단했다.

"이렇게 지키고만 있는 것은 좋은 계책이 아니다."

제갈첨은 아들 제갈상과 상서 장준에게 성을 맡기고, 친히 군사를 이끌고 나가서 성을 포위한 위군을 공격했다. 그러자 등애는 포위를 풀고 물러갔다. 제갈첨은 그들을 추격하여 공격하는데 갑자기 사방에서 위군이 공격해 왔다. 포위당한 제갈첨은 위축되지 않고 좌충우돌하며 맹렬하게 싸웠다.

그러자 등애는 궁수들을 준비시켜 포위당한 촉한군을 향해 일제히 활을 쏘게 했다. 제갈첨은 화살에 맞아 말에서 떨어지자 자결했다. 성 위에서 그 모습을 본 제갈상도 성문을 열고 나가 싸우다가 장렬한 최후를 맞았다.

면죽성이 점령당하고 제갈첨 부자까지 전사했다는 소식에 황제 유선은 큰 충격을 받았다. 유선이 대신들을 소집하여 대책을 묻자 '위나라에 항복하자'는 의견과 '동오에 의탁하자'는 의견으로 나뉘었다. 그러자 광록대부 초주가 유선에게 위나라에 항복할 것을 권했다.

유선은 그의 의견을 따르기로 했다. 이때 유선의 다섯째 아들 유심이 병풍 뒤에서 달려 나와 초주를 꾸짖은 후 유선에게 호소했다.

"아직 성도에는 수만 명의 군사가 있습니다. 더구나 강유가 머지않아 군사를 이끌고 달려올 것입니다. 그때 안팎에서 협공을 펼친다면 적을 물리칠 수 있습니다."

유선은 그런 유심을 꾸짖었다.

"너 같은 어린아이가 무얼 안다고 나서느냐?"

유심이 머리를 조아리며 통곡했다.

"항복하시면 안 됩니다. 선제께서 어렵게 세우신 이 나라를 하루아침에 버릴 수는 없습니다. 저는 죽을지언정 굴욕을 당할 수 없습니다."

유선은 끝내 아들의 말을 듣지 않고 관원들을 시켜 궁궐 문 밖으로 쫓아냈다. 그리고 장소와 등양, 초주 세 사람을 등애에게 보내 항복 문서와 옥새를 바치게 했다. 그 소식을 들은 유심은 울분을 참지 못해 유비의 사당 앞에서 자결했다.

다음 날 유선이 성 밖 10리까지 나아가 등애에게 항복하자 등애는 유선을 표기장군에 임명하고 민심을 안정시켰다. 등애는 중상시 황호를 처형하려고 했으나 황호는 미리 등애의 측근들에게 뇌물을 바치고 겨우 목숨을 구했다. 이렇게 해서 유비가 세운 촉한은 2대 50년 만에 역사에서 완전히 사라지고 말았다.

104
천하는 다시 하나로

한편 검각을 지키던 강유는 항복하라는 황제의 명을 받고 장익, 요화, 동권 세 사람과 종회의 진영으로 가서 항복했다. 이에 종회는 기쁨을 감추지 못하고 강유와 의형제를 맺었다. 또한, 강유가 거느린 군사를 그대로 지휘하게 해 주었다.

강유가 종회에게 항복했다는 소식을 들은 등애는 모든 공이 종회에게 돌아가는 것은 아닌지 걱정했다. 그는 곧 편지를 써서 사마소에게 보냈다. 그 내용은 이랬다.

촉한을 평정한 기세를 몰아 지금이야말로 동오를 쳐야 할 때입니다. 일단 군사들이 지쳐 있으니 배를 만들 동안 쉬게 하시고, 그런 뒤 동오에 사신을 보내 설득하면 반드시 항복할 것입니다. 지금은 유선을 잘 대접해야 손휴를 안심시킬 수 있습니다. 그러니 유선을 내년 봄까지 촉한에 머물게 하다가 겨울이 되면 낙양으로 보내는 것이 좋겠습니다. 그동안 유선과 그 아들들에게 벼슬을 내리고 잘 대접하면 오나라 사람들도 그 너그러움에 이끌려 귀순할 것입니다.

등애의 편지를 읽은 사마소는 나라의 큰일을 마음대로 정하는 등애에게 의심을 품게 되었다. 더구나 조정에서는 등애가 모반을 꾀한다는 소문까지 돌았다. 그래서 사마소는 '모든 일은 황제에게 허락을 받아야 하니 마음대로 나랏일을 결정하지 말라'고 답장을 보내 압박했다.

사마소의 편지를 읽은 등애는 등애대로 불만을 품었다.

"장수가 전장에 나가 있을 때는 황제의 명령도 듣지 않는 법이다. 내가 황제의 명을 받고 싸워서 승리했거늘 누가 감히 나의 행동을 막는단 말이냐."

등애는 자신의 의견을 밀어붙이는 편지를 써서 다시 사마소에게 보냈다. 그 편지를 읽은 사마소는 깜짝 놀라 가충을 불러 등애의 일을 상의했다.

"등애가 자신이 세운 공만 믿고 교만해져서 제 맘대로 일을 처리하려고 하네. 어쩌면 좋겠는가?"

가충이 대답했다.

"종회의 벼슬을 높여 등애를 견제하면 어떻습니까?"

사마소는 그 말을 좇아 종회를 사도로 임명하고, 위관에게는 두 방면의 군사를 감독할 권한을 부여했다. 그리고 위관에게 편지를 보내 종회와 함께 등애를 감시하게 했다. 이에 종회는 강유와 그 일을 의논했다. 강유는 종회에게 '등애가 반역할 것이 틀림없다'라고 사마소에게 보고하게 했다. 심지어 등애의 편지를 가로채서 오만한 말투로 바꾸어 써서 보내게 했다.

사마소는 등애가 보낸 편지가 조작된 것을 눈치채지 못하고 크게 화를 냈다. 그는 곧 종회에게 등애를 잡아들이라고 명한 뒤 자신도 직접 대군을 이끌고 출정했다.

종회는 강유의 계책에 따라 위관에게 등애를 잡아들이게 했고, 위관은 등애를 제외한 사람들은 대항하지 않으면 죄를 묻지 않겠다는 격문을 성도로 보냈다. 격문을 읽은 등애의 부장들은 모두 달려 나와 위관의 발아래 엎드려 항복했다.

위관은 등애와 등충을 잡아들여 수레에 싣고 낙양으로 보냈다. 성도로 간 종회는 등애의 군사들을 모두 자신의 지휘 아래 두었다. 이렇게 해서 그의 병력은 더욱 막강해졌다. 종회는 기뻐하며 강유에게 말했다.

"내가 오늘에야 평생의 한을 풀었소."

그러자 강유는 종회에게 은근히 반역을 부추겼다. 그런데 이때 사마소가 보낸 편지가 도착했다.

나는 장군이 등애를 잡지 못할까 걱정이 되어 친히 군사를 거느리고 장안에 와 있소.

종회는 깜짝 놀랐다. 사마소가 자신을 의심하고 있다는 뜻이었기 때문이다. 종회가 조언을 구하자 강유가 말했다.

"자고로 왕이 신하를 의심하면 그 신하는 죽임을 당하게 마련입니다. 등애가 당한 것을 생각해 보십시오."

종회가 굳은 결의를 다지며 단호하게 말했다.

"나는 결심을 굳혔소. 일이 성공하면 천하를 얻고, 실패하면 촉한에 눌러앉아 유비가 마련해 놓은 이 기반을 차지하고 지킬 것이오."

강유가 목소리를 낮춰 조심스럽게 입을 열었다.

"소문에 의하면 곽태후가 죽었다고 합니다. 그러니 '황제를 죽인 사마소를 치고, 그놈의 죄를 밝혀라'라는 곽태후의 가짜 유서를 만들어 알리고 장군의 힘을 세상에 펼치면, 천하를 손에 넣을 수 있습니다."

"좋소. 그대는 마땅히 선봉에 서 주시오. 거사에 성공하면 우리 함께 부귀영화를 누립시다."

"저는 비록 능력은 부족하지만, 최선을 다해 싸우겠습니다. 다만 장수들이 복종하지 않을까 염려됩니다."

종회가 말했다.

"내일은 정월 대보름이니 고궁에 등불을 밝히고 잔치를 열겠소. 모든 장수를 불러 모아 술을 마시면서 그들에게 내 뜻을 밝히겠소. 만약 따르지 않는 자가 있으면 모조리 처형하시오."

그런데 종회의 부하 장수 구건이 그 말을 엿듣고 성도 밖에 주둔한 위나라 장수들에게 알렸다. 이에 장수들은 반역자의 명을 따를 수 없다면 성도로 들어가 종회를 기습 공격했다. 종회는 이들과 맞서 싸웠지만 끝내 화살을 맞고 쓰러졌다.

거사가 실패로 돌아가자 강유도 자결했다. 종회와 강유가 죽자 등애의 부하들은 등애를 구하기 위해 면죽성으로 달려갔다. 그 사실을 알게 된 위관은 매우 놀라 이전에 등애가 죽이려 했던 전속에게 군사 5백 명을 주어 복수를 하게 했다.

이때 등애의 부하들은 등애를 구해 성도로 돌아오고 있었다. 등애는 전속이 자신이 데리고 있던 부하여서 안심하다가 아들 등충과 함께 목숨을 잃었다.

강유와 종회, 등애가 모두 죽자 가충은 위관에게 성도를 지키게 한 후 자신은 유선을 데리고 낙양으로 갔다. 유선은 위나라에서 안락공이 되어 여생을 편하게 살았으나, 환관 황호는 사마소에게 능지처참[22]을 당해 비참한 최후를 마쳤다.

촉한이 평정되자 조정 대신들은 황제에게 표문을 올려 사마소를 왕으로 높여 주기를 청했다. 이에 황제 조환은 사마소를 진왕으로 삼고, 그의 형 사마사에게는 경왕, 아버지 사마의에게는 선왕이라는 시호를 내렸다.

얼마 뒤 사마소도 중풍을 앓다가 세상을 떠났고, 위나라 권력은 그의 아들 사마염의 차지가 되었다. 그뿐만 아니라 사마염은 위의 황제 조환의 황위를 빼앗아 황제가 되었다. 이렇게 해서 6대에 걸친 조조의 위나라는 멸망했고, 사마씨의 진나라가 그 뒤를 이었다.

　동오의 손휴는 이 소식을 듣고 사마염이 머지않아 쳐들어올 것이라며 걱정했다. 지나친 근심으로 병을 얻은 손휴는 시름시름 앓다가 이내 세상을 떠났다. 이후 대신들은 손권의 태자였던 손화의 아들 손호를 황제로 추대했다. 그러나 손호는 원래 성질이 포악하고 술과 여자만 좋아하는 방탕한 자였다. 손호는 바른말을 하는 충신은 처형하고, 아첨하는 간신들의 말만 귀담아들었다. 손호가 즉위한 지 10년 동안 처형된 충신의 수만 40여 명이 넘었고, 폭정에 시달리던 백성들의 원성이 하늘을 찔렀다.

　동오의 사정을 알게 된 사마염은 마침내 동오를 칠 때가 무르익었다고 판단했다. 그는 두예를 대도독으로 삼아 동오를 공격하게 했다. 두예는 수십만 대군을 이끌고 가는 곳마다 승리를 거둔 끝에 결국 손호의 항복을 받아 냈다.

　사마염은 손호를 귀명후에 임명하고 그의 아들 손봉과 항복한 대신들을 모두 열후에 봉했다. 이렇게 해서 손권이 세운 오나라도 역사의 무대에서 사라졌다.

　실로 천하대세는 합한 지 오래되면 반드시 나누어지고, 나뉜 지 오래되면 다시 합해지는 것이 하늘의 이치인가. 이로써 셋으로 나뉘었던 천하는 진나라의 황제 사마염에게 돌아갔으며, 중국 대륙은 마침내 하나로 통일되었다.

저자 후기

천하대세(天下大勢), 분구필합(分久必合), 합구필분(合久必分).

무릇 천하의 대세는 나눈 지 오래면 반드시 합쳐지고, 합쳐진 지 오래면 반드시 나누어지는 법이다.

중국의 역사는 한마디로 분열과 통일의 과정을 반복해 왔다고 설명할 수 있습니다. 중국은 고대 왕조인 주나라 말기 춘추 시대와 전국 시대로 이어지며 여러 왕조로 분열했습니다. 이후 진(秦)나라의 왕 영정은 기원전 221년에 중국을 통일, 역사상 최초의 통일 왕조를 세우고 자신을 시황제로 칭했지요. 그러나 기원전 206년 진나라는 시황제의 죽음으로 몰락하고, 다시 항우의 초나라와 유방의 한나라로 분열되었습니다. 이후 유방은 항우와 4년간 패권을 다툰 끝에 승리하여 기원전 202년, 진나라에 이어 두 번째 통일 왕조인 한나라를 세웠습니다.

한나라는 전한과 후한을 합쳐 400년간 중국을 지배했습니다. 그러다가 후한은 다시 위, 촉, 오 세 나라로 나누어집니다. 위나라의 조조, 촉나라의 유비, 오나라의 손권은 모두 천하 통일의 대업을 이루고자 평생을 노력했습니다. 그러나 천하를 통일한 최후의 승자는 삼국지의 주역인 조조나 유비, 손권이 아닙니다. 조조가 세운 위나라의 신하 사마염이었습니다.

사마염은 위나라의 대장군으로 명성을 떨쳤던 사마의의 손자이자 진왕 사마소의 아들입니다. 그는 위나라 함희 2년(265년)에 마침내 선양의 형식을 빌려 황제의 자리를 빼앗았습니다. 위 왕조의 마지막 황제 조환이

376

황제의 옥새와 인수를 사마염에게 바친 것입니다.

　사마염이 권력 찬탈의 수단으로 선양의 형식을 갖추었던 것은 평화적 정권 교체를 만천하에 공표함으로써 왕조의 정통성을 획득하고, 손쉽게 민심을 수습하기 위해서였습니다. 이렇게 해서 위 왕조는 조조가 평생 겪은 고난과 역경 그리고 조비가 누린 한때의 영광을 뒤로하고 역사의 무대에서 사라졌습니다. 이후 사마염이 세운 진(서진)나라는 손권이 세운 오나라를 무너뜨리고 마침내 천하 통일의 대업을 이루었습니다. 분열의 시대를 끝내고 통일의 시대를 연 주인공이 된 것이지요.

　그러나 삼국을 통일한 진나라도 팔왕의 난을 겪으며 몰락하고, 중국은 5호 16국과 남북조 대분열 시대로 들어섰습니다. 이후 수나라와 당나라로 이어진 통일 왕조는 다시 5대 10국으로 분열되었으며, 북송의 통일을 거쳐 남송과 금나라의 남북 시대, 이후에는 원, 명, 청으로 통일 시대가 이어졌습니다. 20세기에 들어서자 군벌이 할거하여 국공 내전이 일어났고, 오늘날 중국은 대륙과 대만으로 분열되었습니다.

　역사는 반복됩니다. 거기에 영원한 승자도 없고, 영원한 패자도 없습니다. 모두 자신에게 주어진 삶의 목표와 여정에 따라 최선을 다해 살아 낸 흔적만이 남아 있을 뿐입니다.

　삼국지에는 수많은 인물이 등장합니다. 유비와 조조, 손권을 비롯한 관우, 장비, 제갈량, 조운, 원소, 원술, 동탁, 여포, 공손찬, 사마의 등 한 시대를 대표하는 영웅호걸이 넘쳐납니다. 그들을 평가하는 것은 오롯이 독자의 몫입니다. 그들의 삶의 궤적을 통해 독자들이 자신의 삶을 돌아보는 기회가 되고, 거기에 더하여 교훈과 통찰력을 얻게 된다면 저자로서 더할 나위 없이 기쁠 것입니다.

양승욱

1 자중지란(自中之亂): 같은 편끼리 하는 싸움.

2 구석(九錫): 황제가 큰 공을 세운 제후에게 내리는 아홉 가지 특혜.

3 영웅호걸(英雄豪傑): 영웅과 호걸을 아울러 이르는 말. 영웅은 지혜와 재
   능이 뛰어나고 용맹하여 보통 사람이 하기 어려운 일을 해내는 사람을
   말하고, 호걸은 지혜와 용기가 뛰어나고 기개와 풍모가 있는 사람을 말
   한다.

4 질풍노도(疾風怒濤): 몹시 빠르게 부는 바람과 무섭게 소용돌이치는 물결.

5 주도면밀(周到綿密)하다: 주의가 두루 미쳐 자세하고 빈틈이 없다.

6 어부지리(漁夫之利): 두 사람이 이해관계로 서로 싸우는 사이에 엉뚱한 사
   람이 애쓰지 않고 가로챈 이익을 이르는 말. 도요새가 무명조개의 속살
   을 먹으려고 부리를 조가비 안에 넣는 순간 무명조개가 껍데기를 꼭 다
   물고 부리를 안 놔주자, 서로 다투는 틈을 타서 어부가 둘 다 잡아 이익
   을 얻었다는 데서 유래한다

7 기절초풍(氣絶초風): 기절하거나 까무러칠 정도로 몹시 놀라 질겁을 함.

8 청천벽력(靑天霹靂): 맑게 갠 하늘에서 치는 날벼락이라는 뜻으로, 뜻밖에
   일어난 큰 변고나 사건을 비유적으로 이르는 말.

9 마충(馬忠): 촉한의 장수. 관우를 사로잡은 동오의 마충과는 동명이인.

10 기고만장(氣高萬丈)하다: 일이 뜻대로 잘될 때, 우쭐하여 뽐내는 기세가 대
    단하다.

11 차일피일(此日彼日): 이날 저 날 하고 자꾸 기한을 미루는 모양.

12 대경실색(大驚失色): 몹시 놀라 얼굴빛이 하얗게 질림.

13 신출귀몰(神出鬼沒): 귀신같이 나타났다가 사라진다는 뜻으로, 그 움직임
    을 쉽게 알 수 없을 만큼 자유자재로 나타나고 사라짐을 비유적으로 이
    르는 말.

14 뇌성벽력(雷聲霹靂): 천둥소리와 벼락을 아울러 이르는 말.

15 부교(浮橋): 교각을 사용하지 아니하고 배나 뗏목 따위를 잇대어 매고, 그
    위에 널빤지를 깔아서 만든 다리.

16 문방사보(文房四寶): 종이, 붓, 먹, 벼루의 네 가지 문방구. 문방사우(文房四
    友)라고도 한다.

17 백중지세(伯仲之勢): 서로 우열을 가리기 힘든 형세.

18 주색잡기(酒色雜技): 술과 여자와 노름을 아울러 이르는 말.

19 대역무도(大逆無道)하다: 임금이나 나라에 큰 죄를 지어 도리에 크게 어긋
    난 데가 있다.

20 둔전(屯田): 변경이나 군사 요지에 주둔한 군대의 군량을 마련하기 위하
    여 설치한 토지.

21 보국안민(輔國安民): 나랏일을 돕고 백성을 편안하게 함.

22 능지처참(陵遲處斬): 대역죄를 범한 자에게 과하던 극형. 죄인을 죽인 뒤
    시신의 머리, 몸, 팔, 다리를 토막 쳐서 각지에 돌려 보이는 형벌.

삼국지 연표

- 공손찬, 원소와 싸워 크게 패배하다
- 조조, 여포와 싸워 승리해 서주를 되찾다
- 여포, 조조에게 처형당하다

199년
- 공손찬, 사망하다
- 원소, 유주·기주·청주·병주를 흡수해 하북 지방을 지배하다
- 원술, 원소에게 의탁하려 가는 길에 조조에게 죽다
- 유비, 조조를 배신하고 독립하다

200년
- 헌제, 동승을 이용해 조조를 토벌하려 하지만 실패하다
- 조조, 조조 타도를 선언한 유비를 공격해 승리하다
- 유비, 원소에게 몸을 맡기다
- 관우, 조조에게 몸을 맡기는 동안 안량과 문추의 목을 베다
- 손책, 사망하다
- 관도대전: 관도에서 조조와 원소가 맞붙어 조조가 승리하다

201년
- 관우, 유비를 찾아 조조군을 떠나다
- 유비, 조조의 뒤를 노리다 패배하고 유표에게 몸을 맡기다

202~207년
- 원소, 202년 사망하다
  - 원담, 형제와 내분을 일으키고 조조에게 투항하다
  - 원상, 업성에서 조조에게 패배하다
  - 조조, 배신한 원담을 사로잡아 참수하다
  - 조조, 오환으로 달아난 원상과 원희를 무찌르다
  - 공손강, 도망쳐 온 원상·원희 형제를 살해하여 조조에게 수급을 보내다

207년
- 삼고초려: 유비, 제갈량을 영입하다

208년
- 조조, 형주의 유표를 공격하다
- 유표, 유종을 후계자로 세우고 사망하다
- 유종, 조조에게 항복해 형주를 바치다
- 유비, 번성을 탈출해 도망치다 조조군에게 패배하다
- 장비, 홀로 다리를 가로막고 조조군을 뿌리치다
- 조운, 유비의 아들 아두(유선)를 구하다
- 적벽대전: 제갈량과 주유가 적벽에서 조조를 크게 물리치다
- 관우, 옛정을 생각해 도망치는 조조의 목숨을 구해 주다
- 유비와 손권, 형주를 공격해 조조로부터 되찾다

210년
- 주유, 사망하다
- 유비, 유표의 장남 유기가 죽자 뒤를 이어 형주를 차지하다

- 손권, 동생 손부인을 유비와 결혼시켜 동맹을 맺다

211년
- 조조, 서량의 마등을 불러들여 처형하다
- 마초와 한수, 마등의 원수를 갚으려 조조를 공격하지만 패배하다
- 유비, 유장의 요청을 받아 장로와 맞서 싸우기 위해 한중에 들어서다

213년
- 마초, 장로에게 몸을 맡기다
- 유비, 유장과의 관계가 악화되어 전쟁을 시작하다

214년
- 마초, 장로를 떠나 유비에게 몸을 맡기다
- 유비, 성도를 포위하고 유장의 항복을 받아 익주를 차지하다

215년
- 유비, 손권과 형주를 두고 대립하다 강하·장사·계양을 양도하다
- 조조, 장로를 공격해 승리하다

216년
- 조조, 위왕의 자리에 오르다

219년
- 유비, 조조를 물리치고 한중을 차지하다
- 유비, 한중왕의 자리에 오르다
- 육손, 형주를 지키는 관우에게 계략을 펼치다
- 관우, 손권에게 사로잡혀 처형당하다

220년
- 조조, 조비를 후계자로 세우고 사망하다
- 조비, 헌제로부터 황제의 자리를 선양받아 한나라를 멸하고 위나라를 세우다

221년
- 유비, 촉나라를 세우다
- 장비, 부하인 범강·장달에게 암살당하다
- 유비, 관우·장비의 복수를 하기 위해 손권을 공격하지만 패배하다

223년
- 유비, 유선을 후계자로 세우고 사망하다
- 제갈량, 위에 맞서 손권과 다시 한 번 동맹을 맺다

225년
- 칠종칠금: 제갈량, 남만의 왕 맹획과 맞서 싸워 굴복시키다

226년
- 조비, 조예를 후계자로 세우고 사망하다

227년
- 제갈량, 황제 유선에게 출사표를 제출하고 북벌 정책을 시행하다
- 강유, 촉으로 귀순해 제갈량의 신임을 얻다
- 맹달, 촉으로 귀순하다

228년
- 사마의, 맹달의 배신을 간파해 제갈량의 북벌을 견제하다
- 읍참마속: 제갈량, 명령을 무시해 패배한 장수 마속을 처형하다

229년
- 손권, 오나라를 세우다
- 조운, 사망하다

234년
- 제갈량, 오장원에서 사마의와 대치하다
- 제갈량, 사망하다

- 위연, 제갈량 사후 내분을 일으켰다가 마대에게 살해당하다

247년 · 사마의, 병을 핑계로 아들 사마사·사마소 함께 일선에서 물러나다

249년 · 사마의, 조상을 습격하여 처형해 사마씨가 권력을 잡다

251년 · 사마의, 사망하다

252년 · 사마사, 위의 대장군이 되다

- 손권, 제갈각에게 뒷일을 맡기고 사망하다

253년 · 강유, 제갈량의 뒤를 이어 북벌을 시도하지만 실패하다

- 제갈각, 권력을 마음대로 휘두르다 손준에게 살해당하다

254년 · 사마사, 황제 조방을 폐위하고 조모를 새로 황제의 자리에 앉히다

255년 · 관구검과 문흠, 수춘에서 군사를 일으키지만 사마사에게 토벌당하다

- 사마사, 사마소를 후계자로 세우고 사망하다

256년 · 손준, 사망하고 손침이 실권을 잡다

257년 · 제갈탄, 회남에서 군사를 일으키지만 사마소에게 토벌당하다

258년 · 손침, 황제 손량을 폐위하고 손휴를 새로 황제의 자리에 앉히다

- 황호, 황제 유선의 측근이 되어 환관의 몸으로 관력을 장악하다

260년 · 황제 조모, 사병을 풀어 사마소를 죽이려고 하지만 실패하다

- 사마소, 조모를 죽이고 조환을 새로 황제의 자리에 앉히다

263년 · 사마소, 촉을 공격하다

- 등애, 산맥을 넘어 성도를 압박하다

- 유선, 등애에게 항복하다

- 촉나라, 멸망하다

264년 · 사마소, 스스로 진왕의 자리에 오르다

265년 · 사마소, 사마염을 후계자로 세우고 사망하다

- 사마염, 진나라를 세우다

280년 · 사마염, 군사를 일으켜 오를 정복하고 천하를 통일하다